MW01254398

GIAN ANTONIO STELLA

NEGRI FROCI GIUDEI & CO.

L'ETERNA GUERRA CONTRO L'ALTRO

Rizzoli

Proprietà letteraria riservata
© *2009 RCS Libri S.p.A., Milano*

ISBN 978-88-17-03734-1

Prima edizione: novembre 2009

È possibile consultare on line la bibliografia relativa a *Negri, froci, giudei & co.*
all'indirizzo http://rcslibri.corriere.it/bibliografiastella

Realizzazione editoriale: Studio Editoriale Littera, Rescaldina (MI)

NEGRI
FROCI
GIUDEI
& CO.

A Mario, perché la terra gli sia leggera.
Ad Armanda perché non si senta sola.

Indice

Sangue puro, patriottismo infetto

L'ossessione feticista dell'identità e la deriva xenofoba

«Al centro del mondo», dicono certi vecchi di Rialto, «ghe semo noialtri: i venessiani de Venessia. Al de là del ponte de la Libertà, che porta in terraferma, ghe xè i campagnoli, che i dise de esser venessiani e de parlar venessian, ma no i xè venessiani: i xè campagnoli. Al de là dei campagnoli ghe xè i foresti: comaschi, bergamaschi, canadesi, parigini, polacchi, inglesi, valdostani... Tuti foresti. Al de là dell'Adriatico, sotto Trieste, ghe xè i sciavi: gli slavi. E i xingani: gli zingari. Sotto el Po ghe xè i napo'etani. Più sotto ancora dei napo'etani ghe xè i mori: neri, arabi, meticci... Tutti mori.» Finché a Venezia, restituendo la visita compiuta secoli prima da Marco Polo, hanno cominciato ad arrivare i turisti orientali. Prima i giapponesi, poi i coreani e infine i cinesi. A quel punto, i vecchi veneziani non sapevano più come chiamare questa nuova gente. Finché hanno avuto l'illuminazione. E li hanno chiamati: «i sfogi». Le sogliole. Per la faccia gialla e schiacciata.

Questa idea di essere al centro del mondo, in realtà, l'abbiamo dentro tutti. Da sempre. Ed è in qualche modo alla base, quando viene stravolta e forzata, di ogni teoria xenofoba. Tutti hanno teorizzato la loro centralità. Tutti. A partire da quelli che per i veneziani vivono all'estrema periferia del pianeta: i cinesi. I quali, al contrario, come dicono le parole stesse «Impero di mezzo», sono assolutamente convinti, spiega l'etnografo russo Mikhail Kryukov da anni residente a Pechino e autore del saggio *Le origini delle idee razziste nell'antichità e nel Medioevo*, non ancora tradotto in Italia, che il loro mondo sia «al centro del Cielo e della Terra, dove le forze cosmiche sono in piena armonia».

È una fissazione, la pretesa di essere il cuore dell'«ecumene», cioè della terra abitata. Gli ebrei si considerano «il popolo elet-

11

to», gli egiziani sostengono che l'Egitto è «Um ad-Dunia» cioè «la madre del mondo», gli indiani sono convinti che il cuore del pianeta sia il Gange, i musulmani che sia la Ka'ba alla Mecca, gli africani occidentali che sia il Kilimanjaro. Ed è così da sempre. I romani vedevano la loro grande capitale come *caput mundi* e gli antichi greci immaginavano il mondo abitato come un cerchio al centro del quale, «a metà strada tra il sorgere e il tramontare del sole», si trovava l'Ellade e al centro dell'Ellade Delfi e al centro di Delfi la pietra dell'*omphalos*, l'ombelico del mondo.

Il guaio è quando questa prospettiva in qualche modo naturale si traduce in una pretesa di egemonia. Di superiorità. Di eccellenza razziale. Quando pretende di scegl)ersi i vicini. O di distribuire patenti di «purezza» etnica. Mario Borghezio, ad esempio, ha detto al parlamento europeo dove è da anni la punta di diamante della Lega Nord, di avere una spina nel cuore: «L'utopia di Orania, il piccolo fazzoletto di terra prescelto da un pugno di afrikaner come nuova patria indipendente dal Sudafrica multirazziale, ormai reso invivibile dal razzismo e dalla criminalità dei neri, è un esempio straordinario di amore per la libertà di preservazione dell'identità etnoculturale».

Anche in Europa, ha suggerito, «si potrebbe seguire l'esempio di questi straordinari figli degli antichi coloni boeri e "ricolonizzare" i nostri territori ormai invasi da gente di tutte le provenienze, creando isole di libertà e di civiltà con il ritorno integrale ai nostri usi e costumi e alle nostre tradizioni, calpestati e cancellati dall'omologazione mondialista. Ho già preso contatti con questi "costruttori di libertà" perché il loro sogno di libertà è certo nel cuore di molti, anche in Padania, che come me non si rassegneranno a vivere nel clima alienante e degradato della società multirazziale».

La «società multirazziale»? Ma chi l'ha creata, in Sudafrica, la «società multirazziale»? I neri che sono sopravvissuti alla decimazione dei colonialisti bianchi e sono tornati da un paio di decenni a governare (parzialmente) quelle che erano da migliaia di anni le loro terre? O i bianchi arrivati nel 1652, cioè poco meno di due millenni più tardi rispetto allo sfondamento nella pianura Padana dei romani che quelli come Borghezio ritengono ancora oggi degli intrusi colonizzatori al punto che Umberto Bossi vorrebbe che il «mondo celtico ricordasse con un cippo, a Capo Talamone» la battaglia che «rese i padani schiavi dei romani»? Niente sintetizza meglio un punto: il razzismo è una questione di prospettiva. E quel commosso afflato razzista (contro i negri, ovvio) di un uomo che per i suoi sfoghi finiti anche su YouTube («cornuti islamici di merda!») è accusato di essere tra i personaggi di spicco del più volgare neorazzismo europeo è la chiusura di un cerchio.

Non si capisce l'ondata di intolleranza di questi anni se non si parte da qui. Non si capiscono i cori negli stadi contro i giocatori neri, il dilagare di ostilità e disprezzo su internet, il risveglio del demone antisemita, le spedizioni squadristiche contro gli omosessuali, i rimpianti di troppi politici per «i metodi di Hitler», le avanzate in tutta Europa dei partiti xenofobi, le milizie in divisa paranazista, i pestaggi di disabili, le rivolte veneziane contro gli «zingari» anche se sono veneti da secoli e fanno di cognome Pavan, gli omicidi di clochard bruciati per «ripulire» le città e gli inni immondi alla purezza del sangue, se non si parte dall'idea che sta manifestandosi una cosa insieme nuovissima e vecchissima. Dove l'urlo «Andate tutti a 'fanculo: negri, froci, zingari, giudei & co!», come capita di leggere sui muri delle città italiane e non solo, è lo spurgo di una società in crisi. Che ha paura di tutto e nel calderone delle sue insicurezze mette insieme tutto: la crisi economica, i marocchini, i licenziamenti, gli scippi, i banchieri ebrei, i campi rom, gli stupri, le nuove povertà, i negri, i pidocchi e la tubercolosi che «era sparita prima che arrivassero tutti quegli extracomunitari». Una società dove i più fragili, i più angosciati, e quelli che spudoratamente cavalcano le paure dei più fragili e dei più angosciati, sospirano sognando ognuno la propria Orania. Una meravigliosa Orania ungherese fatta solo di ungheresi, una meravigliosa Orania slovacca fatta solo di slovacchi, una meravigliosa Orania fiamminga fatta solo di fiamminghi, una meravigliosa Orania padana fatta solo di padani.

Ma che cos'è, Orania? È una specie di repubblichina privata fondata nel 1990, mentre Nelson Mandela usciva dalla galera in cui era stato cacciato oltre un quarto di secolo prima, da un po' di famiglie boere che non volevano saperne di vivere nella società che si sarebbe affermata dopo la caduta dell'apartheid. Niente più panchine nei parchi vietate ai neri, niente più cinema vietati ai neri, niente più autobus vietati ai neri, niente più ascensori vietati ai neri e così via. Guidate dal teologo Carel Boshoff e da sua suocera Betsie, vedova di Hendrik Verwoerd, il premier che negli anni Cinquanta era stato uno degli architetti dell'apartheid, comprarono duecento ettari di terra ai margini del deserto del Karoo, sul fiume Orange, per farci una cittadina tutta loro: «Orania sarà il nostro Israele, la nostra salvezza».

Impegno collettivo per aggirare le nuove leggi che vietano discriminazioni: mai vendere un centimetro di terra a un nero, mai portare a casa un nero ma soprattutto mai assumere un nero. Neanche per lavare i pavimenti, tagliare le siepi o raccogliere l'immondizia. Un «fioretto» pazzesco, per gente abituata da secoli a farsi servire. Ma vuoi mettere? Trecentocinquanta abitanti iniziali, oltre millecinquecento adesso. Tutti bianchi. Tutti boeri. Tutti «puri». Scuola elementare in lingua boera. Cucina boera. Radio boera (accusata di diffondere messaggi razzisti) solo in afrikaans, non come la televisione di stato che trasmette undici diverse edizioni dei telegiornali per rispetto di tutte e undici le lingue ufficialmente riconosciute. Cassetti dei comò pieni di costumi antichi dai pizzi bianchi indossati per i giornalisti in visita e i giorni di festa. Come può non palpitare il vecchio cuore afrikaner di Mario Borghezio?

Sia chiaro: ogni persona attenta alle minoranze ha il dovere di vigilare sul rispetto dei diritti dei bianchi sudafricani, di opporsi alle spinte di vendetta che anima troppi neri, di combattere a viso aperto, con la massima durezza, perché quel pezzo di cultura afro-europea che ha prodotto straordinari progressi economici e culturali non venga spazzato via. Il Sudafrica «bianco» non è stato solo il paese di Johannes Strijdom, «il leone del Transvaal» che gli amici salutavano ironicamente «Heil Hans», ma anche di formidabili scrittori antirazzisti come Nadine Gordimer: guai se fosse spazzato via com'è successo nel vicino Zimbabwe. Dove lo sfogo dell'odio nazionalista accumulato nei confronti dei coloni inglesi e cavalcato da un dittatore criminale come Mugabe ha portato all'espulsione di un'intera classe dirigente, al saccheggio delle piantagioni distribuite agli amici del satrapo, al crollo economico.

Di tutto abbiamo bisogno meno che ai razzisti bianchi come Johannes Strijdom, che costruì l'apartheid e aveva dei neri più o meno l'idea di Charles Carroll (il quale nel libro *The Negro, a Beast* sosteneva nel 1900 che l'africano ha una natura animale e così sempre sarà perché «da un uovo di tacchino non nasce mai un'anatra») subentrino quelli che prendono sul serio i suprematisti neri. Gente come Carol Barnes, lo «scienziato» autore nel 2001 del libro *Melanin. The Chemical Key to Black Greatness* (Melanina. La chiave chimica della grandezza dei neri) in cui teorizza che «dalla melanina dipende l'esistenza di civiltà, filosofia, religione, verità, giustizia e rettitudine», che essa «assorbe la luce, il suono e il magnetismo e converte l'energia luminosa in energia del suono (musica) e poi di nuovo in energia della luce» e che perciò i bianchi con bassi livelli di melanina non solo invecchiano più in fretta ma sono portati a comportarsi «in modo barbaro».

Per non dire di ciarlatani sparsi per il pianeta come l'americano Dwight York, alias Malachi Z. York, Issa al-Haadi al-Mahdi, mezzo musicista e mezzo predicatore islamico fondatore d'una confraternita esoterica (Nuwaubianism) che, prima di essere condannato a 135 anni di carcere per pedofilia, sosteneva che la parola «Lord», cioè signore, con la pronuncia larga alla yankee, deriva da *lar*, la scimmia più intelligente di tutte, e che i *lares*, plurale di *lar*, si distinguevano per l'intelligenza. Erano le scimmie capo o scimmie spirituali. Sommi sacerdoti. Infatti in inglese le parole *monkeys* (scimmie) e *monks* (monaci) sono simili. Insomma, una grande razza molto superiore ai bianchi caucasici le cui donne si accoppiarono con gli sciacalli.

Di più: la conservazione di quanto di buono (tanto) hanno fatto i bianchi, come ha capito bene Nelson Mandela, ma purtroppo non tutti gli zulu, gli xhosa o i tswana, è nell'interesse degli stessi neri.

Sarebbe un delitto se il rancore e la voglia di «rivincita» dei neri annientassero un paese che, ha ricordato in parlamento Pieter Mulder, il leader del partito di destra VF+, è «economicamente due volte più forte della Nigeria, quasi tre volte più forte dell'Egitto, ottanta volte più forte della media di tanti paesi africani» e dotato di «quasi la metà di tutte le strade asfaltate in Africa». Il prezzo pagato dai neri alle leggi dell'apartheid introdotte dal 1948, però, non può essere liquidato come un danno collaterale o qualcosa che, per usare le parole dette da un abitante di Orania a Luigi Offeddu del «Corriere della Sera», «non ha funzionato, ci ha portato cattiva pubblicità».

Vogliamo ricordare cos'era, l'apartheid? «Quasi ogni giorno a Johannesburg alcuni uomini sono condannati alla morte civile», scrive Enrico Altavilla su «La Stampa» nel maggio del 1956 raccontando la tragedia delle sentenze che stabilivano la «negritudine» di questo o quel cittadino più o meno meticcio. «Ho visto uno di questi uscire dall'aula del tribunale speciale dove un giudice gli aveva comunicato che doveva considerarsi negro e vivere tra i negri. Era un uomo sui quarant'anni, con la pelle scura e con i capelli ricci, non crespi: ai miei occhi inesperti appariva come mulatto, non come un bantu. Ma osservando i suoi caratteri somatici o compiendo indagini sui genitori dei suoi nonni, o motivando in segreto il verdetto con il suo matrimonio con una negra, il giudice l'aveva classificato tra i bantu e ora egli barcollava come un ubriaco. Mi spiegarono che avrebbe dovuto, entro qualche giorno, abbandonare la sua villetta nel quartiere dei *colored* per andare ad abitare in una bicocca di terra o di lamiera lontana dalla città, fra gli zulu o altre tribù negre» e che da quel momento sarebbe potuto andare al cinema per «vedere soltanto le pellicole salvate dal censore "ai bambini di età inferiore ai 12 anni e ai negri"» e avrebbe perduto «il permesso di acquistare liquori». Peggio, s'indigna Altavilla: «Per lui da quel giorno lo sciopero era reato e i suoi figli sarebbero stati tenuti lontani da ogni mestiere qualificato. I poliziotti potevano arrestarlo e tenerlo tre mesi in carcere senza giustificazione o – trovandolo per esempio nel quartiere dei bianchi senza lasciapassare – gli avrebbero domandato: "Preferisce affrontare il verdetto del giudice o lavorare per sei mesi nella fattoria di un bianco?"».

Perfino un giornalista conservatore come Max David restò sconvolto, un giorno del 1952, alla stazione ferroviaria di Johannesburg, assistendo all'arresto di cinque ragazzi neri che per protesta si erano semplicemente avviati ai binari entrando da un varco riservato ai «soli bianchi» mentre la distinta vecchietta seduta al suo fianco saltava su strillando: «Oh, *my God!* Delinquenti! Arrestateli! Maledetti! Pigliateli!». E questo sistema ignobile andò avanti, immutabile, per decenni. Al punto che i giornali sudafricani arrivarono ad attaccare la Svezia nel 1984 (quando già la Lega che oggi esalta Orania aveva due parlamentari a Roma) per l'assegnazione del Nobel per la pace al vescovo nero Desmond Tutu.

C'è un articolo dell'«Osservatore romano» del 19 giugno 1985 che dice più di mille saggi sociologici. Sotto la foto di una bella ragazza bianca e di un distinto signore nero c'è scritto: «Il primo matrimonio tra persone di diverso colore è stato celebrato ieri nella chiesa cattolica di Marianhill in Sudafrica. Suzanne e Protas Mdlala hanno potuto coronare il loro sogno d'amore dopo che il governo sudafricano ha abrogato, mesi fa, la legge del 1949 che vietava i matrimoni interrazziali». La cosa più interessante arriva però la riga dopo: «Contro la norma si erano già pronunciati i vescovi del Sudafrica nel novembre 1983». Nel 1983? Ma come, e fino ad allora?

«Il genocidio dei boeri»: titolano oggi molti siti olandesi denunciando le aggressioni ai bianchi da parte di bande criminali di colore gonfie di odio razziale che da Durban a Johannesburg sono responsabili dal 1994 al 2009, secondo il quotidiano «Reformatorisch Dagblad», di oltre tremila omicidi. Il grande paradosso sudafricano, quello che mostra come la bestia razzista possa presentarsi sotto mille forme, è qui. I boeri protagonisti di tante brutalità contro le popolazioni indigene e oggi vittime di troppe vendette sono gli stessi boeri che furono vittime del primo vero genocidio del XX secolo. Perpetrato dagli inglesi che volevano liberarsi di quei bianchi africani nati da un miscuglio di olandesi, francesi, tedeschi...

Una mattanza. «Circa 30.000 fattorie furono distrutte, almeno 120.000 persone, in grandissima maggioranza donne e bambini, quasi il 50% della popolazione boera, vennero internate nei campi di concentramento dove oltre 22.000 bambini (...) persero la vita», denuncia il libro *Deportazione e memorie femminili* a cura di Bruna Bianchi. «E questi dati devono essere considerati sottostimati poiché la registrazione dei decessi iniziò solo qualche tempo dopo l'internamento. Le morti infantili, che spazzarono via almeno una intera generazione, furono ben superiori a quelle dei combattenti di entrambe le parti.»

«In una tenda c'era una donna, Mrs. Akkerman, accanto al figlio di 8 anni steso su un mucchio di immondizia. Lo aveva portato lì perché in quella tenda c'era luce e voleva vederlo morire. "È l'ultimo dei miei 7 figli che ho portato nel campo. Sono passati nove giorni dalla morte del primo. Cinque stanno aspettando la loro sepoltura"», avrebbe ricordato Johanna Rousseau, prigioniera nel lager di Kroonstad. Fu così spietata, la pulizia etnica inglese, che sarebbe stata utilizzata da Adolf Hitler per rigettare sul Regno Unito nel 1941 le accuse di genocidio e raccontata in un film «girato per istigare le SS a vendicare le donne e i bambini boeri». Film vincitore al Festival di Venezia della Coppa Mussolini come miglior pellicola straniera. Intellettuali onesti come William Stead, direttore della «Review of Reviews», arrossirono di vergogna: «Abbiamo fatto deliberatamente ricorso a metodi di guerra che sono stati definiti inammissibili con l'universale consenso delle nazioni civili».

Tutto cominciò quando gli inglesi, che a cavallo tra il 1899 e il 1900 avevano invaso la Repubblica Sudafricana e lo Stato Libero d'Orange puntando a impossessarsi degli immensi giacimenti diamantiferi, si accorsero che la guerra minacciava di andare per le lunghe. Fu allora che Lord Frederick Sleigh Roberts decise di tagliar corto: «A meno di non infliggere sofferenze ai civili come ritorsione per le azioni degli uomini in armi contro di noi, non finirà mai».

Fu un uomo, il maledetto, di parola: «Mai prima d'ora l'intera popolazione femminile di una nazione è stata sradicata e posta in tali condizioni di vita», scrisse Emily Hobhouse, una filantropa britannica che volle vedere coi suoi occhi i lager. Certo, non c'erano forni crematori. Ma alcuni campi, per le terribili condizioni di vita, fecero registrare un tasso di mortalità addirittura superiore a quello dei futuri campi di sterminio nazisti. «Le persone muoiono come mosche, per la fame, l'esposizione alle intemperie, le malattie», scriveva la Hobhouse. «È impossibile immaginare le condizioni e le sofferenze delle donne e dei bambini. Il tifo infuria ovunque.»

C'era sul posto, come inviato di guerra, Arthur Conan Doyle. Ma fece davvero una pessima figura. E attribuì l'ecatombe di bimbi «all'ignoranza, all'ostinazione e alle sudicie abitudini dei genitori». Una tesi razzista. Allineata a quella di troppi connazionali. Sui giornali inglesi, denuncia la Bianchi, «i boeri erano descritti come sleali, pigri, sporchi, ignoranti, bigotti e schiavisti». Qualcuno si avventurò, come l'«Indian Planters Gazette», ancora più in là: «I boeri non solo andrebbero uccisi, ma bisognerebbe ucciderli con la stessa spietatezza con cui essi ammazzano un topo infetto».

Fu, quello, solo il primo di tanti genocidi di un secolo tremendo. Che avrebbe visto via via sterminare intere popolazioni con le motivazioni più diverse. Dai contadini ucraini uccisi nel 1932-33 dall'Holodomor (la carestia artificiale provocata da Stalin che secondo lo storico Stanislav Kulchitsky avrebbe ammazzato da tre a tre milioni e mezzo di persone) ai musulmani massacrati negli anni Novanta dai serbi (e dai croati) in Bosnia. Dai greci che prima del crollo dell'impero ottomano vivevano a Costantinopoli, nell'Asia Minore e in Cappadocia, liquidati dai turchi a cavallo della Grande Guerra prima dello scambio di popolazioni con Atene, fino ai tutsi vittime della spaventosa mattanza scatenata dagli hutu del 1994.

Tutti «genocidi» mossi dalla deliberata intenzione di annientare l'identità nazionale, religiosa ed etnica di un popolo, secondo la definizione comunemente accettata di Raphael Lemkin che per primo spiegò la differenza con le stragi, gli eccidi, le carneficine? Sì, risponde Bernard Bruneteau, autore de *Il secolo dei genocidi*: «Il cambogiano "infettato" dal precedente regime capitalista e reazionario, era "altro" tanto quanto l'ebreo lo era per Hitler. La distinzione dell'alterità stigmatizzata si regge sulla categoria costruita dal carnefice». Insomma: la «razza» è nella testa del razzista a prescindere da ogni valutazione più o meno scientifica.

Vale per i genocidi che si concludono in un bagno di sangue, vale per quelli meno cruenti ma non meno indegni. Come nel caso degli aborigeni australiani. I quali per quasi due secoli, fino agli anni Settanta del Novecento, non solo non furono riconosciuti come cittadini a pieno titolo ma vennero umiliati dalla catalogazione delle leggi che li riguardavano nel quadro della normativa sulla flora e sulla fauna. Di più, per molti decenni, dalla fine dell'Ottocento al 1967, furono sottoposti a un violento processo di «civilizzazione» forzata: decine di migliaia di bambini vennero sottratti ai genitori naturali e rinchiusi negli orfanotrofi o affidati a famiglie adottive bianche. Una pratica descritta dal film di Phillip Noyce *La generazione rubata* e solo troppo tardi riconosciuta da un rapporto governativo del 1997 come un vero e proprio «genocidio» all'origine di molti problemi che tormentano oggi la popolazione indigena come l'abuso di alcol e droghe, l'abbrutimento morale, una vita media di vent'anni più corta e un tasso di presenza nelle carceri dodici volte superiore a quello dei bianchi.

Imbarazzate agli occhi del mondo, le autorità australiane scelsero l'aborigena Cathy Freeman per accendere la fiaccola olimpica alle Olimpiadi di Sydney del 2000. Ma nel timore di essere costrette a pagare enormi risarcimenti per le terre rubate agli indigeni rifiutarono le scuse ufficiali fino al 2008. Quando il premier laburista Kevin Rudd disse finalmente in parlamento: «Oggi onoriamo i popoli indigeni di questa terra, le più antiche culture ininterrotte nella storia umana. Riflettiamo sui passati maltrattamenti. Riflettiamo in particolare sui maltrattamenti di coloro che hanno fatto parte delle generazioni rubate, questo capitolo vergognoso nella storia della nostra nazione. (...) Chiediamo scusa per le leggi e le politiche di successivi parlamenti e governi che hanno inflitto profondo dolore, sofferenze e perdite a questi nostri fratelli australiani. Chiediamo scusa in modo speciale per la sottrazione di bambini aborigeni e isolani dello stretto di Torres dalle loro famiglie, dalle loro comunità e dalle loro terre. Per il dolore, le sofferenze e le ferite di queste generazioni rubate, per i loro discendenti e per le famiglie lasciate indietro, chiediamo scusa. Alle madri e ai padri, fratelli e sorelle, per la distruzione di famiglie e di comunità chiediamo scusa».

Sono stati in troppi, nella storia, a non chiedere mai scusa. Peggio: a derubare le vittime perfino del riconoscimento del loro martirio. Anche oggi. Il caso simbolo è quello dei turchi verso gli armeni. Quanti furono i morti di quella immonda carneficina che in tre fasi, dal 1890 al 1909 fino al 1915, vide l'annientamento di una comunità cristiana che viveva da sempre in Anatolia è controverso. C'è chi dice un milione, chi due. Per decenni le autorità turche hanno accanitamente impedito ogni accertamento e forse la possibilità di una stima esatta della mattanza, a questo punto, è perduta per sempre. Moltissimi furono assassinati, altri costretti a un esodo di dimensioni bibliche, altri brutalmente islamizzati o turchizzati.

Si sa però cosa scatenò quell'ecatombe, l'ideale maledetto di tutti i fanatici nazionalisti: un suolo, un popolo, una religione. A qualunque prezzo. Ricorderà a fine gennaio del 2007 sul «Corriere della Sera» Bernard-Henri Lévy che Adolf Hitler la prese a modello, quella «soluzione finale» decisa dai turchi: «Conosciamo tutti la famosa frase, pronunciata davanti ai suoi generali, nell'agosto del 1939, appena prima che la Polonia fosse invasa: "Chi parla ancora, oggi, dello sterminio degli armeni?". La verità è che c'è voluto l'esempio armeno per convincerlo, molto presto, della possibilità, nel contesto di una guerra mondiale e totale, di risolvere un problema come quello della "questione ebraica". La verità è che il genocidio armeno, questo primo genocidio, fu il "primo" in tutti i sensi del termine: un genocidio esemplare e quasi fondatore; un genocidio come banco di prova; un laboratorio del genocidio considerato come tale dai nazisti».

Da Harpert, che i turchi chiamano ora Harput, nell'Anatolia centrale dove stava la masseria delle allodole dell'omonimo celebre romanzo di Antonia Arslan, furono messi in fuga alla fine di aprile del 1915 in dodicimila. Uomini, donne, vecchi, bambini. Ad Aleppo, dopo una marcia da incubo straziata da attacchi, stenti, malattie, arrivarono ridotti in condizioni penose in 213. Antranik Demirci, nella primavera del 2007, era ancora vivo e raccontò a Giampaolo Visetti della «Repubblica» di essere «cresciuto con la paura di non essere turco e invecchiato con la vergogna di non essere morto: "Dopo i mesi della lotta contro la deportazione ciò che restava della mia famiglia fuggì in Egitto. In cinquemila, per quattro anni, siamo rimasti nel campo profughi di Porto Said. Avevo sei anni quando mi hanno riportato ad Aleppo ed ho scoperto che cinquantasei miei parenti erano scomparsi"».

La testimonianza del console generale d'Italia a Trebisonda Giacomo Gorrini su «Il Messaggero» del 25 agosto 1915 toglie il respiro: «Non avevo dormito, non avevo mangiato più, ero in preda ai nervi, alla nausea, tanto era lo strazio di dover assistere ad una esecuzione in massa di creature inermi, innocenti. Il passaggio delle squadre degli armeni sotto le finestre e davanti alla porta del consolato, le loro invocazioni al soccorso senza che né io né altri potessimo fare nulla per loro, la città essendo in stato d'assedio, guardata in ogni punto da 15.000 soldati in pieno assetto di guerra, da migliaia di agenti di polizia, dalle bande dei volontari e dagli addetti del Comitato di Unione e Progresso; i pianti, le lacrime, la desolazione, le imprecazioni, i numerosi suicidi, le morti subitanee per lo spavento, gli impazzimenti improvvisi, gli incendi, le fucilate in città, la caccia spietata nelle case e nelle campagne; i cadaveri a centinaia trovati ogni giorno sulla strada dell'internamento...».

I turchi dicono che no, non c'entrava il razzismo. Che anche se ci fossero stati degli eccessi, peraltro riconosciuti da loro stessi già nel processo imbastito nel 1919 a Istanbul per addossare ogni responsabilità ai Giovani Turchi assolvendo tutti gli altri, non c'entrava la pulizia etnica. Il console americano Leslie Davis, il 24 luglio 1915, la pensava diversamente: «Non è un segreto che il piano previsto consisteva nel distruggere la razza armena in quanto razza». E così il ministro degli Interni Talaat Pasha in un telegramma del 19 novembre 1915: «È dovere di noi tutti effettuare nelle sue linee più ampie la realizzazione del nobile progetto di cancellare l'esistenza degli armeni che per secoli hanno costituito una barriera al progresso e alla civiltà dell'Impero...». Fino al documento più chiaro di tutti, stilato dal Comitato di Unione e Progresso il 25 marzo 1915. Dove si legge che la Jemiet, cioè l'Assemblea, ha «deciso di salvare la madrepatria dalle ambizioni di questa razza maledetta e di prendersi carico sulle proprie spalle patriottiche della macchia che oscura la storia ottomana. La Jemiet, incapace di dimenticare tutti i colpi e le vecchie amarezze, ha deciso di annientare tutti gli armeni viventi in Turchia, senza lasciarne vivo nemmeno uno e a questo riguardo è stata data al governo ampia libertà d'azione».

«Proviamo a immaginare la situazione dei sopravvissuti alla Shoah se lo stato tedesco fosse stato, dopo la guerra, negazionista!», scrive Bernard-Henri Lévy nell'articolo citato mettendo a confronto la tragedia armena e quella ebraica. Immaginiamo «una Germania non pentita che facesse pressione sui suoi partner minacciandoli di ritorsioni qualora avessero qualificato come genocidio la tragedia di uomini, donne e bambini selezionati sulla rampa di Auschwitz!».

Questo è successo e ancora succede agli armeni. E la piccola folla di sedicenti «storici» che nega e sdrammatizza e ridicolizza tutto usa esattamente gli stessi argomenti, lo stesso linguaggio, le stesse insinuazioni di chi nega Auschwitz. Invocando, ovvio, «la libertà di pensiero». Invece ha ragione Lévy: «Si crede che i negazionisti esprimano un'opinione: essi perpetuano il crimine. E pretendendo d'essere liberi pensatori, apostoli del dubbio e del sospetto, completano l'opera di morte. Occorre una legge contro il negazionismo, perché esso è, nel senso stretto, lo stadio supremo del genocidio».

È tutto, la memoria: tutto. È impossibile parlare del razzismo di oggi se non si ricorda il razzismo di ieri. Sull'uno e sull'altro fronte. Non puoi raccontare gli assalti ai campi rom se non ricordi secoli di pogrom, massacri e editti da Genova allo Jutland dove l'11 novembre 1835 organizzarono addirittura, come si trattasse di fagiani, una grande caccia al gitano. Caccia che come scrivono Donald Kenrick e Grattan Puxon ne *Il destino degli zingari*, «fruttò complessivamente un "carniere" di oltre duecentosessanta uomini, donne e bambini». Non puoi raccontare della ripresa di un crescente odio antiebraico, spesso mascherato da una critica al governo israeliano (critica, questa sì, legittima) senza ricordare quanto disse Primo Levi in una lontana intervista al «Manifesto»: «L'antisemitismo è un Proteo». Può assumere come Proteo una forma o un'altra, ma alla fine si ripresenta. E va riconosciuto sotto le sue nuove spoglie.

Così com'è impossibile capire il razzismo se non si ricorda che ci sono tanti razzismi. Anche tra bianchi e bianchi, tra neri e neri, tra gialli e gialli. Un esempio? Spiega il giornalista e saggista argentino Tomás Eloy Martínez che Ollanta Humala, leader del Partido nacionalista peruano, «fin dall'inizio ha sostenuto l'idea che l'indigeno peruviano, il *cholo*, appartenga a una razza superiore, e che l'unico buon governo nel paese sia stato quello degli incas. I bianchi sono dei falliti, afferma, e l'unica soluzione per il Perú è allontanarli». E se non volessero andarsene? Ci penserebbe lui.

Gli stessi ebrei, nonostante abbiano pagato carissimo il razzismo altrui, hanno nel loro intestino dei razzisti. Come i seguaci del rabbino Meir Kahane che, prima d'essere assassinato a New York da un sicario egiziano, era riuscito nel 1984 a entrare come deputato alla Knesset alla guida di un partito (Kach: così!) che sventolava bandiere gialle con un pugno nero nella stella di Davide e teorizzava la supremazia ebraica sugli arabi e sui palestinesi al punto che sarebbe stato successivamente messo fuorilegge per istigazione all'odio razziale.

Ti dicono: ancora Kahane? Ma se è morto! Sì, ma a parte le proteste per la decisione di Gerusalemme di proibire l'intitolazione di nuove vie al fanatico defunto, alla fine di ottobre 2009 una finta troupe di Peace Now ha organizzato una candid-camera spingendo i parlamentari più di destra a dire la loro su «ciò che resta degli ideali di Kahane» e i risultati sono stati illuminanti. Il compositore Dudu Elharar, per esempio, ha confessato di odiare l'ex premier Ariel Sharon «più di Yitzhak Rabin, più di Shimon Peres, più di chiunque al mondo, incluso Adolf Hitler». Una posizione non molto diversa da quella di dieci rabbini che, pochi mesi prima che fosse colpito da un ictus, avevano lanciato contro l'allora premier, reo d'aver deciso il ritiro dei coloni da Gaza, una «pulsa de nura». Anzi, spiegò allora all'Ansa il rabbi Yossef Dayan, visto che quella mortale maledizione cabalistica funzionerebbe sugli ebrei, «ci sono stati momenti di apprensione quando uno dei partecipanti ha sollevato dubbi sulle origini ebraiche di Sharon». E torniamo al punto di partenza: la purezza del sangue. Un suolo, un popolo, una religione.

C'è un punto sul quale occorre essere netti: che sia più facile, in astratto, governare una bella Orania coi giardinetti puliti e tutti che vestono, mangiano, pensano, pregano allo stesso modo è vero. Governare una società multietnica e multiculturale è più complicato. E in ogni caso occorre sempre collocare i principi astratti dentro la realtà in cui concretamente si vive. Vale anche per l'immigrazione. Lo dice nel suo libro *Ero straniero e mi avete ospitato*, con tutta la sofferenza di un uomo di fede che crede profondamente in quel precetto evangelico, anche Enzo Bianchi, il priore di Bose: «C'è una tentazione, diffusa anche in alcuni ambienti cattolici lodevolmente impegnati in prima fila sul fronte dell'accoglienza degli stranieri, di pensare alla perfetta uguaglianza dell'altro, al criterio dell'accoglienza sempre e in ogni caso di tutti quelli che bussano alle nostre frontiere».

Ora, spiega, «siamo consapevoli di quello che la storia ci insegna, e cioè che quasi mai il pane va verso i poveri e quasi sempre i poveri vanno verso il pane, così come siamo sempre più coscienti della radicale uguaglianza di tutti gli esseri umani di fronte a Dio e dell'universalità dei loro diritti, ma questo non significa praticare un'accoglienza passiva, acritica e illimitata degli immigrati. È eticamente corretto accogliere qualcuno senza potergli fornire casa, pane, vestito e, soprattutto, una soggettività e una dignità nella nostra società? L'accoglienza è altra cosa dal soccorso in caso di emergenza. Occorre riconoscere che esistono dei limiti nell'accoglienza: non i limiti dettati dall'egoismo di chi si asserraglia nel proprio benessere e chiude gli occhi e il cuore davanti al proprio simile che soffre, ma i limiti imposti da una reale capacità di "fare spazio" agli altri, limiti oggettivi, magari dilatabili con un serio impegno e una precisa volontà, ma pur sempre limiti».

Vale per i cattolici, vale per i laici che magari invece che il Vangelo rileggono, come il filosofo Umberto Curi nel saggio *Lo straniero che ci abita*, le *Metamorfosi* di Ovidio dove si racconta di Giove che gira in incognito col nipote di Atlante non lontano dai colli di Frigia: «A mille case bussarono, in cerca di un luogo per riposare, mille case sprangarono la porta». Finché due vecchietti, i più poveri di tutti, li accolgono e mettono a bollire per gli ospiti la loro unica oca, venendo ricompensati oltre ogni sogno: «Quella vecchia capanna, piccola anche per i suoi padroni, si trasforma in un tempio: colonne vanno a sostituire i pali, vedono la paglia del tetto assumere riflessi d'oro, le porte ornarsi di fregi e il suolo rivestirsi di marmo...».

Non ci sono oche per tutti!, tuonano il nostro Roberto Maroni e lo slovacco Ján Slota e l'inglese Nick Griffin e tutti i leader xenofobi delle destre europee. È vero. Purtroppo, diranno gli antirazzisti. Ma è così: l'Occidente, per generoso e ospitale che sia, non può accogliere tutti. Quindi una politica di argine alla marea immigratoria è assolutamente indispensabile. Nonostante i crediti che vantano i paesi poveri saccheggiati dal colonialismo. Nonostante il versetto 25,23 del Levitico, che dice chiaramente come la pensa quel Dio tirato in ballo da chi si erge a bellicoso difensore delle tradizioni religiose occidentali: «Le terre non si potranno vendere per sempre, perché la terra è mia e voi siete presso di me come forestieri e inquilini». Nonostante i nostri nonni emigrati abbiano vissuto le stesse identiche storie. Nonostante le sofferenze inflitte a chi sogna l'Europa o l'America sapendo, come dice il rapporto Onu del 2009 sulle migrazioni, che chi lascia un paese più povero per uno più ricco vede in media «un incremento pari a 15 volte nel reddito; un raddoppio dei tassi di iscrizione alle scuole e una diminuzione pari a 16 volte nella mortalità infantile». Cosa che, a parti rovesciate, spingerebbe a imbarcarsi sui barconi dei trafficanti anche i più ringhiosi difensori della tesi «ognuno a casa propria».

È così: non possiamo accogliere tutti. E ogni governo ha il

diritto e il dovere di decidere quanti immigrati può accogliere o no. Ma se non possiamo accogliere tutti non possiamo neanche respingere tutti. Anche chi in base alla Convenzione di Ginevra sui rifugiati del 1951 ha diritto all'asilo perché scappa per il «giustificato timore d'essere perseguitato per la sua razza, la sua religione, la sua cittadinanza, la sua appartenenza a un determinato gruppo sociale o le sue opinioni politiche».

Vogliamo prendere una storia a caso, dall'inferno dei campi di detenzione libici per gli emigranti di passaggio? Ecco quella di una donna eritrea, cristiana, nel documentario *Come un uomo sulla terra* di Andrea Segre, Riccardo Biadene e Dagmawi Yimer: «Ero in prigione con un'amica eritrea incinta, la rabbia le aveva deformato il viso. Il marito cercava di difenderla perché il poliziotto le premeva la pancia col bastone dicendole: "Hai in pancia un ebreo, andate in Italia e poi in Israele per combattere gli arabi"». Un'altra donna: «Preferivamo morire piuttosto che doverci togliere la croce al collo. Piangevamo, se questa era la volontà di Dio l'accettavamo, ma la croce non la volevamo togliere. Cristiani siamo e cristiani rimarremo. E loro ci sbattevano contro il muro. Mentre gli uomini venivano picchiati noi urlavamo. Gli uomini venivano frustati sotto la pianta dei piedi fino a perdere i sensi».

È falso che non ci sia un confine netto tra la fermezza e il razzismo. Un conto è respingere chi non ha diritto ad appellarsi alla Convenzione di Ginevra sui rifugiati e un altro è chiamarlo «Bingo Bongo». Un conto è prendere le impronte digitali, un altro teorizzare come il leghista Erminio Boso che vanno prese le impronte dei piedi «perché si può risalire a "tracciati particolari" delle tribù». Un conto è la giusta durezza con i delinquenti, un altro è marchiarli come «rumeni di merda» o «albanesi del cazzo». Un conto è la realtà, un altro la «iperrealtà». Costruita seminando insicurezza.

Come teorizza il «ministro della Paura» inventato dall'attore Antonio Albanese: «Una società senza paura è come una casa senza fondamenta. Per questo io ci sarò sempre. Nella mia stanza bianca. Con la mia scrivania bianca. Davanti al mio poster bianco. E i miei tre bottoni, gli attrezzi del mio lavoro. Bottone giallo: poca paura. Bottone arancione: abbastanza paura. Bottone rosso: paurissima. Io le paure le invento, le creo, le modello, le elaboro, le impasto, le plasmo, poi ve le trasmetto. Ogni mattina vado in ufficio e decido quanta paura dovete avere. Controllo tutti i palinsesti. Molti delitti, molte scene di guerra, gente che soffre, gente che muore, bambini ammazzati, sequestrati, seviziati, teste mozzate e il sangue che esce dal monitor, arabi pazzi, cinesi che vendono tutto a un euro, zingari che rubano, immigrati che sbarcano, traffico di organi, treni che deragliano, aerei che cadono, navi che affondano, incendi dolosi, la malattia dei polli, il virus delle quaglie, la mucca avvelenata, la grande famiglia dei retrovirus: uno spettacolo, il più grande spettacolo del mondo».

Sono in tanti, a partecipare a questo show della paura. Non solo in Italia, non solo in Occidente. I paesi del Golfo, ha spiegato Mohamed Ramady della Fahd University di Riyad al giornalista del «Corriere» Federico Fubini, «sono ossessionati dal timore di essere travolti dagli stranieri». È un gioco facile, scaricare le paure sugli altri. Qualunque genere di «altri». Creino o non creino problemi. Come scrisse Alberto Moravia sul «Corriere», «il razzista è un lupo che, in mancanza di veri atti ostili commessi dall'agnello, se la prende con la sua diversità, senza rendersi conto che essa è riversibile e che lui è diverso dall'agnello almeno quanto l'agnello è diverso da lui. Ma, parafrasando il noto apologo di Orwell, il lupo afferma che, diversità per diversità, la diversità dell'agnello è una diversità diversa dalla sua».

Quanto diversa? Dipende. Sul tema si sono sbizzarriti in tanti. Al punto che Guido Barbujani e Pietro Cheli, nel libro *Sono razzista ma sto cercando di smettere*, si sono divertiti a comporre una tabella con tutte le diverse opzioni degli «scienziati» che sulla questione hanno dato, letteralmente, i numeri. Carl von Linné, detto Linneo, di razze ne contò 6, Georges Cuvier 3, Johann Friedrich Blumenbach 5, Hans Weinert 17, S.M. Garn 9, Joseph Deniker 29, Egon Freiherr von Eickstedt 38. Per non dire di Médéric Louis Élie Moreau de Saint-Méry, un avvocato che, come si dirà più avanti, alla fine del Settecento arrivò a definire 128 varianti del meticcio bianco-nero.

In realtà, spiegano i genetisti, siamo tutti un impasto di «altri». E potremmo ripetere, uno a uno, quanto disse il grande poeta sudafricano Breyten Breytenbach in una sua clamorosa invettiva all'università di Città del Capo, davanti a centinaia di studenti e alte autorità statali, il 14 marzo 1973, nel pieno della cupa stagione dell'apartheid: «Siamo un popolo bastardo, con una lingua bastarda e una natura bastarda. Il veleno del razzismo scorre in profondità nelle nostre vene. Abbiamo costruito muri, non città. E come tutti i bastardi, incerti della loro identità, abbiamo cominciato ad aggrapparci disperatamente al concetto di purezza».

Si è detto e scritto di tutto, nei secoli. La storia del razzismo trabocca di tesi «scientifiche» sulla purezza del sangue messe al servizio della politica canaglia. Fino a casi limite come quello del tedesco Johannes Wallmann che, come spiegano ne *Il pregiudizio razziale* Aldo Morrone e Leonardo Borgese, «sostenne non esservi alcuna prova che Gesù fosse giudeo e aggiunse che i galilei avevano un po' di sangue ariano. Ma in sostanza Cristo, per lui, non era nemmeno galileo, sia perché Giuseppe non era suo padre, sia perché non aveva nessun padre. Affermava inoltre che il messaggio stesso di Cristo dimostrava il suo arianesimo».

Lo stesso concetto di «razzismo» è da sempre al centro di un dibattito. E c'è chi dice che il vero razzismo è solo quello che viene tradotto in leggi specifiche (come nel caso delle leggi razziali mussoliniane, hitleriane, sudafricane...) e chi dice che va distinto dalla xenofobia e dal pregiudizio e dall'intolleranza e poi dal senso di superiorità e poi dal disprezzo per il generico «altro» ed è tutto un distinguere, un precisare, un sottilizzare... Gira e rigira, però, il senso è quello che riassunse Luciano Canfora in un vecchio articolo su «l'Unità»: «Il razzismo è un unico magmatico "Es"», l'inconscio freudiano, «visceralmente ostile alla nozione di uguaglianza e alle sue implicazioni».

«Il razzismo è, o sta per diventare, soltanto storia?», si chiedeva solo qualche anno fa George M. Fredrickson, docente alla Stanford University, nel libro *Breve storia del razzismo*, nel quale sotto un titolo minimalista concentrava decenni di studi della materia. Gli pareva impossibile che dopo millenni di orrori e sopraffazioni gli uomini potessero ancora odiarsi l'un l'altro conservando, nell'era del nucleare di IV generazione, della microchirurgia e del cyberspazio, pregiudizi antichissimi e definitivamente sepolti dalla scienza.

Certo, Hitler aveva «conferito al razzismo una cattiva nomea» e «la ripugnanza morale suscitata in tutto il mondo dall'operato dei nazisti, rafforzata da studi scientifici che scardinavano la genetica razzista», era indubbiamente servita a «screditare il razzismo scientifico che aveva goduto di credibilità e di influenza negli Stati Uniti e in Europa prima della Seconda guerra mondiale». Per non dire dell'«attacco devastante» al razzismo esplicito «da parte delle nuove nazioni sorte dal processo di decolonizzazione dell'Africa e dell'Asia, e dei loro rappresentanti alle Nazioni Unite». La stessa affermazione dei diritti civili negli Stati Uniti arrivata negli anni Sessanta dopo secoli di schiavitù, segregazione razziale e leggi infami, insisteva, «beneficiò della ripugnanza morale suscitata dall'Olocausto, considerato il prodotto perverso della logica del razzismo portata alle estreme conseguenze». Eppure...

Morto nel febbraio 2008, Fredrickson non fece in tempo a vedere il trionfo di Barack Obama e il suo ingresso alla Casa Bianca dove perfino Abraham Lincoln era entrato dopo aver pronunciato parole terribili, come a Charleston, Illinois, il 18 settembre 1858: «Non sono e non sono mai stato favorevole a promuovere in alcun modo l'uguaglianza sociale e politica tra la razza bianca e quella nera; devo aggiungere che non sono mai stato favorevole a concedere il voto ai negri o a fare di loro dei giurati, né ad abilitarli a coprire cariche pubbliche, o a permetter loro matrimoni coi bianchi; riaffermo che esiste una troppo spiccata differenza tra la razza bianca e quella negra, e che questa diversità impedirà per sempre alle due razze di vivere insieme in termini di uguaglianza sociale e politica. (...) Finché la convivenza sarà necessaria, dovrà pur mantenersi un rapporto da superiore ad inferiore e io, come ogni altra persona ragionevole, sono ovviamente a favore del ruolo dominante della razza bianca».

Ma anche la svolta più importante nella storia dei neri non

avrebbe fatto cambiare idea allo studioso americano. Anzi, proprio l'ondata neorazzista che ha accompagnato e seguito l'elezione di Obama, nato da un rapporto tra un nero e una bianca nel 1961, quando il reato di *miscegenation* (mescolanza delle razze) doveva ancora esser abolito in tutti gli stati dal Civil Rights Act del 1964, gli avrebbe dato ragione: il razzismo, purtroppo, non è né morto né moribondo.

Lo dice un'intervista a Mario Calabresi di Don Black, già capo del Ku Klux Klan e fondatore del sito razzista «www.stormfront.org»: «Non è immaginabile che la nazione più potente del mondo, la guida dell'Occidente, possa essere comandata da un afro-americano radicale, legato ai terroristi che bombardarono il Pentagono». Lo dice una vignetta pubblicata dal «New York Post», il 20 febbraio 2009, un mese dopo l'insediamento e in piena tempesta finanziaria, dove si vedevano due poliziotti che abbattono a revolverate uno scimmione, alter ego del negro nell'immaginario razzista: «Ora dovranno trovare qualcun altro capace di scrivere il prossimo pacchetto anticrisi». Lo dice la battuta volgarissima su Michelle Obama di Burt Prelutsky, autore televisivo e opinionista di «townhall.com», il sito web d'un popolare network cristiano, che diede scandalo giocando sul triplo senso (cagna, stronza, puttana) di *bitch*: «La domanda è: se la First Family prende un cane femmina, sarà la First Bitch o dovrà accontentarsi del secondo posto?». Lo dice il ricorso di Stefan Frederick Cook, un riservista della Florida che ha rifiutato la chiamata per andare in Afghanistan sostenendo che Obama non è il legittimo presidente degli Stati Uniti. Lo dicono i siti internet, che tracimano di odio e disprezzo verso il presidente americano.

Il lato oscuro del web, scrive ne *L'odio in rete* Antonio Roversi, «è popolato da individui e gruppi che, pur nella diversità di accenti e idiomi utilizzati, parlano tutti, salvo qualche rara ma importante eccezione, il linguaggio della violenza, della sopraffazione dell'annientamento nei confronti di altri esseri umani. Dietro quelle pagine web ci sono uomini e donne che nutrono un sentimento antico che si pensava prosciugato dal processo di civilizzazione o quantomeno relegato in qualche nicchia inoffensiva e nostalgica del nostro pianeta, ma che invece si è riaffacciato con un'intensità per certi versi sorprendente. È un sentimento d'odio che utilizza il più moderno tra tutti i mezzi di comunicazione e la più avanzata tecnologia di cui disponiamo per manifestarsi».

Strumenti modernissimi, come Facebook, blog, YouTube, Twitter... Odi antichissimi. Appoggiati su testi vecchissimi. I *Protocolli dei Savi di Sion*. Le lacrimevoli istorie di san Lorenzino da Marostica ucciso tra i tormenti dai giudei che volevano berne il sangue. La maledizione biblica di Cam. La novella *La gitanilla* di Miguel de Cervantes che racconta la storia della bella Preciosa rapita in fasce dagli zingari.

Non c'è libro o autore che non venga recuperato a sostegno. C'è chi si rifà al genero di Wagner, Houston Stewart Chamberlain, che vedeva nei tedeschi la razza eletta e scriveva a Hitler: «Vi attendono grandi compiti che dovete portare a compimento. (...) Il fatto che nell'ora del massimo bisogno la Germania sia stata capace di generare un Hitler è una prova della sua vitalità, proprio come la forza che egli irradia; giacché questi due elementi – la personalità e l'ascendente – vanno insieme... Dio vi protegga!». Chi riabilita il saggio *Sull'ineguaglianza delle razze* di Arthur de Gobineau: «Dopo essermi accorto che esistono razze forti e razze deboli, mi sono volto ad osservare di preferenza le prime, a sceverarne le attitudini e soprattutto a risalire la catena delle loro genealogie. Seguendo questo metodo, ho finito per convincermi che tutto ciò che in fatto di creazioni umane esiste di grande, di nobile e di fecondo sulla terra (scienza, arte, civiltà), riconduce l'osservatore verso un unico punto, nasce da un unico germe, è frutto di un solo pensiero, appartiene a una sola famiglia i cui rami diversi hanno regnato su tutte le contrade civilizzate dell'universo...».

Così, al contrario, c'è chi per svergognare l'Illuminismo all'origine di tutti i mali recupera le *Mélanges inédits* dove Montesquieu scrive che «fra i selvaggi d'America (...) la rozzezza può arrivare a un punto tale che gli uomini non sono affatto diversi dalle bestie». Oppure l'*Histoire naturelle, générale et particulière* dove Georges-Louis Leclerc di Buffon teorizza l'inferiorità complessiva dell'America, delle sue piante, dei suoi animali e dei sui indigeni: «Sebbene il selvaggio del nuovo mondo abbia suppergiù la medesima statura dell'uomo del nostro mondo, questo non basta perché possa essere un'eccezione al fatto generale del rimpicciolimento della natura vivente in tutto questo continente. Il selvaggio è debole e piccolo per quanto riguarda gli organi riproduttivi, non ha né peli né barba, e non prova nessuna passione per la femmina della sua specie. Benché più snello dell'europeo perché più avvezzo alla corsa, è tuttavia meno forte nel corpo, ed è anche molto meno sensibile e tuttavia più spaurito e più vigliacco...».

«La tirannia della penitenza dovrà pur, prima o poi, occuparsi dell'Illuminismo ed io non ne vedo l'ora», ha scritto su «il Giornale» Paolo Granzotto, ricordando come Voltaire fosse arrivato a descrivere il «negro» come «sudicio, pigro, ubriacone, goloso e ladro matricolato» e «incline al libertinaggio, alla vendetta, allo stupro, alla menzogna». In realtà, spiegano tutti gli studiosi più seri a partire da George L. Mosse e Fredrickson, le responsabilità sono chiare da un pezzo: «L'Illuminismo laico si rivelò un'arma a doppio taglio», scrive Fredrickson. «Il suo naturalismo rese scientificamente verosimile un razzismo codificato sulla base del colore della pelle, e preparò quindi l'impalcatura per il determinismo biologico ottocentesco. Ma, nello stesso tempo, rese accetta, nella mente di alcuni, una premessa di uguaglianza in questo mondo anziché solo in Paradiso o davanti a Dio, un assunto che aveva il potere di chiamare in questione la giustezza e la giustificazione razionale della schiavitù dei neri e della ghettizzazione degli ebrei.»

Di più, anche se a leggerlo una frase qua e una là Voltaire appare sicuramente come un razzista, è sua la più bella preghiera universalista e «multietnica», diremmo oggi, che mai sia stata scritta. La preghiera a «Dio di tutti gli esseri, di tutti i mondi, di tutti i tempi» che chiude il *Trattato sulla tolleranza* e che oggi, modernissima com'è, dovrebbero rileggere in tanti: «Tu non ci hai donato un cuore per odiarci l'un l'altro, né delle mani per sgozzarci a vicenda; fa' che noi ci aiutiamo vicendevolmente a sopportare il fardello di una vita penosa e passeggera. Fa' sì che le piccole differenze tra i vestiti che coprono i nostri deboli corpi, tra tutte le nostre lingue inadeguate, tra tutte le nostre usanze ridicole, tra tutte le nostre leggi imperfette, tra tutte le nostre opinioni insensate, tra tutte le nostre convinzioni così diseguali ai nostri occhi e così uguali davanti a te, insomma che tutte queste piccole sfumature che distinguono gli atomi chiamati "uomini" non siano altrettanti segnali di odio e di persecuzione. (...) Fa' che coloro il cui abito è tinto in rosso o in violetto, che dominano su una piccola parte di un piccolo mucchio di fango di questo mondo, e che posseggono qualche frammento arrotondato di un certo metallo, gioiscano senza inorgoglirsi di ciò che essi chiamano "grandezza" e "ricchezza", e che gli altri li guardino senza invidia: perché tu sai che in queste cose vane non c'è nulla da invidiare, niente di cui inorgoglirsi. Possano tutti gli uomini ricordarsi che sono fratelli! (...) Se sono inevitabili i flagelli della guerra, non odiamoci, non laceriamoci gli uni con gli altri nei periodi di pace, ed impieghiamo il breve istante della nostra esistenza per benedire insieme in mille lingue diverse, dal Siam alla California, la tua bontà che ci ha donato questo istante».

1

Dagli all'immigrato, dal Tamigi al Don

Partiti etnici, milizie, giustizieri: l'onda nera sull'Europa

Scarponi coi lacci neri: non ha mai ucciso. Scarponi coi lacci bianchi: ha già ucciso. Dicono certi blog russi che è così che i naziskin si riconoscono tra di loro: dai lacci degli anfibi. Ci sono troppi lacci bianchi, in Russia. Troppi. Nel solo 2008, stando al saggio sulla xenofobia nella Russia post-sovietica di Anna Sevortian, direttrice del Centro di sviluppo della democrazia e dei diritti umani di Mosca, le vittime di aggressioni razziste e xenofobe sono state 525. Con 97 omicidi. Il tutto «senza contare le risse di massa, gli attacchi con una motivazione finanziaria e le aggressioni che comportano l'uso di un'arma da fuoco eccetto nei casi in cui motivi razzisti sono stati dichiarati».

I teatri principali della caccia al diverso, spiega la Sevortian, sono i distretti di Mosca (57 omicidi e 196 feriti) e San Pietroburgo (15 omicidi e 38 feriti). Le vittime prescelte, gli immigrati dall'Asia centrale e dal Caucaso. Seguono gli «alternativi», i punk, i clochard, considerati «traditori della razza bianca». E il 2009, dice l'istituto per il monitoraggio Sova, non è andato meglio. Non bastasse, gli stessi blog segnalano la comparsa di altre ronde violente, coi lacci rossi. Sono skinhead antifascisti, si fanno chiamare «antifa» e aggrediscono i «nazi» nel nome delle minoranze etniche.

Sono saltati tutti i tappi della convivenza, nella Russia che un tempo si faceva vanto, a torto, di essere un felice miscuglio di etnie differenti. «Neghi d'averli ammazzati?», hanno chiesto a Pavel Skachevskij, accusato con sei amici di una catena di omicidi razzisti. E lui: «Sono un soldato russo che ripuliva la città dagli occupanti». «Odiamo i caucasici che hanno invaso Mosca», ha confermato Artur Ryno. Erano ancora minorenni, quando avevano cominciato a uccidere i «ciorni», i neri, come vengono sprezzantemente chiamati i caucasici con la pelle più scura dai fanatici del Partito liberaldemocratico russo di Vladimir Zhirinovskij o da quanti si riconoscono ancora nella disciolta Unità nazionale russa di Aleksandr Barkashov. I giudici del tribunale moscovita, nel dicembre 2008, li hanno condannati al massimo della pena per dei minori. Dieci anni. Per 21 omicidi. «Sei mesi per ogni morto», piangevano i parenti. E parliamo solo di quelli accertati dalla polizia. Artur Ryno, che faceva il pittore di icone sacre, ne aveva confessati 37, di delitti: «La città deve essere ripulita».

La mattina in cui avevano assassinato il loro primo immigrato a coltellate, il 21 agosto 2006, un altro gruppo di razzisti piazzava una bomba tra i cinesi, i vietnamiti, i tagiki del mercato Cherkizovskij, una specie di Porta Portese. Tredici morti, tra i quali 4 bambini, e 47 feriti. Due anni dopo, il tribunale condannava otto fanatici di destra. Quattro all'ergastolo (l'imprenditore Nikolaj Korolyov, l'ex agente dei servizi segreti Sergej Klimuk e gli studenti di chimica Ilya Tikhomirov e Oleg Kostyrev) e altri quattro al carcere da due a vent'anni. Appartenevano a un gruppo chiamato Spas (Redentore) che di attentati dinamitardi ne aveva già fatti sette. Tutti contro ostelli di immigrati, moschee di immigrati, botteghe di immigrati.

L'istituto Gallup, presente nel paese da due decenni, ha compiuto un sondaggio su questa campagna di odio che al grido di «la Russia ai russi» avrebbe coinvolto oltre 50.000 giovani. I russi che dicono di «capirla» sono 4 su 100. Ma tra i ragazzi la quota sale: 1 su 9.

Ma è in tutto il continente che sono saltati i tappi. A dispetto di chi minimizza, i dati dell'Osservatorio europeo sul razzismo e la xenofobia con sede a Vienna, l'Eumc, spingevano già nel 2007 l'allora vicepresidente Ue Franco Frattini a dirsi molto preoccupato: «I fenomeni a sfondo razzista nel 2006 sono aumentati in alcuni paesi tra il 25% ed il 45% con punte fino al 70%». Nel marzo 2009 il rapporto nella nuova Agenzia europea per i diritti fondamentali (Fra), dopo aver denunciato che solo 12 paesi dell'Unione si erano dotati del richiesto monitoraggio dei reati razzisti e tutti gli altri no (Italia compresa), diceva che la situazione era peggiorata ancora.

Dal 2000 al 2007 i crimini razzisti sono cresciuti del 4% in Inghilterra, del 20,4 in Francia, del 22,6 in Scozia, del 31,3 in Irlanda, del 36,2 in Slovacchia, del 43% in Danimarca... E le elezioni europee del 2009 hanno fornito la conferma ufficiale. Con un'avanzata generale di quasi tutti i partiti xenofobi. Protagonisti qua e là di irruzioni a Strasburgo spettacolari almeno quanto preoccupanti. Come, per esempio, quella della Jobbik Magyarországért Mozgalom, l'Alleanza per un'Ungheria migliore. Fondata nel 2003, alle Politiche del 2006 aveva preso insieme con un altro partito simile (Partito ungherese giustizia e vita) solo il 2,2%. Tre anni dopo, al termine di una campagna fatta bruciando in piazza le bandiere europee, era al 14,8. Solo due punti e mezzo sotto i socialisti.

Certo, delusi dalla corruzione al governo, stremati dalla crisi economica e sfiduciati dalla scoperta amara che «la democrazia non riempie la pancia», avevano votato solo 36 elettori su 100. Ma il dato resta: forse nessun partito razzista è proporzionalmente forte oggi quanto l'ungherese Jobbik. Un partito double face: tailleur e manganello. Il manganello è quello della Magyar Gárda, una milizia paramilitare sciolta (sulla carta) dai giudici nel luglio 2009 («ha seminato odio») nella quale gli aderenti hanno come parola d'ordine «Fede, forza, volontà», riconoscono come leader Gábor Vona e vestono divise nere che ricordano quelle delle Croci frecciate, il partito filonazista che con Ferenc Szálasi ebbe in pugno l'Ungheria agli sgoccioli della guerra. Un periodo nerissimo durante il quale vennero rastrellati e deportati circa 30.000 ebrei.

Il tailleur è quello di Krisztina Morvai, bionda, bella, laurea in Legge, borsa di studio al King's College londinese, un periodo di docenza alla University of Wisconsin con una borsa Fulbright, poi anni di battaglie civili in favore delle donne e delle minoranze alla Commissione per i diritti umani delle Nazioni Unite e alla Commissione europea fino alla svolta, che nega: «Sono quella di prima». Andrea Tarquini sulla «Repubblica» l'ha fotografata così: «Pettinatura e trucco impeccabili, camicia bianca, giacca e gonna nere di buona eleganza tra il giovanile e il tradizionale, la corona di santo Stefano con la croce (l'emblema nazionale) come pendant sulla piccola catenina al collo, Krisztina Morvai è una tigre che nella gestione dei media sa il fatto suo, sa sempre ruggire con un sorriso».

Sia la guardia paramilitare sia l'attivista dei diritti civili convertita al nazionalismo puntano su pochi argomenti. 1) La Grande Ungheria (la cui mappa viene appiccicata sui parabrezza delle auto coi confini precedenti al Trattato del Trianon che smembrò l'Impero asburgico) deve recuperare i territori dei quali è stata mutilata come voleva l'ammiraglio Miklós Horthy, il caudillo «reggente» tra le due guerre. 2) «Il nostro passato è la nostra primavera», quindi occorre tornare ai lustri di Gábor Bethlen, il principe di Transilvania che a cavallo tra il Cinquecento e il Seicento regalò al paese alcuni decenni di despotismo illuminato. 3) I nemici che affamano il popolo sono l'Europa, i comunisti, gli zingari e la finanza internazionale ebraica.

Guai, però, a dire che sono razzisti. Krisztina Morvai salta su come una furia: «Non siamo fascisti né nazisti, non siamo antisemiti, parliamo solo chiaro, e certi media tentano di appiccicarci addosso queste etichette oscene perché hanno paura delle nostre denunce, della nostra lotta per la giustizia». Quale giustizia? Quella della milizia: «Purtroppo la Magyar Gárda non è abbastanza forte. Quando la gente la vede si sente sicura, la polizia è invece solo agli ordini del potere».

Il primo scambio di «opinioni» dopo l'elezione a Strasburgo, raccontato da Luigi Offeddu sul «Corriere», resterà memorabile. A Gábor Barat, un newyorkese «fiero di essere un emigrato ebreo e ungherese» che l'aveva definita «un mostro» per le sue sparate antisemite, l'ex attivista dei diritti umani rispose con parole che il quotidiano israeliano «Haaretz» pubblicò con inorridito stupore: «Sarei contenta se coloro che si definiscono fieri ebrei ungheresi, invece di insultare me se ne andassero a giocherellare con i loro piccoli peni circoncisi». Non bastasse, intimò agli israeliti di mettersi in riga: «La gente come voi è abituata a vedere la gente come noi mettersi sull'attenti ogni volta che date sfogo alle vostre flatulenze. Dovreste per cortesia rendervi conto che tutto questo è finito. Abbiamo rialzato la testa e non tollereremo più il vostro tipo di terrore. Ci riprenderemo il nostro paese».

Intendiamoci, s'offende all'ipotesi di essere collegata al lancio di escrementi contro il teatro ebreo di Budapest che l'amato Horthy chiamava «Judapest». Non nega però, nell'intervista a Tarquini, d'avercela a morte: «Stiamo diventando la seconda Palestina, voglio salvare l'Ungheria da un destino palestinese. (...) La maggioranza della gente è con me ma la dittatura al governo è col capitale internazionale». Di più: «La Palestina è l'esempio di come ti possono prendere la terra e come puoi perdere il tuo paese. È quanto sta succedendo qui in Ungheria...».

Quanto ai rom, che rappresentano una minoranza di circa 600.000 persone e sono stati spiazzati più ancora delle altre fasce deboli dalla crisi dell'industria socialista e vengono additati come i primi responsabili d'una stagione di microcriminalità, non c'è comizio in cui lei e Vona non tuonino: «Chi sono gli zingari? Amano l'Ungheria? Hanno voglia di lavorare? Vogliono adattarsi e assimilarsi o no? Possiamo fidarci?». Insomma: è vero che vivono lì da secoli ma sono «davvero» ungheresi? O sono pronti a tradire la patria? Tutte domande che, magari contro la volontà degli stessi leader, possono far trarre un certo tipo di conclusioni ai seguaci più esagitati. Come i criminali che nel febbraio 2009 a Tatarszentgyoergy, a sud di Budapest, hanno dato vita a una «caccia allo zingaro», una delle tante scatenate da bande simili agli squadroni del Ku Klux Klan, bruciando vivi un giovane rom e il suo bambino di cinque anni.

Eppure quelle ungheresi sono solo una parte delle fiammate nazionaliste che rischiano di incendiare l'Europa. Passi il confine settentrionale e in Slovacchia trovi i manifesti dello Slovenská Národná Strana, il partito dell'ultranazionalista Ján Slota, un omone grande e grosso che, corroborato a volte da un bicchiere di troppo stando a un video su YouTube in cui barcolla vistosamente, dice cose terrificanti: «Combatteremo per il nostro territorio, per ogni metro quadrato, per ogni metro quadrato! Non daremo nemmeno un centimetro a quegli orrendi stronzi ungheresi... Andremo coi carri armati e demoliremo Budapest!».

Non la sopporta, lui, la minoranza dei magiari ridotta al 10%. Gli ungheresi, ha detto a metà aprile 2005 secondo il quotidiano «Új Szó», «sono il cancro della nazione slovacca, dobbiamo eliminarli dal corpo del paese». L'anno dopo, in un dibattito televisivo, ha spiegato che «nel lontano 1248 un vescovo francese in visita nel bacino della Carpazia si è meravigliato di come il Signore abbia potuto dare una terra così bella a quell'orribile gente. Intendeva gli antichi ungheresi, perché erano tipi mongoloidi con le gambe storte e con cavalli ancora più schifosi. Persino i cavalli erano piccoli».

«Votate per una Slovacchia senza parassiti», strillavano i suoi manifesti nel 1998. Quali parassiti? Gli ungheresi, i rom, i gay: «L'omosessualità è una malattia, una devianza, come la pedofilia». Comunque, ha spiegato nel giugno 2006 alla rete televisiva TA3, lui gli omosessuali può anche tollerarli, purché se ne stiano alla larga: «Non ho problemi con loro, se se ne stanno nell'ombra a fare le loro orge». Quelli che non può sopportare sono «gli zingari, che si riproducono come topi». Saprebbe lui cosa farne, si è sfogato in una conferenza stampa del novembre 2006. Ci vorrebbe «una lunga frusta e un piccolo casolare». Possibilmente fuori mano.

Arrivato al potere grazie a una spregiudicata alleanza con la sinistra di Robert Fico, vincitore ma non abbastanza largo delle elezioni politiche del 2006, ha strappato una legge indecente: il divieto dal 1° settembre 2009 di usare la lingua ungherese negli uffici pubblici dove la minoranza magiara non arriva almeno al 20%. Pena: una multa di 5000 euro. Pochi giorni prima il presidente della Repubblica ungherese László Sólyom era stato bloccato al confine mentre entrava a Komárno, una città adagiata sul Danubio che sta in Slovacchia ma è a larga maggioranza ungherese, dove doveva partecipare all'inaugurazione di un monumento a santo Stefano d'Ungheria, il re che convertì gli ungheresi al cristianesimo: persona non grata.

Ma non è solo a nord che i magiari invaghiti dal sogno del ritorno alla Grande Ungheria trovano dei nazionalisti uguali e contrari. Al di là del confine a sud-est, le Europee 2009 hanno visto il trionfo di Partidul România Mare di Corneliu Tudor, un teorico della Grande Romania sostenuto da ex ufficiali della Securitate e passato in un anno da poco più del 3 a quasi il 9% dei voti. Cosa pensi Tudor della minoranza da secoli insediata in Transilvania e nella Moldavia romena che col partito di raccolta Unione democratica degli ungheresi di Romania è stata spesso al governo, è presto detto: il peggio del peggio.

E non è solamente coi magiari che se la pigliano i nazionalisti rumeni. Anzi. E qui sta il paradosso del neorazzismo incrociato: nel paese più disprezzato dagli xenofobi italiani, che spinsero il ministro degli Esteri di Bucarest Cristian Diaconescu a chiedere al governo Berlusconi di cambiare «linguaggio e toni», divampa oggi l'ostilità verso, scusate la battuta, i «rumeni» dei rumeni. Cioè gli ungheresi, i rom, gli omosessuali, gli ebrei, i neri. Al punto che Christina Milian, una bellissima attrice americana di origine cubana, mulatta, ha raccontato: «Sono stata a girare un film in Romania e non è stata una bella esperienza. Ho dovuto registrare purtroppo molti episodi di razzismo».

La contraddizione è tale da aver disintegrato anche il gruppo parlamentare Identità, tradizione, sovranità (Its) che a Strasburgo teneva insieme le destre estreme. Accadde dopo lo stupro omicida di una signora romana, Giovanna Reggiani, quando Alessandra Mussolini si sfogò: «Di fronte a tale bestialità non è possibile rispondere con iniziative leggere. Occorre invitare subito l'ambasciatore rumeno a lasciare il nostro paese e considerare ogni rumeno cittadino indesiderato». «Questa signora ci ha ricordato suo nonno», risposero Tudor e i suoi. Che, detto fatto, sbatterono la porta ricordando che «un vecchio proverbio romeno dice: Chi è nato da un gatto mangerà topi».

Anche loro, a dire il vero, sbranerebbero i «nemici». A partire dai rom, che hanno un tasso di piccola criminalità difficile da contestare ma sui quali vengono anche scaricate responsabilità di reati spesso più gravi commessi da rumeni che «zingari» non sono. In Italia finisce in internet la foto di un lenzuolo con scritto «Rom, vi odiamo»? Loro, nonostante il leader porti lo stesso cognome di Lucica Tudor, «la regina dei rom», teorizzano la purezza etnica dei «veri rumeni». Lanciano sui blog messaggi come: «Odio gli zingari negroidi. Dovete capire che gli zingari non sono romeni ma un'etnia originaria dell'India!!!».

Il movimento Noua Dreaptă, Nuova destra, (che organizza annualmente una giornata di memoria per Corneliu Codreanu, fondatore della Guardia di ferro filonazista protagonista negli anni Trenta di un'ondata terroristica antisemita) sbatte in rete un manifesto in italiano che urla: «Notate la differenza!». A sinistra, c'è la foto di una famiglia rom, la più miserabile e sporca possibile, con la didascalia: «Zingari». A destra, la foto di una famigliola sorridente, papà, mamma, tre bambini, tutti cinque con la camicia bianca di bucato e la didascalia: «Romeni». Titolone di ripresa: «Sono due popoli dissimili!».

«More Tigane!», cioè «morte agli zingari», c'era scritto su uno striscione esposto dai tifosi della Dinamo Bucarest in un derby con il Rapid. E se sono «negroidi» i rom, figurarsi i negri. «Il paese che ha più problemi di razzismo è la Romania. L'antisemitismo e l'odio per i giocatori di colore ha raggiunto livelli molto alti. Poi ci sono la Slovacchia, l'Olanda, l'Italia, la Grecia, la Spagna e la Germania», ha spiegato a «Le Courrier des Balkans» Valeriu Nicolae, coordinatore della rete della Commissione europea per la lotta al razzismo. Durante il derby citato, per esempio, «il commentatore dello stadio, Gabi Safta, ha trasmesso messaggi e canzoni che incitavano all'odio e alla discriminazione nei confronti dei giocatori di colore». Seguiti dal lancio in campo verso i calciatori neri, tra lo sventolio di bandiere con le croci celtiche, di banane.

Ti sposti ancora un po' più a sud, in Bulgaria, e la situazione non cambia. Il partito ultranazionalista, molto aggressivo fin dal nome (Ataka: attacco) è stato fondato due mesi prima delle elezioni politiche del 2005, ha preso al primo colpo quasi il 9% e 21 deputati e alle Presidenziali 2006 il suo leader, Volen Siderov, è riuscito addirittura ad arrivare al ballottaggio, perso, toccando comunque il 24%. Una percentuale incredibile, solo parzialmente ridimensionata alle Europee 2009, chiuse con l'elezione di due deputati a Strasburgo e un inquietante 12%. Superiore, per capirci, al massimo bottino elettorale di un partito come la Lega Nord.

Chi è Siderov? Un giornalista dissidente all'epoca del comunismo, animatore di un movimento per i diritti umani, andato progressivamente alla deriva verso posizioni sempre più dure in difesa della chiesa ortodossa, del mondo slavo, della purezza del sangue bulgaro. Entrato in politica nel 2003 come candidato alle Comunali di Sofia, un debutto passato inosservato con lo 0,45% dei voti, deve il successo a una trasmissione televisiva, *Ataka*, nella quale sparava addosso a tutti: i politici corrotti, i ricchi corruttori, gli stranieri, la Nato, gli americani che avevano coinvolto la Bulgaria nella guerra in Iraq, ma soprattutto contro i rom (che vorrebbe chiudere in appositi lager), gli ebrei (contro i quali ha scritto un libro per denunciarne la «cospirazione contro i bulgari ortodossi»), i gay (che ha attaccato in parlamento accusando alcuni deputati di essere «dipendenti dall'omosessualità» come si trattasse di dipendenza dalla droga) e soprattutto i turchi. Che con il 10% circa sono la minoranza più forte del paese: «La prima cosa che farò una volta eletto», urlò davanti alla cattedrale Aleksandr Nevskij chiudendo la campagna elettorale del 2005, «sarà battermi perché la televisione nazionale elimini le trasmissioni in turco. Perché vi è un vero e proprio genocidio nei confronti dei bulgari nelle aree abitate dai turchi, dove non si può parlare bulgaro!».

Propugnatore dell'idea che tutte le leggi vengano sottoposte al benestare della chiesa ortodossa, ha fatto presa nell'elettorato popolare con slogan facili e immediati: «Bulgari: facciamoci ridare la Bulgaria». Oppure: «Ataka, la purga del potere». Il suo manifesto prediletto è un cavallo di Troia dal quale spuntano i minareti turchi. La sua iniziativa più famosa è una lettera ufficiale di diffida al governo di Ankara in cui, sostenendo che durante cinque secoli di occupazione turca «milioni di bulgari sono stati sterminati nel modo più sadico e circa tre milioni e mezzo di bambini bulgari sono stati violentemente separati dalle loro famiglie e trasformati in assassini di cristiani nel corpo dei giannizzeri» e che «senza questo genocidio la nazione bulgara sarebbe oggi uno stato di 50 milioni di persone e quindi una delle nazioni più grandi d'Europa» e che ancora nel 1913

«300.000 bulgari sono stati espulsi dalle loro terre», chiede 10 miliardi di euro di risarcimento. Da pagarsi «immediatamente».

Che aria tiri nel paese, del resto, lo confermano mille episodi di razzismo più o meno violento. Uno fra tutti, la vicenda di un altro giornalista, Kalin Rumenov. Il quale, premiato come miglior giovane reporter bulgaro del 2008, è stato depennato dall'albo d'oro dopo la scoperta di alcuni articoli su «Novinar». Dove aveva scritto che «gli zingari sono furbi come lupi, si riproducono come pecore» e che «la differenza tra gli zingari e il bestiame è che il bestiame è soggetto a controlli veterinari. Le bestie non possono comportarsi da zingari, ma è possibile il contrario». Non bastasse, aveva aggiunto che «la donna zingara ha il cervello di una mucca». Vistosi tolto il premio, il giovanotto, rasato da naziskin, ha vomitato l'odio nel suo blog sotto un titolo che evocava il *Mein Kampf* di Hitler: «Il loro Kampf: zingari ed ebrei contro Kalin Rumenov».

Ma non è solo in Russia, in Romania, in Bulgaria, in Ungheria che risolleva la testa la mala bestia del razzismo. La risolleva in Boemia, dove i neonazisti del Partito dei lavoratori, armati di catene, bastoni, molotov, biglie di acciaio scatenano periodici attacchi ai quartieri abitati dai rom, come nel novembre 2008 nella città di Litvínov dove furono necessari un migliaio di poliziotti, blindati e camionette per arginare la furia del pogrom mosso dai proclami di Tomáš Vandas: «Non vogliamo che la Repubblica ceca diventi la fogna per gli immigrati di tutto il mondo». Petra Edelmannová, una biondina giovane, sposata, un figlio, laureata in Economia, fino all'ottobre 2009 presidente del Národní Strana, il Partito nazionale ceco, è arrivata a scrivere un piccolo saggio intitolandolo, senza remore per il richiamo hitleriano, *La soluzione finale al problema degli zingari in terra ceca*, in cui vuole il rastrellamento dei rom per «rimpatriarli» in India. Anche se sono cittadini cechi? Via, in India! Anche se sono lì da sei secoli? Via, in India! Anche se con lo stesso criterio i sioux o i maya potrebbero invocare il «rimpatrio» dei bianchi arrivati nelle Americhe un secolo dopo l'arrivo dei rom in Europa centrale? Via, in India!

E risolleva la testa in Grecia, dove alle Europee 2009 il

La.o.s. (Laikos Orthodoxos Synagermos, cioè Allerta popolare ortodossa), un movimento di destra identitaria e nazionalista, ha raddoppiato i consensi delle Politiche 2007 arrivando al 7,2% con una guerra frontale contro il Trattato di Lisbona, contro l'ingresso della Turchia nell'Ue, contro il riconoscimento della Macedonia, contro i rom, gli immigrati e, tanto per non dimenticare niente, gli ebrei. Sui quali lo scrittore Konstantinos Plevris, stella polare dei neonazisti e padre di un deputato del La.o.s., scrisse nel 2006 un libro di 1400 pagine, *Ebrei: tutta la verità*, che gli tirò addosso denunce delle comunità ebraiche e l'incriminazione dei giudici per incitamento alla violenza razziale.

Qualche esempio? «Sono un nazista, un fascista, un razzista, e un antisemita», «Sveglia! Gli ebrei traditori stanno scavando una fossa nelle nazioni. Svegliatevi e gettateci dentro loro, che se lo meritano», «La storia del genere umano potrebbe ritenere Adolf Hitler responsabile di quanto segue: non essere riuscito a eliminare dall'Europa gli ebrei, mentre lui poteva», «Il Zyklon B non era altro che un gas velenoso usato nei campi di concentramento contro gli insetti. Tutto il resto sono favole propagandistiche». Tutte affermazioni costate al negazionista 14 mesi di carcere. Cancellati in Appello da una sentenza bollata dal Centro Wiesenthal di Vienna come «sconcertante».

Il leader del partito Georgios Karatzaferis, del resto, prima di darsi una ripulita per sottrarsi alle polemiche internazionali, non la pensava diversamente. Tanto da invitare l'ambasciatore israeliano a un incontro provocatorio. Titolo: «Il mito di Auschwitz e Dachau».

Certo, come spiega il politologo Piero Ignazi, profondo conoscitore della politica nel Vecchio Continente, quello che emerge «non ha nulla a che fare con il fascismo tra le due guerre. Solo se ci si limita alla superficie, a qualche scimmiottamento esteriore ed estetico o al riecheggiare di vecchi slogan, si può pensare a un ritorno del fascismo. Non è così. Eppure, nascono e proliferano movimenti che si collocano in uno spazio politico di destra estrema».

Il marchio di fabbrica comune, per Ignazi, è la «vittimizzazione della popolazione autoctona e un classico rovesciamento della realtà». Vale a dire che sono i nativi, volta per volta gli inglesi, i francesi, gli ungheresi, i bulgari o i padani, «a essere ghettizzati e marginalizzati. Il "vero razzismo" è contro gli autoctoni, sfavoriti nell'assegnazione degli alloggi popolari, nell'accesso ai servizi sanitari, nelle prestazioni di welfare. Sono gli immigrati, portatori di malattie (...) a sopravanzare i cittadini nativi e privarli quindi dei loro sacrosanti diritti».

È lì che è andata in confusione la sinistra tradizionale: nella difficoltà di capire come gli immigrati si mettessero direttamente in concorrenza nei lavori più precari, nelle graduatorie delle case popolari, nei sussidi statali e perfino in coda alle mense della Caritas, con le fasce più deboli della società europea. Cioè proprio quelle sulle quali la sinistra, nonostante tante delusioni del passato (si pensi agli innamoramenti delle masse per Hitler, Mussolini o Perón), storicamente puntava. Come poteva, chi affondava le proprie radici nell'internazionalismo («Lottiam, lottiam, la terra sarà / di tutti eguale proprietà», dice uno dei versi dell'*Internazionale*), dare la precedenza ai derelitti bulgari piuttosto che ai turchi, agli italiani piuttosto che ai peruviani, ai francesi piuttosto che ai camerunensi?

È lì che ha affondato la lama il neonazionalismo, ha spiegato all'«Espresso» Yves Mény, presidente dell'European University Institute di Firenze, esperto di populismo e radicalismo: «Il voto radicale di destra esprime la paura di chi non si sente protetto, di chi viene licenziato per primo, di chi si sente in concorrenza con i nuovi poveri, con gli immigrati. (...) E allora attecchiscono slogan semplici, discriminatori quanto efficaci come "no all'immigrazione", "no all'islam", con il corollario naturale di "no alla Turchia in Europa". E altri "no": ai rom e ai diritti dei gay».

Che le cose siano complesse da sintetizzare coi vecchi schemi lo dice proprio il rapporto con l'omosessualità. Nell'immaginario di sinistra chi pesta i gay? Lo squadrista di destra, rasato, borchiato che odia i froci perché vuole la società maschia. Ma c'è un'altra destra del tutto fuori da questo stereotipo. Il cui prototipo era Pim Fortuyn, docente all'università di Groningen, fondatore dell'omonima lista, gay dichiarato e scanzonato al punto che il giorno in cui un imam gli chiese, in un dibattito tivù, se conoscesse davvero gli islamici, rispose, facendogli l'occhiolino: «Non ha idea di quanto li conosco, soprattutto i ragazzi».

Ancora più interessante, sia pure molto meno noto, è il caso di un leader neonazista tedesco, paladino del Quarto Reich, morto anni fa di Aids. Si chiamava Michael Kühnen, era amico di Michael Caignet, protagonista del neonazismo francese, gay dichiarato, sfigurato col vetriolo da un commando di teppisti sionisti (guarda un po' com'è complicata la storia...) ed editore di «Gay France» prima di scivolare nel sesso spinto fino a essere arrestato per pedo-pornografia. E dedicò a Johannes Buegner, un altro neonazista omosessuale, morto assassinato, un saggio intitolato *Nazional-socialismo e omosessualità* nel quale si può leggere di tutto.

Qualche assaggio? «Le società umane che non conobbero l'omosessualità o nelle quali l'omosessualità fu repressa fino alla fine, perirono nel corso dei secoli.» «L'omosessuale è all'origine della stabilità del potere, cioè della civiltà. Con lui compare un "ordine nuovo".» «Nel 1932, in occasione di un'allocuzione pubblica, Adolf Hitler si schiera ufficialmente al fianco delle SA e del loro capo, Ernst Röhm, che concepiva e incoraggiava l'omosessualità nello stesso modo in cui l'avevano fatto gli spartani o i templari. (...) In occasione della disfatta, molti non si comportarono come i membri di un ordine votato alla comunità, a un sacro ideale, ma come dei borghesi presi dal panico e impadroniti dall'idea di salvaguardia personale. Le SS hanno prodotto fin dall'inizio una concezione sbagliata, quella di un ordine costruito sul clan familiare. La disfatta del 1945 ha dimostrato che i rapporti eterosessuali non erano in grado di consolidare interiormente un ordine.» Insomma: il Terzo Reich perse perché non aveva capito la lezione dell'antico Battaglione sacro tebano composto da omosessuali che davano la vita l'uno per l'altro.

E allora, come la mettiamo? Il punto è che per capire la nuova destra occorre liberarsi dei vecchi schemi. Il francese Alain de Benoist, uno dei punti di riferimento del neorazzismo, secondo l'autore de *La destra degli dei*, Francesco Germinario, «ha rielaborato il mito pagano e germanico del "sangue e suolo" per teorizzare una sorta di "razzismo differenzialista" in base al quale viene ritenuto prioritario salvaguardare le specificità culturali delle singole etnie». Di qui la convinzione che «l'antirazzismo universalista e illuminista è il peggiore dei razzismi, in quanto elimina le differenze culturali e assimila l'Altro distruggendone la diversità».

A farla corta: ci sono tanti neorazzismi. Esattamente come nella storia ci sono state forme di razzismo talmente differenti che, come spiega George L. Mosse nella sua storia de *Il razzismo in Europa*, i «socialisti fabiani» come Sidney e Beatrice Webb, che si riconoscevano nel movimento ottocentesco della Fabian Society, «pensavano che il deterioramento della razza anglosassone mediante un declino della fecondità fosse un pericolo per il socialismo, in quanto stava a significare che l'unica razza adatta a costruire il socialismo sarebbe stata sopraffatta dai bastardi». E per combattere questi neorazzismi non bisogna confonderli.

Uno dei punti è il rifiuto dell'idea d'essere razzisti. Come appunto Pim Fortuyn che, assassinato alla vigilia del voto del 2002 non da un islamico ma da un fanatico di sinistra, non era nazista, non era antisemita e negava d'essere xenofobo: «Dico solo che l'Olanda, coi suoi 16 milioni di abitanti, è al completo. Non c'è più posto per altri». Di più: «La società multiculturale non funziona, ci fa vivere sempre più separati, non più vicini. E dirlo non è razzismo», «Non voglio mandar via nessuno: dico solo che non possiamo accoglierne altri». Quale svolta abbia rappresentato per i Paesi Bassi, fino ad allora tradizionalmente molto aperti, lo dice un sondaggio condotto poco dopo l'assassinio del regista Theo Van Gogh, ucciso da un integralista islamico per il cortometraggio *Submission*. Assassinio al quale sarebbero seguiti, secondo il Museo Anna Frank, 174 episodi di violenza in larga parte contro immigrati musulmani e moschee. Alla domanda su chi fosse il loro connazionale più celebre della storia gli olandesi non risposero Rembrandt, Erasmo da Rotterdam o Spinoza, ma lui: Fortuyn.

Deciso a raccoglierne il testimone, Geert Wilders, il leader del Pvv (Partij voor de Vrijheid, Partito della libertà), ha premuto sull'acceleratore. Ha paragonato il Corano all'hitleriano *Mein Kampf*. Ha invocato «contro i fascisti musulmani un *jihad* liberale». Ha chiesto il bando del velo islamico: «Un simbolo medievale, un simbolo contro le donne». Sempre negando di essere razzista: «Eravamo tolleranti con gli intolleranti e in cambio abbiamo ricevuto intolleranza. La debolezza non protegge i nostri valori e le nostre regole. I fascisti islamici che vogliono distruggere la legge non meritano i benefici della legge. Tu puoi anche non condividere quanto dico, ma lo faccio sempre nei confini della democrazia». Chi lo critica, ricordando come la sua famiglia avesse preso parte allo sfruttamento coloniale dell'Indonesia e sia lui stesso un po' meticcio («facile dire ora "state a casa vostra" dopo essere stati a casa loro») afferma che il suo è un razzismo democratico e beneducato. Certo è che alle Europee 2009, rispetto alle Politiche di tre anni prima, ha triplicato i consensi.

Buonismo e sinistra chic hanno messo le ali all'ultradestra, ha titolato «il Giornale» berlusconiano dopo quel voto. Una sintesi forse forzata. Ma che la destra sia uscita benissimo dalle Europee, soprattutto quella xenofoba, è fuori discussione. Bene a Copenhagen il Dansk Folkeparti (Partito del popolo danese) guidato da Pia Kjærsgaard che, con manifesti antieuropei che strillavano «ridateci la Danimarca» e tonanti proclami in difesa della monarchia e della «chiesa nazionale danese» e «la chiamata alle armi del partito contro l'islamismo», è salito quasi al 15%. Diventando ancora più ingombrante – anche a causa delle accuse ad alcuni aderenti di aver collaborato con gruppi neonazisti come Blood & Honour e Combat 18 – per il partito liberale Venstre del premier Lars Rasmussen nonostante il pubblico «rammarico» della Kjærsgaard per certi eccessi. Benissimo in Finlandia il partito nativista e xenofobo Perussuomalaiset, che negli anni Novanta non si schiodava dall'1% ed è schizzato quasi al 10% grazie a rudi battaglie contro gli immigrati, culminate nel rifiuto di Timo Soini, il leader, di firmare una dichiarazione sottoscritta dagli altri gruppi politici finlandesi che impegnava tutti a combattere le spinte razziste. E poi bene in Lettonia, in Lituania...

E in Francia? Panorama controverso. Mentre si segnalava una risacca del Front National di Jean-Marie Le Pen, crescevano parallelamente gli ebrei decisi a fare *aliyah*, cioè a emigrare a Gerusalemme. Troppi siti internet francofoni antisemiti, troppi episodi di violenza contro tutto ciò che aveva a che fare con Israele, troppo sconcerto per la sentenza finale molto mite (un solo ergastolo, al capobanda ivoriano Youssouf Fofana, sedicente guerriero di Allah) sull'uccisione di Ilan Halimi, il giovane commesso adescato da una ragazzina, sequestrato e ucciso nel 2006 dopo settimane di indicibili torture da film horror. Un caso sconvolgente. Per la ferocia dei rapitori, la «gang dei barbari». Per l'insensatezza con cui avevano deciso il sequestro («si sa che gli ebrei sono tutti ricchi») e il modo in cui l'avevano condotto chiedendo un riscatto di 450.000 euro per scendere poi a 5000. Per il numero di persone coinvolte: 26, alcune delle quali, saputo dell'ostaggio, avevano chiesto di poterlo torturare un po' pure loro. Per la strategia dei difensori, guidati da Isabelle Coutant-Peyre, moglie dello «Sciacallo» Carlos (il terrorista marxista convertito all'islam che guidò il commando palestinese nella strage di israeliani alle Olimpiadi di Monaco), nonché avvocato, amica e sostenitrice di Roger Garaudy al processo contro l'intellettuale che, nel libro I *miti fondatori della politica israeliana*, aveva scritto che «non c'è stato alcun pogrom nazista (...) gli ebrei hanno inventato l'Olocausto per il loro tornaconto politico ed economico».

Al di là dei risultati elettorali, tuttavia, è l'aria che tira a gelare il sangue. In Spagna, Manuel Canduela Serrano, leader di Democracia Nacional, ha spiegato sul blog destrorso «gladio.blogspot.com» che lui proprio non capisce perché lo abbiano trascinato in tribunale a Oviedo per istigazione al razzismo solo per un manifesto del partito in cui c'erano tre pecore bianche che con un calcio buttavano fuori una pecora nera: «È un manifesto che non rappresenta razze umane ma solo pecore, e tutti sappiamo qual è il significato di pecora nera. Vuole dire che chi non rispetta le leggi deve essere espulso, bianco o nero che sia». Britannico. Peccato che su YouTube, a fine ottobre 2009, ci fosse ancora un video del gruppo nazi-rock División 250 di cui è la voce solista, con canzoni così: «Ehi, negro, tornatene nella giungla. / L'Europa è bianca e non è la tua terra. / I giovani bianchi orgogliosi e skin / presto o tardi vi cacceranno da qui!». Sui commenti dei cibernauti alla canzone è meglio stendere un velo: «Bruciamoli tutti! Non meritano di vivere!», *«Heil Hitler!»*, *«Negros fuera!!! Sieg Heil!!!»*.

Anche in Germania, su internet, i neonazisti traboccano. Lo studio capillare condotto da un portale governativo che tutela i minori in rete, «jugendschutz.net», ha contato nel 2008 addirittura 1707 pagine: «Mai viste così tante prima». Uno squadrismo verbale dilagante. Non solo on line. A Görlitz, al confine con la Polonia, ha scritto la «Süddeutsche Zeitung» nell'agosto 2009, i muri della città si sono ritrovati una notte «tappezzati di manifesti di propaganda razzista contro l'"invasione dei polacchi"». In Turingia la polizia ha dovuto mettere sotto scorta il deputato dell'Unione cristiano democratica (Cdu) Zeca Schall, un angolano in Germania da decenni, minacciato dai nazi che lo hanno marchiato come «la quota negra della Cdu».

Udo Voigt, il leader della Ndp, il Partito nazionaldemocratico tedesco più volte accusato di richiamarsi al nazismo, non perde occasione per barrire: «Continuando così, nel 2030, in Germania ci saranno più stranieri che tedeschi. Ma io non voglio un döner kebab a ogni angolo del paese». Una delle sue ultime grane giudiziarie è del marzo 2008. Un rinvio a giudizio per una furente campagna contro la convocazione nella nazionale di calcio di giocatori di colore come Patrick Owomoyela, figlio di un nigeriano e di una tedesca. Campagna accompagnata dallo slogan: «Bianco non solo il colore della maglia!». E da una foto taroccata della Nazionale teutonica con dieci giocatori neri e un solo «ariano». Le Politiche del settembre 2009, però, gli hanno dato torto: 1,5%. Un disastro, rispetto alle aspettative di anni prima. Ma mai come la disfatta della Dvu (Unione del popolo tedesco) del ricchissimo editore Gerhard Frey ridotta a un umiliante 0,1% nonostante i bellicosi proclami: «Noi renderemo la patria ai tedeschi! Abbiamo pagato già cento volte per le nostre colpe! I nostri padri e i nostri nonni sono stati trattati da criminali di guerra mentre la gloriosa Wehrmacht era fatta di eroi, morti per la nazione tedesca. E poi basta con le menzogne sui lager: è tempo di riscrivere i libri di storia che hanno annebbiato la mente dei nostri giovani!».

Che i risultati elettorali non siano sufficienti per capire cosa si muova nella pancia di una società è indubbio. Ma certo le spinte xenofobe e razziste sembrano più forti di là del confine, in Austria, dove neppure la scissione e poi la morte di Jörg Haider, alle Europee 2009 hanno scalfito il Freiheitliche Partei Österreichs, il Partito della libertà austriaco, fortissimo in Carinzia, salito rispetto al 2004, sterzando ancora più a destra, da 157.000 a 361.000 voti. Il tutto a ridosso di un episodio che pare avere scosso solo l'opinione pubblica straniera: l'irruzione di un gruppo di neonazisti incappucciati che urlavano «*Heil Hitler!*» alla cerimonia in ricordo della liberazione del campo di concentramento di Mauthausen. Agghiacciante.

Dove la squadraccia avesse comprato l'armamentario da parata non si sa. Su internet, forse. Oppure nei mercati polacchi lungo l'Oder e il Neisse che, scrive Marcin Rogozinski sulla rivista on line parigina «cafebabel.com», sono stracolmi di cimeli, distintivi delle SS, svastiche, bandiere: «La Polonia è il maggior produttore europeo di oggetti storici e imitazioni del periodo nazista. La maggior parte dei clienti arriva dalla Germania dell'Est. (...) A Breslavia ci sono fabbriche in cui vengono stampate migliaia d'imitazioni di distintivi delle SS. Solo a Poznań, nell'ovest della Polonia, lavorano due industrie tessili che producono uniformi SS. Già nel luglio del 2008, il ministro degli Interni del Brandeburgo, Jörg Schönbohm (Cdu), ha invitato il governo polacco a fermare la produzione e la vendita di oggetti nazisti. Da allora, però, non è stato fatto molto». Secondo Marcin Kornak, dell'associazione antifascista Nigdy Więcej («Mai più») di Varsavia, la Polonia è oggi «un centro logistico e ideologico del movimento neonazista in Europa». Che sbocchi ha questa carica di odio? Kornak, scrive Rogozinski, «ha registrato in un libro nero 2500 casi dal 1987, fra cui più di 50 omicidi».

Che la situazione sia pesante per gli immigrati arrivati ai primi accenni di fioritura economica, al di là perfino dello sciovinismo dei gemelli Jarosław e Lech Kaczyński giunti a essere rispettivamente, nel momento di maggior fortuna, capo del governo e capo dello stato, lo dice «Newsweek Polska». Che ha denunciato nel 2006 l'«avanzata di una marea bruna su tutta l'Europa». In Polonia, in particolare, secondo la versione polacca del settimanale statunitense, sono presenti anche i «cavalieri della pura razza polacca» che, negli ultimi anni, avrebbero organizzato diversi pestaggi alcuni dei quali mortali. Le vittime? «Militanti di sinistra, omosessuali, stranieri di colore.»

Est europeo a parte, i paesi dove più colpisce questa «ondata bruna» sono due. Il Belgio, perché proprio il cuore dell'Europa unita rischia di spaccarsi in uno scontro fratricida tra fiamminghi e valloni, uniti solo dall'odio comune per gli immigrati. E la Gran Bretagna, dove più forte è stato forse il tentativo di costruire una società multietnica rispettosa delle differenze culturali fino al punto di tollerare che certi imam tuonassero parole infami finendo per allevare i giovani terroristi degli attentati del 7 luglio 2005 a Londra.

La spaccatura belga è tale che nel dicembre 2006, per lunghissimi minuti, il paese restò incollato col fiato sospeso davanti al telegiornale della prima rete francofona. Rileggiamo la cronaca de «La Stampa»: «Le trasmissioni si interrompono, la pubblicità cede il posto alla nebbia delle interferenze spalmate sul piccolo schermo dal pennello elettronico. La tempesta magnetica dura un attimo. Quando torna il segnale, un giornalista annuncia l'edizione straordinaria del tg e infila una serie di notizie improbabili, ma non impossibili. Le Fiandre hanno proclamato unilateralmente l'indipendenza, re Alberto II è fuggito. Arrivano i primi commenti a caldo. "Il Belgio ha cessato di esistere", sentenzia un deputato fiammingo davanti alla cartina geografica tagliata diagonalmente in due. Il paese piatto è scosso da un brivido. Tutti pensano che quello che da anni si teme sia effettivamente successo. Sono lunghi minuti di ansia. Finché appare una scritta in sovraimpressione, *"Ceci est une fiction"*». Questa è una finzione.

Fatto sta che un sondaggio, il giorno dopo, rivelava che l'89% degli spettatori ci aveva messo del tempo a capire che era tutto finto. Perché «poteva» accadere. «Potrebbe» accadere.

Solo pochi anni fa sarebbe stato impensabile sentire le parole che si sentono oggi ad Anversa. *Un regno dell'odio*, titolò «Le Soir» dopo lo sfondamento elettorale del Vlaams Blok, il Blocco fiammingo presto rinato col nome di Vlaams Belang, cioè Interesse fiammingo, in seguito allo scioglimento deciso dalla magistratura per incitamento alla discriminazione razziale. Blocco contro l'«altro», l'odiato vallone che parla francese e col quale è insopportabile convivere: «Crepi il Belgio!». Blocco contro gli «altri», gli immigrati, i turchi alle porte dell'Europa, gli ebrei ultraortodossi coi boccoli che calano lungo le guance sotto le falde dei cappelli neri, insediati sul posto da secoli e secoli. Come gli avi di Moshe Yitzchak Naeh, assassinato nel novembre 2004 da un commando razzista mentre rientrava dalla sinagoga.

Ha fatto di tutto, il leader del Vlaams Belang Filip Dewinter. Ha portato fiori sulle tombe dei fiamminghi che avevano vestito la divisa delle SS. Ha riconosciuto come punto di riferimento del partito Staf De Clercq, un nazionalista che nella speranza di ottenere un'autonomia delle Fiandre dentro il Terzo Reich scelse di stare coi nazisti. Ha partecipato ai raduni di ex SS, salutati con le parole che le vittime della polizia militare nazista ricordano bene: «Il mio onore è la verità». Ha protestato contro il divieto di usare una sala pubblica per una manifestazione di partito chiedendo al borgomastro: «Volete che i nostri figli imparino la musica dei negri, il tam-tam?».

All'inviata del «Corriere della Sera» Maria Grazia Cutuli, che qualche tempo dopo sarebbe morta in un agguato in Afghanistan, spiegò: «Se uno è nato nel Burkina Faso non capisco perché debba venirsene qui, che se ne stia a casa sua». E i belgi che non se ne restarono a casa loro ma diedero il via alla «mischia per l'Africa» andando a conquistare il Congo che era 86 volte più grande del loro paese natale? E la riduzione in schiavitù di centinaia di migliaia di africani con metodi così brutali da causare la decimazione di almeno tre milioni di persone? E le foto scattate da Alice Seeley Harris di bimbi con le mani amputate per dare una lezione ai padri, foto che sconvolsero gli europei di un secolo fa? Chissenefrega: chi ha dato ha dato, chi ha avuto ha avuto! A casa loro!

Fatto sta che, poi, c'è sempre qualche testa matta che passa dalle parole ai fatti. Come Hans Van Themsche, militante del Vlaams Belang come suo padre Peter e sua zia Frieda, deputata federale del partito. Una mattina di maggio del 2006 il giovanotto comprò una carabina calibro 9, raggiunse un giardino pubblico, sparò a una signora turca che leggeva un libro su una panchina lasciandola agonizzante e poi uccise Mata N'Doyie, una ragazza di pelle nera originaria del Mali che faceva la baby sitter, e Luna Drowaert, la piccola di due anni che aveva in custodia: «Era nel posto sbagliato al momento sbagliato». Se un poliziotto non gli avesse sparato avrebbe ucciso ancora. Due giorni dopo suo padre restituì la tessera del partito: troppo odio, troppo odio...

Anche in Gran Bretagna cresce, l'odio. Basti dire che i reati di stampo razzista registrati dall'Osservatorio in Inghilterra, Galles e Scozia, dice il rapporto 2009 dell'Agenzia europea per i diritti fondamentali, sono stati nel solo 2007 addirittura 61.262. Con un'impennata del 23% rispetto al 2000. Parallelamente, anche se rifiuta ogni accostamento, è cresciuto il British National Party arrivato alle Europee 2009 (affrontate con manifesti che raffiguravano i laburisti e i tory come maiali e lo slogan «Punisci i porci!») al 6,2%. Molto, con quel sistema elettorale.

Come la pensi Nick Griffin, il leader del partito, è presto detto. Basta rileggere le sue dichiarazioni in questi anni. Alla «Voice of Freedom», il giornale del partito: «Il Bnp non permetterà mai che i nostri figli diventino una minoranza all'interno della loro stessa patria. Proprio come i crociati, nostri antenati, combatteremo per preservare la nostra cultura ed eredità cristiana». A «mid-day.com»: «Siamo contro chiunque venga qui. Il paese è pieno, non importa da dove vengano, se siano neri, marroni, bianchi o verdi. Il paese è pieno, punto e basta». Alla Bbc: «So benissimo che è opinione condivisa che sei milioni di ebrei siano stati gassati, cremati e trasformati in paralumi, ma una volta era opinione condivisa anche che la terra fosse piatta. Ho raggiunto la conclusione che la ricostruzione dello "sterminio" è una miscela di propaganda alleata in tempo di guerra, di una bugia estremamente proficua e, da ultimo, di un'isteria da caccia alle streghe».

Quando nel 2008 lo criticarono per la visita in Texas a David Duke, leader del famigerato Ku Klux Klan, rise: «Se esiste la libertà di pensiero io mi confronto con chiunque. Il nazionalismo ha diverse facce. Quella di Duke è una. Non la mia. Però è giusto che le idee, vede, circolino». «Lei è un razzista?», gli ha chiesto Fabio Cavalera del «Corriere». E lui: «Grazie. Con le vostre etichette mi avete dato una mano».

Non meno interessante è leggere quanto dicono gli altri militanti del Bnp. Come Annabel Geddes, già direttrice del London Tourist Board che a Ian Cobain, per sei mesi infiltrato dal «Guardian» nel Bnp, ha confidato che gli immigrati asiatici sono «una sanguinosa seccatura» e i neri «orrendi»: «Sono razzista. Dobbiamo preservare l'identità anglosassone della Gran Bretagna». Oppure Mark Collet, ex presidente della sezione giovanile del Bnp e poi «director of publicity» del partito, che ha spiegato al «Times», a proposito dei neri nati e cresciuti in Inghilterra: «Soltanto perché un cane è cresciuto in una scuderia, non significa che sia un cavallo».

La più illuminante, però, è un'intervista rilasciata dopo il successo alle Europee 2009 al giornale on line «L'Occidentale» da Giuseppe De Santis, un uomo d'affari calabrese che vive a Londra solo dal 2000 ma è già membro dell'organizzazione del partito e si sente un patriota britannico pronto a dare la vita contro l'invasione di marocchini e indiani e nigeriani che minacciano la purezza etnica anglosassone: «Il nostro programma è molto semplice: fermare l'immigrazione. Cacciare via tutti i clandestini e coloro che hanno commesso reati». E poi «sospendere i sussidi agli immigrati, smetterla di dargli le case popolari» perché «spendiamo una barca di soldi per gli interpreti ma la maggior parte degli immigrati non parla inglese. La metà delle persone che arrivano nel nostro paese viene qui solo perché sa di ottenere dei sussidi». E infine «dare degli incentivi finanziari a chi è venuto a vivere in Gran Bretagna da anni per favorirlo se intende tornare nel suo paese d'origine». Ma lui, in cambio di soldi ci tornerebbe, lui, in Calabria? «No.»

Dice tutto, l'invettiva del patriota «british» Pinuzzo De Santis di Catanzaro. Tutto. E spiega da sola un mondo. Quello di un popolo di emigrati senza memoria. Che rovescia sugli altri il disprezzo dal quale fu sommerso. Che rifiuta di fare i conti coi propri morti assassinati per razzismo. Come gli undici siciliani vittime nel 1891 a New Orleans di un linciaggio spaventoso salutato perfino dal futuro presidente americano Theodore Roosevelt come «un'ottima cosa». O le decine di piemontesi, veneti, liguri assassinati due anni dopo nelle saline della Camargue dai disoccupati francesi che li accusavano di «rubare il lavoro». O tutti gli italiani massacrati in Australia, Argentina, Algeria, Svizzera... L'ultimo si chiamava Alfredo Zardini, era bellunese e fu ammazzato nel 1971 a Zurigo da un razzista carico di precedenti penali che per il pestaggio omicida e per aver lasciato il poveretto in agonia sulla neve fu condannato nel 1973 a 18 mesi di carcere. Diciotto mesi: poco più che un buffetto.

È cambiata solo in parte, la Svizzera, rispetto agli anni in cui James Schwarzenbach mancò per 4 punti la vittoria nel primo dei suoi referendum anti-italiani. Quella Svizzera in cui decine di migliaia di bambini clandestini veneti o campani, fino agli anni Settanta del Novecento, furono costretti a vivere chiusi in casa come Anna Frank. Certo, gli elvetici, che nel 1968 vedevano nel 76% dei casi come «negativa» l'immigrazione tricolore pensano oggi all'88% che, al contrario, sia stata positiva. Ma certe chiusure restano intatte. Anzi, la Lega Nord è convinta che quello degli svizzeri sia il modo giusto per trattare gli immigrati fin dai tempi in cui l'allora sindaco leghista di Milano Marco Formentini compì una mitica visita diplomatica ai cugini della Lega Ticinese: «Noi e voi parliamo la stessa lingua. Tutti e due diciamo "va' a da' via 'l cul!"».

Non si sono mai presi la briga, i padani, di sentire come la pensano tanti emigranti come il lombardo Lodovico Valsecchi, che lavora in Svizzera dagli anni Settanta e parla il dialetto zurighese meglio del bergamasco, ma quando già il Terzo Millennio era iniziato da un pezzo si è visto respingere per l'ennesima volta la richiesta di cittadinanza: «Quando hanno bocciato l'italiana che mi precedeva all'esame perché non sapeva rispondere a una domanda sulle vecchie stalle di Thalwil ho capito che non ce l'avrei mai fatta. Su Guglielmo Tell sono andato bene, ma come mi hanno chiesto la storia dei cantoni e i nomi di tutti i ministri e il resto... Ma che ne so, delle vecchie stalle di Thalwil?». Bocciato.

Come Armando e Giuseppina Colatrella, originari di Avellino, arrivati nella zona di Lucerna nel 1960. Anni di precariato come stagionali, con contratti che prevedevano non solo il divieto di passare da un'azienda all'altra, ma perfino di smettere di fare il tornitore per fare il falegname. Poi il «permesso B» rinnovabile di anno in anno. Poi la concessione di un agognato diritto alla residenza con il «permesso C». Il quale, però, non dà il diritto al passaporto rosso con la croce bianca. La cittadinanza, infatti, ottenuta fino a oggi da meno di un terzo dei circa 450.000 italiani che vivono in territorio elvetico, è affidata ancora a un sistema complicatissimo. E viene concessa non dalla stato, ma da ciascun municipio sulla base di scelte locali che devono solo rispettare tre parametri fissati dalla legge federale: può essere data solo a chi vive in Svizzera da almeno 12 anni, non è pericoloso per la sicurezza dello stato e conosce la realtà in cui vive. Tutte regole che, come si è visto nel caso delle stalle di Thalwil ognuno interpreta a modo suo. Basti dire che alcuni comuni dei Grigioni chiedono agli aspiranti svizzeri di essere residenti lì da vent'anni.

Armando e Giuseppina Colatrella sono finiti nel 2004 nel tritacarne di Emmen, un paesotto dove gli amministratori locali hanno avuto una pensata solo da poco spazzata via: quella di lasciar decidere la concessione del sospirato documento alla gente del posto: «Questo sì, questo no...». I due pensionati, dopo quasi mezzo secolo di lavoro nella Confederazione, si sono dunque ritrovati in un opuscolo distribuito agli autoctoni con una scheda di tutti coloro che avevano chiesto il passaporto. Foto, nome, cognome, attività, giudizio del commissario dopo l'esame: «Io ho fatto solo la prima elementare. Sono un poveraccio. Un operaio», ha raccontato Armando. «Fatico a parlare l'italiano. È logico che non leggo bene il tedesco.» I compaesani, che trovava al bar e al supermercato da decenni, gli hanno sbattuto la porta in faccia: bocciato con 2330 sì e 4796 no. Come bocciati in massa sono stati gli slavi, i marocchini, i neri... Una scelta platealmente razzista. Al punto di indignare non solo l'Europa e l'opinione pubblica progressista, ma perfino i moderati. I quali hanno promosso un referendum per far passare due quesiti. Col primo «sì», a parte l'abbassamento da 12 a 8 anni del tempo di residenza preteso, avrebbero avuto il passaporto i figli di immigrati che, nati o no in Svizzera, avevano assorbito la sua cultura per almeno cinque anni di scuola. Col secondo, lo avrebbero ottenuto in automatico i figli dei figli degli immigrati, i neonati di terza generazione. Pareva fatta, stando ai sondaggi. Macché: bocciato.

Merito della campagna scatenata dall'unico partito contrario, la Svp (Udc nei cantoni francese e italiano) di Christoph Blocher. Protagonista negli ultimi anni di violente offensive avverse all'immigrazione. Manifesti in cui si vedono mani nere (nere: orrore!) che afferrano la bandierina svizzera. Pubblicità con pecorelle bianche (*copyright* svizzero) che buttano fuori una pecorella nera. Videogame xenofobi sul sito internet come quello usato per le elezioni del 2008 intitolato «Zettel salva la Svizzera» in cui Zettel, il caprone mascotte del partito, scaraventava fuori dal recinto a colpi di corna il maggior numero di pecore nere.

Per non dire di quando Blocher, nel corso di una visita ad Ankara nell'ottobre 2006, criticò l'articolo 261 bis del Codice penale svizzero che punisce la discriminazione razziale e la propaganda di chi nega l'Olocausto, i genocidi o altri crimini: «Mi fa venire il mal di pancia».

Preoccupata, la Commissione europea contro il razzismo e l'intolleranza (Ecri) ne ha tratto nel 2009 un rapporto nel quale, dice il comunicato ufficiale, denuncia «una pericolosa intensificazione del discorso politico razzista nei confronti dei non cittadini, dei musulmani, delle persone di colore e di altre minoranze». Per non dire del «mutamento del tono del discorso politico» legato soprattutto alla crescita del partito di Blocher il cui programma e le cui «campagne mediatiche vengono descritte da tutti gli esperti come xenofobe e razziste». Comunicato ufficiale di risposta della Svp: le critiche andavano respinte come «ingerenze negli affari interni» contro le quali la Svizzera avrebbe dovuto protestare. Le stesse parole che usava il governo di Pretoria ai tempi dell'apartheid. Certo, lì l'aria era ancora più pesante. Però...

Insomma, è questa l'Europa faro della civiltà? Un continente troppo spesso incapace di distinguere tra la giusta severità e il razzismo, il legittimo desiderio di ordine e la volgarità, la sacrosanta durezza contro il terrorismo islamico assassino e la xenofobia più truculenta? Nel buio, reso ancora più fitto da antirazzisti a volte paralizzati dalla timidezza o all'opposto accecati da un estremismo ideologico suicida, qualche fiammella c'è. Come quella accesa da Irmela Mensah-Schramm, meglio nota come «nonna Irmela», una signora berlinese che da molti anni cancella le scritte naziste, xenofobe, razziste sui muri della sua città. Cominciò una mattina del 1986, quando uscì da casa, lesse sul muro «Libertà per Rudolf Hess» e decise, come ha raccontato sul «Corriere» Ketty Areddia, che da quel momento «non si sarebbe più girata dall'altra parte, ma avrebbe fatto come a casa sua, avrebbe tolto la sporcizia in ogni angolo». Da allora, con stracci, spazzole e solventi, ha ripulito migliaia e migliaia di porcherie. Tutti i giorni. Tutti i giorni.

2

In nome dei Savoia, del duce e del dio Po

E gli italiani si autoassolvono: mai stati davvero razzisti

«O mia bela Madunina / che te dominet Milan / ciapa su la carabina / e fa föra i taleban.» Il cartellone, poi replicato in una molteplicità di varianti sui muri e sul web, comparve tempo fa a una manifestazione della Lega Nord e riassume un sacco di cose. Un islamico ignaro del dialetto lombardo alle prese con una traduzione letterale lo leggerebbe così: «O mia bella Madonna, che domini Milano, prendi il fucile e uccidi gli studenti coranici». Un'infamia: come si può invocare la madre di Gesù Cristo, venerata anche dai maomettani con santuari sparsi per l'Egitto e il Medio Oriente, a imbracciare le armi per ammazzare i suoi figli musulmani?

Stupidaggini. Chiunque orecchi appena appena il milanese sa che quel testo è così ricco di ironia da depotenziare ogni carica di violenza. Così come sarebbe impossibile prendere alla lettera tante altre spacconate leghiste. Un giorno Erminio «Obelix» Boso dice che «gli immigrati bisognerebbe metterli tutti sul nevaio del Monte Bianco: da una parte potremmo contarli tutti bene, dall'altra potrebbero macinare il ghiaccio per fare granite alla menta». Un altro, Giancarlo Gentilini, propone: «Per far esercitare i cacciatori potremmo vestire gli extracomunitari da leprotti. Tin. Tin. Tin». Un altro ancora, Umberto Bossi attacca le sanatorie: «Altro che 250.000 immigrati, con i parenti si arriva a tre milioni minimo minimo. E se si ammettono anche i cugini è una catena aperta. C'è poi da aggiungere che i musulmani possono avere quattro mogli: e dove le mettiamo le suocere?». Per non dire di uno striscione apparso all'annuale raduno di Venezia: «L'unico nero che vogliamo è il merlot». Vanno presi alla lettera? «Ma va là!», direbbe l'avvocato Niccolò Ghedini. E avrebbe ragione.

Guai a prendere sul serio certe sparate dei leghisti. Riderebbero: «Vedete? Manca il senso dell'ironia». Peggio: mischiando tutto insieme, le forzature ironiche (come un manifesto contro la tratta delle prostitute nigeriane: «Vu ciulà?») e le affermazioni davvero pesanti, si finisce per perdere di vista proprio queste ultime. Impedendo di cogliere fino in fondo la gravità di certi altri messaggi. Che trasudano un razzismo vero, calloso, incattivito, volgare con pochi altri paragoni al mondo.

Ci gioca da anni, la Lega, su questo equivoco. Nelle settimane in cui più lacerante è il dibattito sui respingimenti in un Mediterraneo che negli ultimi due decenni ha inghiottito, secondo il Vaticano, 14.600 morti, sul sito internet del partito compare un videogame dal titolo «Rimbalza il clandestino»? Il figlio del «Senatur», Renzo Bossi, spiega che voleva «solo coinvolgere, scherzosamente, i giovani su un fenomeno reale che affligge le nostre coste». Il senatore Piergiorgio Stiffoni sibila, a proposito della sistemazione di un gruppo di immigrati rimasti senza tetto a Treviso, «peccato che il forno crematorio del cimitero di Santa Bona non sia ancora pronto»? Sbuffa che era solo una battuta, anche se certo, se c'è da aiutare qualcuno senza casa, «gli aiuti vanno dati prima di tutto ai nostri fratelli, e l'immigrato non è mio fratello, ha un colore della pelle diverso». Umberto Bossi tuona che «i padani hanno lavorato la terra per migliaia di anni, mica per darla ai Bingo Bongo»? Roberto Calderoli minimizza: «L'espressione riprende l'innocua vignetta di un vecchio fumetto per bambini che descriveva le avventure di un furbo africano sempre pronto a usare astuzie». Lui stesso la usa e la riusa: «Il motto di Prodi è tasse, canne, indulto e Bingo Bongo». «No al voto ai Bingo Bongo.» «Faremo a pezzi questa legge pro Bingo Bongo.»

Oddio, l'esistenza di un Bingo Bongo (semmai c'è una vecchia canzone americana, *Bongo Bongo*, cantata poi da Sophia Loren in *Peccato che sia una canaglia*) è ignorata sia da *Il fascismo a fumetti* di Claudio Carabba sia dall'*Enciclopedia del fumetto* di Oreste del Buono, ma come dubitare delle parole di un ministro della Repubblica? Si sarà confuso. Magari coi personaggi non innocui di Sia-La-Floup che, spiega Ferdinando

Martini (scrittore, governatore dell'Eritrea e poi tra i firmatari del Manifesto degli intellettuali fascisti) in una lettera citata nel catalogo del «Corriere dei Piccoli» della Fondazione Corriere della Sera, raccontano le avventure di «una turba di negri dall'aspetto più triste e miserabile», i Quas-Quas-Quas. «Esseri umani degradati» che hanno «la pelle nera, il volto orrendo, armato di mascelle da gorilla, il cranio sfuggente, braccia lunghe lunghe, alle quali sono attaccate due mani enormi, le gambe corte e storte (...) tutti untuosi, poiché non si lavano mai, salvo quando si buttano in acqua, e la loro capigliatura è il rifugio di una vera popolazione di parassiti» e dormono «assieme ai cani e ai maiali, che vivono con essi nella più detestabile familiarità».

O forse i ministri del Carroccio si confondono con Zimbo, Zimba e Bomba, i servi stupidi apparsi sul «Corrierino» negli anni in cui a giornali e giornalini arrivavano «veline» fasciste come quella del 27 maggio 1936: «Pena provvedimenti di fortissimo rigore: astenersi da sdolcinature e tenerezze riguardo agli abissini. Nessun episodio sentimentale, nessuna fraternizzazione. Assoluta e netta divisione tra la razza che domina e quella che è dominata». Oppure con i fumetti sui quaderni degli scolaretti fascisti che parlavano di «razze nere, false e viziose (...) umili, vili e striscianti davanti ai forti» tra cui portare «la giustizia della scure fascista». O ancora con le allegre cartoline disegnate sotto il Ventennio dal fumettista de «Il Balilla» Enrico De Seta. In una il nostro bravo soldatino si fa fotografare con lo stivale posato sulla testa di uno dei negri che ha abbattuto nella sua caccia grossa come fossero antilopi. In un'altra va all'ufficio postale per spedire a casa un pacco legato con gli spaghi: una bella negra da spupazzare. In un'altra ancora si libera dei fastidiosi Bingo Bongo, come direbbero i leghisti, spruzzando loro addosso con la pompa dei gas velenosi.

Il guaio è che furono usati davvero i gas. Anzi, spiega Angelo Del Boca, lo storico che per primo ha fatto luce sui crimini del colonialismo italiano, «siamo stati gli unici a usare i gas in maniera massiccia» con «una logica di annientamento». Gli ordini, scrive in *Italiani brava gente?*, arrivavano direttamente dal duce: «È lui che concede il permesso di usare le armi proibite dalla Convenzione di Ginevra, i micidiali gas tossici. Di questi aggressivi chimici ha autorizzato lo sbarco segreto in Eritrea di 270 tonnellate per l'impiego ravvicinato, di 1000 tonnellate di bombe per l'Aeronautica (caricate a iprite), di 60.000 granate per l'Artiglieria (caricate ad arsine). Di quest'arma assoluta si è riservato l'appalto».

Erano quotidiani, quei bombardamenti vietati dalle convenzioni internazionali. Ne fece le spese, come avrebbe raccontato a Del Boca, anche Hailé Selassié: «Non lanciarono bombe, ma strani fusti che si rompevano appena toccavano il suolo o l'acqua del fiume, e proiettavano intorno un liquido incolore. Prima che mi potessi rendere conto di ciò che stava accadendo, alcune centinaia fra i miei uomini erano rimasti colpiti dal misterioso liquido e urlavano per il dolore, mentre i loro piedi nudi, le loro mani, i loro volti si coprivano di vesciche. Altri, che si erano dissetati al fiume, si contorcevano a terra in un'agonia che durò ore. Fra i colpiti c'erano anche dei contadini che avevano portato le mandrie al fiume, e gente dei villaggi vicini».

«Siamo nella zona colpita dai gas che i nostri aerei hanno gettato quando il terreno che ora attraversiamo pullulava di Abissini. L'effetto deve essere stato terribile, lo certificano le centinaia di carogne di cavalli e muletti, che rattrappite e impressionanti sono sparse ovunque», scrive il fante Elvio Cardarelli nel diario che verrà ritrovato 73 anni dopo la sua morte. «Scorgo da traverso le alte erbe corpi neri di guerrieri indigeni rattrappiti dal fuoco dei nostri lanciafiamme, non emanano cattivo odore, ma sono orrendi a vedersi: molti di essi hanno gli arti distaccati dal corpo e un'orribile smorfia è dipinta sul viso scheletrico.»

Se lui restò raccapricciato, altri non fecero una piega. Anzi. Rileggiamo *Ali sul deserto*, con i ricordi di guerra del 1934 di Vincenzo Biani, un aviatore di stanza in Libia: «Gli equipaggi, navigando a pochi metri da terra, poterono seguire le piste dei fuggiaschi e trovarono finalmente sotto di sé un formicolio di genti in fermento; uomini, donne, cammelli, greggi; con quella promiscuità tumultuante che si riscontra solo nelle masse sotto l'incubo di un cataclisma; una moltitudine che non aveva forma, come lo spavento e la disperazione di cui era preda; e su di essa piovve, con gettate di acciaio rovente, la punizione che meritava. (...) Quando le bombe furono esaurite, gli aeroplani scesero più bassi per provare le mitragliatrici. Funzionavano benissimo. (...) Nessuno voleva essere il primo ad andarsene, perché ognuno aveva preso gusto a quel gioco nuovo e divertentissimo. E quando finalmente rientrammo a Sirte, il battesimo del fuoco fu festeggiato con parecchie bottiglie di spumante. (...) In tutto il vasto territorio compreso tra El Machina, Nufilia e Gifa, i più fortunati furono gli sciacalli che trovarono pasti abbondanti alla loro fame».

Ci voleva un profondissimo disprezzo razziale verso quegli africani per dare ai nostri un cuore così indifferente davanti alle carneficine di vecchi, donne, bambini. Non poteva bastare la singola indifferenza alla ferocia di questo o quel fascista assassino: ci voleva intorno un'indifferenza corale, collettiva, che coinvolgesse migliaia e migliaia di volonterosi carnefici del duce. Altro che «presunta bonomia» del fascismo italiano «traviata, peraltro soltanto alla fine, dalle "cattive amicizie" del duce», scriveva venti anni fa su «l'Unità» Luciano Canfora: si trattò invece di una «vicenda criminosa che rischiava di essere rimossa per sempre dalla incoercibile tendenza nazionale all'autoassoluzione».

«Il mito degli "italiani brava gente" serviva soltanto a coprire, ad attenuare, la vera natura di una massa di conquistatori senza scrupoli, impegnata in imprese sbagliate, guidata da ordini scellerati», scrive nel libro su citato Angelo Del Boca. E una delle prove della «quasi totale connivenza», spiega lo storico piemontese in *La caduta dell'impero*, il terzo volume del ciclo *Gli italiani in Africa orientale*, «si trova nell'Archivio fotografico di Addis Abeba, dove sono state raccolte alcune decine di migliaia di immagini. (...) Ci sono, anzitutto, a centinaia, le immagini con forche di ogni tipo, rozze o ben finite, con appesi uno o più cadaveri. Spesso i carnefici italiani si fanno fotografare in posa dinanzi alle forche o reggendo per i capelli le teste mozzate dei patrioti etiopici. In alcune foto gli aguzzini innalzano le teste recise su picche. In altre le fanno rotolare fuori da un cesto. In altre, ancora, le espongono in mostra su un telone, quasi fossero oggetti da baratto. Un sorriso incerto, impacciato, è stampato sul volto di questi militari, che la propaganda fascista indica come portatori di civiltà e di benessere. Ma ciò che sorprende di più è il pieno consenso espresso dai volti di chi circonda gli aguzzini. Come se questi macabri spettacoli costituissero un rito quotidiano, naturale, scontato. In realtà, in quel loro crudele e orrendo esibizionismo c'è soprattutto il disprezzo per le popolazioni indigene che essi ritengono socialmente e culturalmente inferiori».

Per mozzare la testa a un uomo basta un assassino, per esporre quella testa come un trofeo tra gli urrà di compiacimento ci vuole la complicità di tutti. O quasi tutti. Come accadde dopo l'attentato del 1937 al viceré d'Etiopia Rodolfo Graziani, il macellaio delle conquiste coloniali italiane. La reazione non solo dei militari ma dei coloni italiani lasciò sgomento l'inviato del «Corriere» Ciro Poggiali, che scrisse nel suo diario: «Tutti i civili che si trovano in Addis Abeba hanno assunto il compito della vendetta, condotta fulmineamente con i sistemi del più autentico squadrismo fascista. Girano armati di manganelli e di sbarre di ferro, accoppando quanti indigeni si trovano ancora in strada. (...) Vedo un autista che, dopo aver abbattuto un vecchio negro con un colpo di mazza, gli trapassa la testa da parte a parte con una baionetta. Inutile dire che lo scempio si abbatte contro gente ignara e innocente».

«Dopo aver ricevuto disposizioni alla casa del fascio, alcune centinaia di squadre composte da camicie nere, autisti, ascari libici, si riversarono nei quartieri indigeni e diedero inizio alla più forsennata "caccia al moro" che si fosse mai vista», avrebbe raccontato anni dopo a Del Boca uno dei testimoni, A. Dordoni. «In genere davano fuoco ai tucul con la benzina e finivano a colpi di bombe a mano quelli che tentavano di fuggire ai roghi. (...) Molti di questi forsennati li conoscevo personalmente. Erano commercianti, autisti, funzionari, gente che ritenevo serena e del tutto rispettabile. Gente che non aveva mai sparato un colpo durante tutta la guerra e che ora rivelava rancori e una carica di violenza insospettati.» Non ebbero pietà per uomini, donne, bambini. C'era sul posto anche un attore,

Dante Galeazzi, che nel libro *Il violino di Addis Abeba* avrebbe raccontato tutto il suo orrore: «Per tre giorni durò il caos. Per ogni abissino in vista non ci fu scampo in quei terribili tre giorni in Addis Abeba, città di africani dove per un pezzo non si vi-' de più un africano».

Nessuno pagò, per quella mattanza. E neppure per la strage di Debrà Libanòs, dove il maresciallo Graziani fece decimare (delegando la mattanza al reparto musulmano) tutti, ma proprio tutti i monaci e i diaconi di quello che era il cuore della chiesa etiope. Un massacro di cui non solo non portò mai il peso («Spesso mi sono esaminato la coscienza in relazione alle accuse di crudeltà, atrocità, violenze che mi sono state attribuite. Non ho mai dormito tanto tranquillamente»), ma arrivò a vantarsi in un telegramma al generale Alessandro Pirzio Biroli: «Preti e monaci adesso filano che è una bellezza». Non pagarono allora, non pagarono dopo la guerra, non pagarono mai. Anzi, l'Italia di Alcide De Gasperi, Pietro Nenni e Palmiro Togliatti, senza sostanziali differenze fra i tre, rifiutò di consegnare agli etiopi che volevano processarlo come criminale di guerra perfino un uomo indifendibile come Graziani.

E qui torniamo al neorazzismo di oggi. Perché la stolta leggerezza con cui i leghisti chiamano i neri Bingo Bongo è, ovviamente, mille miglia lontana dalle atrocità del nostro colonialismo, dalle leggi razziali fasciste e dall'apartheid che gli italiani inventarono in Africa istituendo per primi i cinema per bianchi e quelli per neri, gli autobus per bianchi e quelli per neri e così via. Ma è figlia della pressoché assoluta ignoranza di cosa fu il nostro colonialismo. E dell'assenza di ogni senso di colpa per il razzismo italiano fascista.

Le cose, ovvio, non vanno mischiate. Lo diceva già nel 1993, all'uscita di una nuova edizione della *Storia degli ebrei italiani sotto il fascismo*, Renzo De Felice: confondere i fenomeni di razzismo di oggi con quello mussoliniano di ieri o peggio ancora con le leggi naziste «è come scambiare la varicella per la peste bubbonica». Giustissimo. È difficile però sottrarsi a una constatazione. Quella che i razzisti, gli xenofobi, gli intolleranti di oggi si rifanno sempre allo stesso assunto: l'Italia non è «storicamente» un paese razzista. E se non lo era prima, ovviamente, men che meno lo è oggi...

Va avanti così da anni. I tifosi di una squadra di basket varesina stendono sugli spalti della partita contro il Maccabi di Tel Aviv uno striscione con scritto «Hitler ci ha insegnato che uccidere gli ebrei non è peccato»? Coro: ma l'Italia non è razzista! Un imprenditore dà fuoco a uno dei suoi muratori, il romeno Ion Cazacu, perché aveva osato lamentarsi che veniva pagato un settimo degli altri operai? Ma l'Italia non è razzista! Un giovane studente ghanese, Emmanuel Bonsu Foster, scambiato per uno spacciatore, accusa i vigili urbani di Parma di averlo pestato a sangue e aver scritto sulla busta del verbale «Emmanuel, negro»? Ma l'Italia non è razzista! Quattro leghisti ubriachi sfasciano un locale di Venezia il giorno della festa padana picchiando selvaggiamente due camerieri immigrati? Ma l'Italia non è razzista! I siti internet sono allagati di pagine che urlano «immigrati di merda!», «zingari di merda!», «froci di merda!»? Ma l'Italia non è razzista!

E via così. Uno studio dell'Osservatorio europeo sul razzismo e la xenofobia (Eucm) di Vienna denuncia dopo avere monitorato 450 blog di supporter che il nostro è il paese che «ospita il maggior numero di siti internet di tifosi calcistici a sfondo razzista e xenofobo» pari al 32% di quelli esaminati? Ma l'Italia non è razzista! Tirano le banane dagli spalti a Mario Balotelli e agli altri giocatori di colore? Ma l'Italia non è razzista! Il giovane Matteo Fraschini, adottato in fasce da un professionista milanese e cresciuto a Milano, perfetto accento meneghino, buone scuole, decide di trasferirsi in Africa dove non è mai vissuto perché non ne può più («Dove hai rubato la macchina?», «Come mai parli italiano?», «Tu avere freddo?») dell'aria che tira verso i neri? Ma l'Italia non è razzista! Marcello Veneziani scrive furente su «Libero» un'irresistibile invettiva raccontando di come gli sia sempre più insopportabile la «persecuzione razziale» che a causa della sua «carnagione scura, rafforzata dal sole, e dall'aspetto vagamente arabo-islamico-orientale», subisce «sulle strade, negli aeroporti, ovunque»? Ma l'Italia non è razzista!

Si può andare avanti per ore, con l'elenco. Ore. Tanto per

dare un'idea: le notizie dell'Ansa con le parole razzista, razzisti o razzismo nel titolo furono 83 in tutto il 1988, salirono a 161 in tutto il 1998 per impennarsi nel 2008 a ben 878. Dieci volte di più che vent'anni prima. Una deriva da gelare il sangue. Ai primi di novembre 2009 il solo archivio elettronico del «Corriere della Sera» (poi ci sono i ritagli di carta...) conteneva 1315 articoli che avevano le parole razzista, razzisti o razzismo nell'occhiello, 2694 nel sommario, 3083 nel titolo. A dispetto di chi minimizza, del resto, nel marzo 2007 la direttrice dell'Eucm Beate Winkler lanciava l'allarme: «In Europa il 64% delle persone considera che la discriminazione su base etnica è "diffusa", ma il dato sale al 73% per gli italiani».

Uno studio 2008 di Demos-La Polis confermava: a parte i paesi dell'Est europeo quali la Polonia, la Repubblica Ceca, l'Ungheria e la Romania, nessuno quanto gli italiani considera superflui gli immigrati per l'economia nonostante producano quasi un decimo della ricchezza nazionale e nessuno quanto gli italiani (51%) li vede come una «minaccia per l'ordine pubblico e la sicurezza delle persone». Stiamo 14 punti sopra il Regno Unito, 21 sopra la Germania, addirittura 29 sopra la Francia. Un sondaggio della Ipsos di Nando Pagnoncelli nel settembre 2009 ha chiesto: «A proposito di immigrati clandestini, il cardinale Bagnasco ha invitato ad "accoglierli come fratelli", nel timore che possano ripetersi gli episodi di razzismo denunciati in queste settimane. Ha ragione?». «No, perché lo stato non riesce a gestire il continuo afflusso», ha risposto il 43% degli abitanti della penisola. «No, ci sono stati solo episodi isolati: gli italiani non sono razzisti», ha replicato un altro 25%. Come volevasi dimostrare: l'Italia non è razzista!

C'è chi dirà: i «nostri» immigrati delinquono di più. Sarà... Ma la tesi potrebbe anche essere rovesciata. Visto che l'Italia non si impegna più di tanto a combattere la mafia e la camorra, abbatte lo 0,97% degli abusi edilizi accertati, tollera una quantità enorme di reati fiscali, chiude un occhio su una montagna di illegalità commesse da moltissimi cittadini, c'è paradossalmente da meravigliarsi che a infischiarsene della legge commettendo dei reati sia, ogni anno, «solo» il 2% degli immigrati regolari.

«Per chi ha paura tutto fruscia», diceva Sofocle. Ma c'è davvero motivo di avere così tanta paura? È l'Italia un paese particolarmente violento? I dati sembrano dire di no: anzi, sulla carta (a parte certe regioni del Sud dove paradossalmente la percezione della insicurezza è minore) è uno dei meno insicuri. E allora? Un esempio dice tutto: la relazione letta all'inaugurazione dell'anno giudiziario 1992 del distretto della Corte d'Appello di Lecce (province di Lecce, Brindisi e Taranto) riferiva che l'anno prima c'erano stati nell'area 149 omicidi. La stessa identica relazione letta nel 2009 per l'anno precedente ne registrava 13: un dodicesimo. Eppure, ha spiegato ai prefetti a convegno a Padova nell'ottobre 2009 Alfredo Mantovano, sottosegretario agli Interni, leccese ed ex magistrato di quel distretto, «pare impossibile ma la gente non ha mai percepito tanta insicurezza come ora».

Perché l'omicidio è un delitto comunque «lontano» (si ammazzano tra loro...) mentre lo scippo, il borseggio, il furto in casa sono «vicini»? Anche. Ma è anche colpa della «iperrealtà» di cui scrive sulla «Repubblica» il politologo Ilvo Diamanti: «Il "fatto" che l'intolleranza e la xenofobia montino a folate in modo non coerente con le tendenze dei reati e dei crimini non è un "fatto", ma un "risultato". Prodotto dall'enfasi attribuita dai media e dagli attori politici e sociali». La prova la fornisce il confronto fra tre tabelle sul periodo a cavallo del passaggio di governo nel 2008 dalla sinistra alla destra.

Nella prima ci sono i dati generali dei reati in Italia, in calo dell'8%. Nella seconda, ricostruita dall'Osservatorio di Pavia su «Sicurezza e media», c'è lo spazio dato dalle principali reti televisive ai fatti di cronaca nera e alle notizie «ansiogene», che più o meno parallelamente cala non dell'8, ma addirittura del 50%: raccontare un'Italia in balìa della delinquenza non è più utile. La terza tabella mostra che la percezione dell'insicurezza, nonostante l'impasto con le paure economiche, va a rimorchio più della seconda che della prima tabella. Insomma, «i fatti sono reali, ma se vengono sistematicamente manipolati (omessi, nascosti, distorti) la realtà ne risente», spiega Barbara Spinelli sulla «Stampa», «ed è così che se ne crea una parallela».

È la tesi di Diamanti: «La paura erompe soprattutto dalla televisione. In questo paese dove il confine tra realtà reale e mediale è sempre più sottile. (...) Ronda o non ronda. Ronda su ronda. La paura scompare insieme alla criminalità. Oppure riappare. A (tele)comando».

Proprio la storia delle ronde, del resto, dice tutto. Pareva a un certo punto che l'Italia intera infestata da orde di spacciatori, stupratori e tagliagole non potesse resistere un solo istante di più senza la creazione di squadroni di milizie volontarie che pattugliassero le strade. È bastata l'imposizione, pretesa innanzitutto dai poliziotti e dai carabinieri, di poche regole minime che tenessero alla larga bulli, attaccabrighe, Nembo Kid di periferia e Rambo da bar sport perché già a metà ottobre 2009 un flash dell'Ansa denunciasse un flop. Spettacolare il caso di Arcore, la «Versailles» berlusconiana: nonostante l'appello ad «arruolarsi» lanciato in piazza dal Cavaliere, nonostante i manifesti su tutti i muri, nonostante l'impegno diretto del sindaco destrorso, dopo mesi di proclami e settimane di reclutamento i volontari erano due. Su sedicimila.

«Mi hanno raccontato di un giovane padre il cui bambino ha paura dell'uomo nero», ha scritto sulla «Repubblica» Adriano Sofri. «Il padre gli ha detto che non risulta a sua memoria un solo caso di uomo nero, gli ha fatto vedere le statistiche: niente, il bambino ha ancora paura. Chi non s'intenerirebbe di un bambino spaventato dall'uomo nero? Purché una popolazione di milioni di adulti non pretenda di fare tenerezza anche lei. La xenofobia, si dice, è la paura del diverso, dunque è qualcosa di naturale. Chi non prova un'apprensione, una diffidenza, un'angoscia nei confronti dello sconosciuto? Mah: non ci si crogioli troppo con le etimologie. La xenofobia è anche l'invenzione del diverso, e il disprezzo, l'avversione e la persecuzione del diverso. È a un passo dal razzismo e spesso quel passo l'ha fatto. Gli italiani non sono xenofobi, non sono razzisti? Ah, Padre, non metterci alla prova, non indurci in tentazione...»

Una cosa è certa: anche in Francia sono spietati sulle espulsioni, ma nessun esponente delle forze di governo si sogna di urlare per le strade «clandestini di merda». In Gran Bretagna hanno addirittura più problemi di terrorismo islamico ma nessun esponente delle forze di governo si sogna di urlare per le strade «islamici di merda». E lo stesso Geert Wilders che parla di «fascismo islamico» non si sogna di sversare pipì di maiale sui luoghi destinati a ospitare moschee.

Insomma: c'è modo e modo anche di fare la guerra al fanatismo musulmano. Tanto più che, spiega Renzo Guolo nel saggio *Chi impugna la croce? Lega, Chiesa e Islam*, il sospetto che certe scelte siano strumentali è forte. A partire da quella di spostare il mirino dai «terroni» ai maomettani. Vogliamo ricordare uno dei tanti sfoghi di Bossi, quello dopo la sconfitta alle Amministrative del 1997? «Nelle grandi città, Milano e Torino, è stato espresso un voto razziale. Gli immigrati si sono pronunciati contro la libertà del Nord e hanno scelto dei pezzi di merda. Il dramma del Nord è che si è consegnato a insegnanti meridionali, a magistrati meridionali. La lotta sarà frontale».

Invece, spiega Guolo, il «Senatur» si accorge presto che val la pena di «cambiare nemico». E dopo aver sparato a zero per anni sulla chiesa («Il Vaticano è il vero nemico che le camicie verdi affogheranno nel water della storia») e celebrato il culto del dio Po e i matrimoni padani, cosa s'inventa? Il Carroccio «difensore della Croce minacciata». E «agitando il tema dell'Islam come Nemico spalanca davanti a sé un vasto spazio nel mercato politico. Il nuovo Nemico è simbolicamente più efficace e politicamente più spendibile di altri, evocati dagli slogan "Roma ladrona" o "Sud assistito". Alimentando l'anti-islamismo nella società italiana il Carroccio presidia una precisa nicchia del mercato elettorale: quella dell'identità etnica e della xenofobia più o meno latente». Certo, c'è la concorrenza della chiesa. Ma basta accusarla di debolezza, timidezza, complicità: «I nuovi crociati siamo noi».

Vero è che la Lega non ha il monopolio della xenofobia. «I musulmani mettono a rischio la nostra purezza: il loro vero scopo è sposare le nostre donne», dice l'allora deputato azzurro Michele Arcangelo Bucci. «Non voglio vedere finocchi per strada, non voglio vedere nipotini miei negri, non voglio vedere nipotini mulatti», starnazza l'allora senatore della Fiamma

Tricolore Luigi Caruso che precisa «io non sono razzista però le strade, le ferrovie, le infrastrutture sono il frutto del sudore degli italiani, dei nostri antenati. I negri, gli zulù, non ci hanno messo niente.» «Lei esteticamente rappresenta in modo perfetto il motivo per cui i milanesi hanno paura dei musulmani», sibila il capogruppo di Alleanza nazionale al comune di Milano Roberto Predolin alla collega Ainom Maricos, di origine eritrea.»

«Questi sono assassini sanguinari della peggior specie. Non pensino le istituzioni che i cittadini, convinti, quasi certamente a ragione, che si tratti della solita banda di slavi storicamente e geneticamente avvezzi a tali efferatezze, possano continuare a mantenere la calma aspettando l'intervento dello stato», detta all'Adnkronos il deputato di An Marco Zacchera (che poi dirà: «Un errore della mia segretaria...») dopo la notizia dell'orribile delitto di Novi Ligure, che si scoprirà commesso da Erika De Nardo e dal suo fidanzatino Omar Favaro. «Se dovessimo scoprire, come tante volte abbiamo scoperto, che a colpire sono stati dei clandestini, ci dovremmo chiedere come mai il comune di Novi Ligure dava le case agli immigrati più o meno regolari, e come mai non aveva pensato all'effetto indotto di un possibile aumento della criminalità», tuona il futuro ministro degli Esteri Franco Frattini. *Slavi sanguinari*, titola «Il secolo d'Italia».

«Chi ha votato l'indulto ha contribuito a questo eccidio. Complimenti», tuona Maurizio Gasparri dopo la strage di Erba che risulterà compiuta non dal marito immigrato di una delle vittime già arrestato in passato, ma dai vicini di casa Olindo Romano e Rosa Bazzi. E spiega che «reati eclatanti come quello verificatosi l'altra sera dimostrano quanto sono pericolosi moltissimi degli scarcerati. Sappiamo chi ha contribuito a questo eccidio. Basta leggere i resoconti del Parlamento». «La spaventosa mattanza cui ha dato luogo un delinquente spacciatore marocchino ci prospetta quello che sarà, molte altre volte, uno scenario a cui dobbiamo abituarci», barrisce Mario Borghezio.

Non perde occasione, l'eurodeputato torinese, per sparare raffiche di punti esclamativi. «Noi siamo la Padania bianca e cristiana, siamo longobardi e non merdacce levantine e mediterranee!!!» «Cornuti islamici bastardi! (...) Moderati? Moderati un cazzo! Cazzo! Questa è la Lega che vince! Perché come nelle Crociate Dio la vuole contro l'Islam per difendere questa terra! Gli facciamo un culo così!» «Non ci rompete più i coglioni con gli immigrati, vecchie facce di merda.» «È finita! È finita. Per voi clandestini e marocchini biglietto di sola andata. La Lega ce l'ha sempre duro, clandestini di merda!» «Parlamento marocchino!» «Alì Nania e Mohammed Fini stanno aprendo le porte dei nostri comuni ai seguaci di Allah!» «Abbiamo braccia robuste e pessime intenzioni!» «L'Ulivo ha cessato di imbastardire il nostro sangue infettandolo con quello degli extracomunitari!» Il film *Camicie verdi* di Claudio Lazzaro è pieno di sfoghi così.

Tema: in quale altro paese civile un partito di governo giunto ad avere negli anni il ministero degli Interni e il ministero della Giustizia tollera nel suo seno un razzista che parla di «sangue infetto»? «Di Borghezio non posso che dire bene. È uno che colleziona libri antichi. Poi in pubblico si trasforma», dice Roberto Maroni, che come responsabile del Viminale dovrebbe perseguire chi istiga all'odio razziale. Gli altri leader leghisti sdrammatizzano ridacchiando: «Boh, è fatto così...». Certo è che lo hanno promosso via via sottosegretario alla Giustizia nel primo governo Berlusconi, ministro degli Interni e poi presidente del «governo padano», leader della delegazione leghista al parlamento europeo... E candidato e ricandidato nonostante i legami imbarazzanti coi neofascisti dimostrati per esempio da una videoinchiesta di Canal+ (*Europe: ascenseur pour les fachos*) dove viene filmato mentre consiglia a dei militanti di estrema destra: «Bisogna rientrare nelle amministrazioni dei piccoli comuni. Dovete insistere molto sull'aspetto regionalista del movimento. Ci sono delle buone maniere per non essere etichettati come fascisti nostalgici, ma come un nuovo movimento regionale, cattolico, eccetera, ma sotto sotto rimanere gli stessi». Cioè neri. Nerissimi. Ma solo di cuore.

«Ma c'è anche la Sandy!», ti dicono. Verissimo: Sandy Cane (cognome inglese, non italiano, si pronuncia «kein»: bastone) sindaco di Viggiù, cinquemila abitanti, provincia di Varese, primo sindaco di pelle nera, leghista con fazzolettino verde d'ordinanza. C'è chi dirà che è una storia che non fa testo perché la donna, figlia di un'emigrata viggiutese e di un marine di colore, non è nata a Timbuctu ma a Springfield, non è arrivata dall'Africa ma dal Massachusetts, è cresciuta in paese da quando aveva dieci anni e tutto era meno che un'immigrata povera: «Io avevo le Nike e la bicicletta. Gli altri bambini non le avevano e tutti volevano giocare con me». Resta il fatto: la Lega ha eletto la prima donna sindaco di colore. Punto. Prova provata, come tante altre, che i vecchi schemi non vanno più bene per capire il razzismo, l'ostilità per l'altro, la xenofobia di oggi.

Il guaio è che se il caso di Sandy Cane è, per ora, un'eccezione, quello di Borghezio non lo è affatto. E non lo è fin dai tempi in cui Gianfranco Miglio, l'ideologo la cui memoria nel Carroccio è venerata, diceva a «Sette» cose spaventose come questa: «L'universalismo antirazziale che vuole tutti uguali, dalla scimmia ad Einstein, è un'ideologia arrabbiata che non porterà mai da nessuna parte». Quel paragone da brividi che si rifaceva ai più infami accostamenti tra i neri e le scimmie non lo imbarazzava affatto. Anzi, alla domanda se «si può non essere razzisti?» rispondeva: «No, almeno in una società evoluta. Per non esserlo bisognerebbe non avere radici».

Da allora, negli anni, abbiamo sentito e letto di tutto. «Immigrati clandestini, torturali. È legittima difesa», dice una pagina di Facebook della sezione di Mirano che prima della dissociazione registrava tra gli amici diversi leader leghisti. «Gli immigrati sono animali da tenere in un ghetto chiuso con la sbarra e lasciare che si ammazzino tra loro», discetta il consigliere comunale di Treviso Pierantonio Fanton. «Bisogna usare con gli immigrati lo stesso metodo delle SS: punirne dieci per ogni torto fatto a un nostro cittadino», dichiara il suo collega Giorgio Bettio. «Ci vuole una guardia civile contro i negri, bisogna semplificare le procedure per il porto d'armi perché la gente possa difendersi», teorizza Erminio Boso. «Quando ci libererete dai negri, dalle puttane, dai criminali, dai ladri extracomunitari, dagli stupratori color nocciola e dagli zingari che infestano le nostre case, le nostre spiagge, le nostre vite, le nostre menti? Ne abbiamo le palle piene. A dir poco. Sbatteteli fuori questi maledetti», strilla «la Padania» in un articolo del 1997 che, spiega il direttore di allora, usa «toni forti per esprimere nella sostanza il pensiero di molti cittadini».

Per non dire degli sfoghi sul sito del partito, denunciati dalla «Repubblica»: «Gli ebrei? "Maledetti cani bastardi, aveva ragione Hitler". (...) "Carletto da Venezia" suggerisce la soluzione per liberare le nostre città dalle prostitute straniere: "Basta imbarcarle a Genova su una petroliera e magari fare affondare le puttane alle Bermuda". "Secondo me l'unica soluzione a questi problemi è il napalm, altro che rimpatri, tanto dopo dieci giorni sarebbero di nuovo qui a rompere i coglioni. Padania libera!" "Non mi piacciono i terroni, ti sciogliamo nell'acido se vieni qui al Polo Nord." "C'era da aspettarselo. Che i komunisti del kazzo tirassero fuori qualcosa contro la Lega Nord. I veri nazisti sono quei bastardi komunisti che vogliono annientare la nostra identità imponendo la società multirazziale"».

Parole in libertà? Riascoltiamo allora quelle che Umberto Bossi, il padre-padrone del partito, scandì al congresso della Lega al Palavobis alla fine degli anni Novanta: «Nei prossimi dieci anni vogliono portare in Padania 13 o 15 milioni di immigrati, per tenere nella colonia romano-congolese questa maledetta razza padana, razza pura, razza eletta». Lo stesso concetto espresso da Gustav Kossinna, lo storico tedesco che scrisse un celebre manuale di preistoria della nazione germanica, che dichiarò l'archeologia «scienza di interesse nazionale» e contribuì ad aprire la strada al nazismo elaborando la definizione «una razza, una cultura, un popolo».

Va da sé che quando l'Unione europea cerca di introdurre una legge più severa per i reati di razzismo, l'allora ministro della Giustizia Roberto Castelli si mette di traverso: «L'articolo 3 dice che commette reato chi è convinto di essere superiore ad altri in funzione della razza o della religione. Se facciamo il combinato disposto fra questo provvedimento ed il mandato d'arresto Ue, ciò significa che un giudice di un altro paese mi può arrestare se ritiene che io sia convinto di essere superiore a un'altra persona per razza o religione. E questo è un sistema che non mi piace tanto». Perché? «In democrazia un cittadino deve avere il diritto di dire le sciocchezze più grandi che crede.» E, insomma, così «si entra nel terreno minato della libertà di pensiero». E chi vuole «negare ai cittadini la libertà di esprimere le proprie opinioni»? Ovvio: «I nazisti rossi».

E sempre lì si torna: ai conti che non abbiamo fatto con il nostro passato. Ma ve lo immaginate un ministro tedesco che osasse difendere il diritto di pensare e più ancora di sostenere di essere «superiore ad altri in funzione della razza o della religione»? O un ministro francese, inglese, spagnolo, olandese o belga? Il problema è, come spiega tra gli altri lo storico del colonialismo Nicola Labanca, che «non aver vissuto le aspre divisioni che in Francia o in Gran Bretagna hanno accompagnato la decolonizzazione negli anni Cinquanta-Sessanta ha impedito una presa di coscienza e un dibattito sul passato coloniale». I crimini razziali nelle colonie? Mai successi e se sono successi li hanno commessi il duce, il maresciallo Graziani e una minoranza di fascisti che non possono essere confusi con i bravi, generosi e gentili coloni italiani che come tutti gli italiani non sono mai stati razzisti. Quanto alle altre responsabilità, uguale.

«Le leggi razziali firmate da mio nonno? Non furono poi così terribili», spiegò qualche anno fa Vittorio Emanuele di Savoia. Non era la sconsiderata difesa della famiglia: era una posizione condivisa da tanti italiani. A partire, dice l'intervista rilasciata qualche anno fa a Boris Johnson, il direttore del settimanale «The Spectator» poi eletto sindaco di Londra, da Silvio Berlusconi: «Mussolini non ha mai ammazzato nessuno e i suoi avversari li mandava a fare vacanza nelle isole». Al che Francesco Cossiga rise: «Embé? Lo sanno tutti che Matteotti, don Minzoni e Amendola sono stati uccisi da Saddam!».

Per spiegare cosa significarono per gli ebrei italiani quelle leggi del duce «bonario» basterebbe la storia di Settimio Calò, raccontata nel capitolo sull'Olocausto. Infettarono l'Italia, quelle leggi. Comprese le teste di tanti ragazzi che avrebbero poi speso la vita per riscattarsi. E non è facile sostenere che furono imposte dall'alto e assolutamente estranee se non proprio rigettate dalla società italiana. Basti ricordare che nel 1931 su 1250 docenti universitari chiamati a giurare fedeltà al fascismo quelli che si rifiutarono, com'è noto, furono 11. O leggere il libro *La doppia epurazione* in cui Francesca Pelini e Ilaria Pavan ricostruiscono che fine fecero i «96 professori ebrei ordinari e straordinari, 141 professori incaricati, 207 liberi docenti e 4 lettori allontanati dalle università, cui si andavano ad affiancare i 727 studiosi ebrei espulsi dalle accademie e dalle numerose istituzioni culturali del paese». Bene: solo lo scrittore Massimo Bontempelli, «sino a quel momento fascista convinto e perfettamente integrato (...) rifiutò di coprire l'insegnamento di Letteratura italiana che era stato sino a quel momento di Attilio Momigliano» nell'ateneo fiorentino dove l'avevano chiamato per chiara fama. E a guerra già finita e a Mussolini già appeso a piazzale Loreto, molti di quelli che erano andati in cattedra solo grazie all'epurazione cercarono in tutti i modi di non restituire il posto ai colleghi falciati dalla legislazione razzista e sopravvissuti all'Olocausto. Di più: per decenni e decenni fino al 1998, quando l'università di Bologna «sentì il bisogno di ricordare con una lapide» l'infamia delle leggi razziali, la «comunità accademica italiana non ha avvertito l'urgenza di pronunciare autocritiche, neppure autocritiche di rito» su quello che era successo.

È vero che il peggio del peggio si leggeva su «La difesa della razza», come spiega il libro omonimo di Francesco Cassata, dove apparivano articoli sull'«etnia puttana» giudaica, su «Giuda ebreo, Giuda negroide» o sulla caratteristica del «negro che preferisce abbandonarsi ogni giorno, senza preoccupazioni di sorta, ai suoi piaceri prediletti, quali il cicaleggiare per ore e ore su argomenti insulsi ripetuti all'infinito». Ma certe mostruosità venivano pubblicate perfino da giornali «normali». Come il «Corriere della Sera» dove l'11 giugno 1939 Paolo Monelli, che era già un maturo signore di mezz'età, arrivò a scrivere che gli ebrei «appaiono tutti uguali, come i cinesi, come i negri, come i cavalli, adeguati agli incroci consanguinei, dall'eguale vita, dagli uguali squallidi orizzonti. Non si capisce la ragione di questo darsi d'attorno per tutta la giornata, di questo affaccendarsi senza tregua. Sono miserabili, tengono stretti i loro quattrinelli nella pezzuola o nel pugno...».

«Che cosa sia stato l'antisemitismo e le persecuzioni razziali che ne sono conseguite, tutti più o meno lo sanno, anche i più giovani. Che cosa sia stato l'antisemitismo italiano è meno noto», scrive Umberto Eco nella prefazione all'e-book di Valentina Pisanty *Educare all'odio. La difesa della razza.* «Vige caso mai la persuasione che, rispetto a quello nazista, l'antisemitismo fascista sia stato più blando e d'altra parte si dice (ed è vero) che tanti bravi italiani hanno salvato tanti ebrei dalla deportazione, e questo in fondo pare assolvere il nostro paese. Italiani brava gente, dunque. Ma nel 1938 il re Vittorio Emanuele III firmava le leggi razziali ed esisteva in Italia una consistente corrente di pensiero razzista e antisemita. Stiamo parlando di pensiero: il pensiero, certo, non ha nulla a che fare, direttamente, coi campi di sterminio, ma in realtà li giustifica e in qualche misura li prepara e li accompagna, anche se sono stati altri ad allestirli.»

Una piccola grande prova? Il Trio Lescano aveva raggiunto, anche grazie al parallelo diffondersi della radio e dei giradischi, una popolarità immensa. Mai vista prima e probabilmente, fatti i debiti paragoni, mai più vista dopo. Eppure bastò la scoperta che le leggendarie Alexandrina, Judith e Katharina Leschan erano di madre ebrea perché la passione quasi invasata di milioni di fan si spegnesse all'istante come si spengono tutti i fari di uno stadio con il clic di un interruttore. Certo, il duce in persona (così pare) si adoperò perché dopo l'arresto durante uno spettacolo al teatro Grattacielo di Genova non finissero a Buchenwald o Dachau. Ma il grande mistero resta l'istantanea cancellazione nella testa di milioni di persone di chi aveva loro regalato momenti sereni con *Tulipan*, *Maramao perché sei morto*, *Ma le gambe*, *Pippo non lo sa*. Sparirono d'incanto, le tre sorelle ebree. E non riuscirono a recuperare mai più.

Certo, c'è chi come Emilio Gentile nel saggio *La guerra razziale*, sostiene più o meno il contrario. E cioè che «il razzismo antisemita fu introdotto in un paese che non aveva alcuna tradizione né razzista né antisemita». Cosa che sembrerebbe dimostrata anche dall'arrivo, all'inizio del Novecento, alla presidenza del Consiglio di due uomini che, per gli schemi nazisti che non badavano alla religione ma alle «tare del sangue» sarebbero potuti finire ad Auschwitz con la stella gialla di ebrei sul petto, Luigi Luzzatti e Sidney Sonnino. Fatto sta che, al di là del dibattito, a volte infuocato, tra gli studiosi, nella testa degli italiani è passata quella convinzione: noi non c'entravamo.

Una tesi contestata non solo da ebrei, libici, eritrei, etiopi ma anche dagli slavi. Che provarono sulla loro pelle (prima che tanti dalmati e istriani e quarnerini provassero sulla loro le stesse angherie, gli stessi orrori, le stesse esecuzioni nelle foibe per mano dei partigiani titini) il tallone dei nostri nazionalisti. «Anche se la presenza dell'Italia fascista nei Balcani ha superato di poco i due anni», ricorda Del Boca in *Italiani, brava gente?*, «i crimini commessi dalle truppe di occupazione sono stati sicuramente, per numero e ferocia, superiori a quelli consumati in Libia e in Etiopia. Anche perché, nei Balcani, a fare il lavoro sporco, non c'erano i battaglioni amhara-eritrei e gli eviratori galla della banda di Mohamed Sultan. Nei Balcani, il lavoro sporco, lo hanno fatto interamente gli italiani.»

Rastrellamenti. Decimazioni. Deportazione di decine di migliaia di uomini, vecchi, donne, bambini nei campi di prigionia. Scrive nell'estate del 1942 all'alto commissario per la provincia di Lubiana, Emilio Grazioli, il commissario civile Umberto Rosin del distretto di Longatico: «Le fucilazioni in massa fatte a casaccio e gli incendi dei paesi fatti per il solo gusto di distruggere (e i granatieri si sono conquistati un triste primato in questo campo) hanno incusso sì nella gente un sacro timore, ma ci hanno anche tolto molta simpatia e molta fiducia, tanto più che ognuno si accorge, se non è cieco, che i soldati sfogano sugli inermi la rabbia che non hanno potuto sfogare sui ribelli. (...) La frase "gli italiani sono diventati peggiori dei tedeschi", che si sente mormorare dappertutto, compendia i sentimenti degli sloveni verso di noi».

Furono 30.000, gli internati nei lager italiani: un decimo dell'intera popolazione lubianese, dice la commissione mista italo-slovena incaricata qualche anno fa di provare a stendere una storia comune di questa ustionata zona di frontiera. Quanti morirono non si sa. Restano comunque i rapporti della Croce Rossa, riportati da Davide Rodogno in un saggio sulla rivista «Qualestoria», che parlano per il solo campo di prigionia di Arbe di «circa 3000 decessi dovuti principalmente alla cattiva nutrizione» cioè alla fame. O la lettera al Vaticano del vescovo di Veglia, monsignor Giuseppe Srebnic: «Testimoni vivi e oculari, che cooperano alle sepolture, affermano decisamente che il numero dei morti ammonta almeno a 3500». Molti erano bambini. Come bambini erano 54 dei 187 morti del campo di Monigo, in provincia di Treviso, accertati da Maico Trinca.

E allora come la mettiamo? Vuoi vedere che gli italiani non sono razzisti quando non hanno «altri» nei dintorni e lo diventano quando sono costretti invece a confrontarsi, come sostiene il filosofo Salvatore Veca e come rivela il libro in cui Giuseppe Caliceti (*Marocchino! Storie italiane di bambini stranieri*) ha raccolto i pensierini degli scolaretti immigrati? Diciamo che sono razzisti «alla loro maniera», rispondeva vent'anni fa Giorgio Bocca, «alla maniera di un paese cattolico latino che sta da millenni al crocevia della storia delle migrazioni, delle invasioni e delle traduzioni; un paese che ha ignorato o ridotto al minimo le guerre civili di religione; che è arrivato per ultimo con scarsa convinzione all'esperienza coloniale ignorando per secoli problemi della convivenza fra gente di colore diverso».

E chiudeva quel suo libro, intitolato proprio *Gli italiani sono razzisti?*, spiegando che in quel momento non c'erano «ancora grossi drammi» però... Però «tutto cammina maledettamente in fretta in questo mondo, compreso il razzismo. Stiamoci attenti». Una raccomandazione che oggi va raddoppiata. Anche l'altra volta cominciò tutto con piccole forzature nazionaliste apparentemente insulse, come quei manifesti che a Torino, in nome dell'italianità e del disprezzo per i negri, annunciavano Louis Armstrong chiamando il mitico trombettista jazz con il nome tradotto in italiano: «Concerto di Luigi Braccioduro». C'era da sorridere. Ma si sa come è andata poi a finire...

3

L'ombelico del mondo siamo noi. No, noi

La millenaria, ridicola e tragica disputa sull'etnocentrismo

«Abitiamo questo paese non avendone scacciato altri né avendolo trovato deserto né essendoci riuniti qui come un miscuglio di razze, ma così nobile e pura è la nostra origine che occupiamo senza interruzione la terra da cui fummo generati, in quanto siamo autoctoni e possiamo chiamare la nostra città con gli stessi nomi che diamo ai più stretti congiunti.»

Chi le ha dette, queste parole? Il padano Umberto Bossi, il francese Jean-Marie Le Pen, la danese Pia Kjærsgaard, l'ungherese Krisztina Morvai o il giapponese Kanji Nishio, che vuole «ripulire» i libri di testo degli scolari nipponici eliminando i riferimenti (rarissimi) alle efferatezze commesse dalle truppe del Sol Levante contro le popolazioni degli stati vicini? Macché: sono parole del *Panegirico* che Isocrate scrisse circa quattro secoli prima di Cristo. Il «circa» non è casuale. Per elaborare al meglio la sua opera, immaginata come un appello ai greci contro i barbari, il maestro di retorica ateniese disse di avere impiegato dieci anni. Confidenza che lo espose, spiega il grande Arnaldo Momigliano nel suo *Terzo contributo alla storia degli studi classici e del mondo antico*, alle ironie di chi, come Timeo, sottolineava che ci aveva «messo più tempo lui a comporre il suo *Panegirico* per la guerra contro i persiani che Alessandro a conquistare l'Asia».

Nel 1996 il «ministro della cultura» leghista Gilberto Oneto, sul primo numero de «Il Nord, quotidiano indipendente della Padania» non è meno accorato. E dopo avere ricordato che la Padania «è antica come il mondo» e che celti, liguri e veneti («tanto parenti e simili fra di loro da non poter esser distinti dai loro contemporanei») la abitano «dall'inizio dei tempi», spiega che «i nostri vecchi vivevano in una sorta di età dell'oro prima che sull'Appennino si affacciassero i Romani, con tutto il loro sopraffattorio parafernale».

«Pur con qualche elemento di arcaismo (non voleva, per esempio, usare la scrittura)», sostiene il Tito Livio leghista, «quella celtica era in realtà una società modernissima con una struttura sociale democratica (i capi venivano eletti), paritaria (donne e uomini, poveri e ricchi avevano gli stessi diritti), autonomista (ogni tribù difendeva gelosamente le proprie libertà) e federalista (si univano solo in caso di necessità). La loro modernità è ancora più entusiasmante se la si inquadra in un contesto che conosceva quasi solo monarchie assolutistiche, oligarchie sanguinarie e stati accentratori.»

Tutti i popoli della Padania, insiste il «ministro della cultura» bossiano in una specie di manifesto titolato *Le 50 ragioni della Padania* e firmato con l'ex ministro del Bilancio Giancarlo Pagliarini, «discendono dagli stessi progenitori e dagli stessi popoli originari. Questi possono essere identificati in tre gruppi principali. Il primo e più antico è formato dai Garalditani, dai Liguri, dai Protocelti Golasecchiani e da tutte le altre popolazioni a essi assimilabili (Camuni, Salassi, Leponzi, Carni, Reti, Histri eccetera) che costituiscono il più profondo substrato etnico di tutte le comunità padane e che ancora oggi contribuiscono in maniera determinante alla formazione del nostro patrimonio genetico: molta parte dell'aspetto fisico dei Padani deriva da questi antichi progenitori. Il secondo gruppo è formato dai Celti e dai Veneti che, pur provenendo da diverse aree geografiche, avevano caratteri somatici, costumi e culture così simili da non poter essere distinti se non per la lingua. A queste due popolazioni i Padani devono buona parte dei loro caratteri culturali, del loro amore per l'arte, per le autonomie, per l'avventura e per la forte vita comunitaria. L'ultimo gruppo è costituito dai Goti, dai Longobardi e da tutte le altre popolazioni germaniche che con loro si sono stanziate su queste terre».

Quindi? Non c'entrano con gli italiani: «Gli Italiani sono infatti gli eredi degli Etruschi, dei Greci e delle popolazioni italiche che si erano stanziate nel Meridione. Questa divisione è oggi puntualmente confermata dalle più moderne e attendibili indagini scientifiche che mostrano una penisola divisa in tre grandi aree dove dominano rispettivamente il residuo genetico dei Liguri, degli Etruschi e dei Greci».

È una tesi scientificamente falsa e dunque politicamente immorale, come dicono i genetisti? Chissenefrega: la costruzione del mito serve alla Patria padana. «Dico: vogliamo prendere atto del Dna?», sdottoreggiava nel 1996 sul «Corriere» Gipo Farassino, all'epoca europarlamentare europeo, di professione cantante. Quale Dna? «Visto? I giornali non ne hanno parlato. La gente non sa. Due righe qua, due righe là... Ma qui parliamo di scienza. L'anno scorso un famoso antropologo inglese...» Chi? «Mi sfugge il nome. So che non era della Lega. Dicevo: questo famoso antropologo inglese ha compiuto una ricerca sul Dna italiano. Ed è venuta fuori una cosa strabiliante, che guarda caso dà ragione al nostro Miglio: il Dna italiano è celtico al Nord, etrusco al Centro e greco al Sud. Cosa vuol dire?» Gipo si conficca il sigaro in bocca, lo azzanna, lo aspira, conta i secondi di pausa per fare deflagrare la rivelazione: «Non esiste il Dna romano».

Bum! E il povero Alberto Sordi? Niente Dna? E gli ebrei del ghetto che stanno lì da duemila anni? E gli osti di Trastevere? Sono stati avvertiti, gli osti trasteverini di questa loro deficienza? E come mai non è stato trovato il Dna longobardo a Sant'Angelo dei Lombardi e in tutta quell'Irpinia che ospita un sacco di biondi i quali hanno tra i nonni la gente di Federico II? «Ma non m'interessano a me queste cose. Io ho questa notizia, la prendo come una nozione, non come una religione. Anche se io avessi in tasca la prova di essere un celta, cosa cambia nella mia vita? Non c'è il Dna romano, c'è quello greco. Sono i greci che hanno popolato il Meridione.» E le tracce degli arabi, degli spagnoli, dei normanni? Come si fa a credere a una cretineria che ha l'odore del razzismo? «Uffa! Ci credo, non ci credo, non importa. È ininfluente. Sono solo i fissati che dicono "io ho il Dna". A me cosa me ne frega?» Quello che conta è il Mito.

«Fin dai primi giorni del mondo, i popoli padano-alpini hanno sempre avuto stretti legami con i loro vicini e fratelli che vivono sulle Alpi e al di là delle Alpi», persevera Gilberto Oneto.

«Le Alpi non sono mai state una barriera se non nella retorica patriottarda italianista che ha cercato di creare connessioni privilegiate con le popolazioni meridionali a scapito dei più antichi legami organici.» Semmai, discetta, «se esiste un confine fisico sensibile, questo è costituito dall'Appennino tosco-emiliano che è sempre stato una barriera fisica di difficile attraversamento, un confine politico molto persistente e un forte limite fra aree culturali profondamente diverse fra di loro».

E qui, anche se il paragone col Tito Livio padano dà le vertigini, viene in mente Erodoto. E la sua straordinaria definizione, nel primo libro de *Le storie* dell'egocentrismo dei persiani: «Quando due persiani si incontrano per strada allora si può stabilire se sono di pari condizione: infatti in questo caso, invece di salutarsi, si baciano sulla bocca; se però uno dei due è di condizione appena inferiore, si baciano sulle guance; se il divario di rango è notevole allora l'inferiore si getta ai piedi dell'altro e si prosterna. Dopo se stessi, fra tutti stimano in primo luogo i popoli insediati più vicini a loro, poi quelli subito oltre e così via, proporzionando la stima alla distanza: si considerano da ogni punto di vista gli uomini migliori, mentre gli altri, pensano, si attengono alla virtù in misura inversamente proporzionale: e perciò quelli che abitano più lontano da loro sarebbero i peggiori».

Quanto «peggiori»? Dipende da quanto sono lontani. L'approccio di Erodoto, dice Kryukov, «nasconde di per sé il pensiero che da qualche parte nella remota periferia dell'ecumene gli uomini possono avere similitudine con gli animali non solo per le loro qualità interne ma anche per l'aspetto esterno». Certo, anche nella descrizione dei geloni e dei budini, due popoli che stavano dalle parti del Mar Nero a cavallo tra il mondo greco e quello proto-slavo, cerca di restare all'individuazione di questa o quella caratteristica etnica. Però «non è difficile notare che più è lontano il territorio, popolato da questa o quella tribù, e meno rigorosi e obiettivi diventano i criteri di delimitazione delle etnie» mentre cresce in parallelo «l'elemento fiabesco-fantasticante».

Basta scrivere «per sentito dire» e gli stranieri che vivono più lontano assumono sembianze sempre più estranee, sempre più animalesche, sempre più mostruose. Ed ecco che nel I secolo d.C. l'*Inventorum Natura*, attribuito a Plinio il Vecchio (ma più verosimilmente anonimo secondo Anna Ferrari, autrice del delizioso *Dizionario dei luoghi letterari immaginari*) racconta che nel paese dei blemmi, sulla sponda meridionale del Mediterraneo, vivono creature senza testa e con gli occhi e la bocca in mezzo al petto. Un ritratto corretto mezzo millennio più tardi da sant'Isidoro di Siviglia: «Alcuni credono che in Libia nascano i Blemmi, tronchi privi di capo, con la bocca e gli occhi sul petto. Altre creature verrebbero alla luce senza cervici e con gli occhi sugli omeri», cioè sulle spalle.

Ecco Pomponio Mela che nel I secolo d.C. cerca di descrivere la terra dividendola in quattro parti e racconta che sulle isole di fronte alla costa della Sarmazia «vivono gli Oeoni che si nutrono esclusivamente di uova di uccelli palustri e di avena, gli Ippopedi dai piedi cavallini e i Panozii, che come veste per i loro corpi – altrimenti nudi – si servono delle loro grandi orecchie, talmente ampie da avvolgerli per intero». È vero che quella delle orecchie a coperta pare una sparata troppo grossa anche a lui. Ma aggiunge: «Questo, oltre a esser narrato dalle leggende, lo trovo anche in autori che non è disdicevole seguire».

Luciano di Samosata, nel II secolo d.C., mostra nell'opera *La storia vera* (*sic*) di non avere meno fantasia: «Era ormai sera quando approdammo a una minuscola isola, abitata da donne – così credevamo almeno – che parlavano greco. Ci vennero incontro accogliendoci festosamente, a braccia aperte; erano tutte giovanissime, belle e agghindate in un modo molto simile a quello delle etere: indossavano delle tuniche lunghe fino ai piedi, con lo strascico. Il luogo si chiamava Isola dell'Inganno, e la città Acqua-vorace. Ciascuna di queste donne, dopo un sorteggio, condusse uno di noi a casa propria, offrendogli ospitalità. (...) Poco dopo, mentre la mia ospite mi serviva il pranzo, mi accorsi che non aveva gambe di donna, ma zoccoli d'asino».

Certo, non tutti si bevevano questi racconti. Lucrezio ci scrisse dei versi irridenti spiegando che «né visser già mai centauri al mondo / né con doppia natura e doppio corpo» e se qualcuno ci credeva era «d'ingegno ottuso e tardo». Giacomo Leopardi, nel *Saggio sopra gli errori popolari degli antichi*, ricorda che già Galeno, nel II secolo d.C. «sopra tutti si è mostrato persuaso della vanità di quanto spacciavasi intorno ai centauri; ha provato filosoficamente che non potevano esistere; ha deriso quelli che li ammettevano, chiedendo loro come avrebbero i centauri potuto sedere, fabbricare, salire ai luoghi alti col mezzo di scale, e ha ripreso Pindaro che avea detto esser nati gl'ippocentauri da un uomo e da alcune cavalle. Caro Pindaro, scrive egli, attendi pure a cantare e a fare dei bei racconti, che te ne diamo licenza, sicuri che la tua musa non vorrà già far altro che rendere attoniti e stupefatti gli ascoltatori, senza pretendere di istruirli».

Quanto a sant'Agostino, ne *La città di Dio* liquida queste storie come sciocchezze: «V'è anche il problema se si deve ritenere che dai figli di Noè, o meglio dall'unico progenitore da cui anche essi discendono, derivarono alcuni tipi mostruosi d'individui umani, di cui parla la storia profana. Si tramanda che uno di essi aveva un solo occhio in mezzo alla fronte, le piante dei piedi di alcuni erano rivolte alla parte posteriore delle gambe, altri avevano i caratteri dei due sessi, la mammella destra virile e quella sinistra femminile e accoppiandosi alternativamente fra di sé fecondavano e partorivano, alcuni non avevano la bocca e vivevano respirando soltanto con le narici, altri ancora erano della statura di un cubito e per questo dal cubito i Greci li chiamano pigmei, in alcune parti le donne concepivano a cinque anni e non oltrepassavano l'ottavo anno di vita».

Narrano anche, insiste l'autore de *La città di Dio*, «che esiste un popolo nel quale gli individui hanno una sola gamba inserita nei piedi, non piegano il ginocchio e sono di celerità prodigiosa, li chiamano sciopodi perché, giacendo supini per il caldo, si difendono con l'ombra dei piedi. Dicono anche che alcuni senza la testa hanno gli occhi nelle spalle e di uomini o di ominidi le altre caratteristiche che, desunte dai libri di narrazione fabulatrice, sono state ritratte a mosaico, nel porto di Cartagine. Non saprei che dire dei cinocefali perché la testa di cane e l'abbaiare fanno pensare più a bestie che a uomini». Però, prosegue, non ci sono alternative: «O le cose che sono state scritte di alcuni popoli non sono vere o, se lo sono, quelli non sono uomini. O, se sono uomini, provengono da Adamo».

Due secoli più tardi sant'Isidoro di Siviglia, sia pure con qualche distinguo, pare crederci ancora, nella presenza ai confini del mondo conosciuto di popoli strani. Nel capitolo delle sue *Etymologiae* intitolato appunto *De homine et portentis*, scrive che «si dice che gli Artabatitae vivano in Etiopia e camminino proni come pecore: nessuno di essi supererebbe i quaranta anni» e poi che «si dice che in Etiopia viva il popolo degli Sciapodi, dotati di gambe particolari e di straordinaria velocità: i Greci li chiamano *skiòpodes* perché, quando si sdraiano a terra supini per il gran calore del sole, si fanno ombra con i propri enormi piedi», e poi ancora che «gli Antipodi, abitanti della Libia, hanno le piante dei piedi al rovescio, ossia rivolte dietro le gambe, ed otto dita in ognuna di esse».

Insomma: chissà che esseri ci saranno, dall'altra parte del mondo! Il bello è che dall'altra parte del mondo si possono trovare esattamente le stesse superstizioni. «La credenza che i paesi remoti sono popolati da uomini dall'aspetto non pienamente umano», spiega Kryukov, «è propria anche di autori di molte opere geografiche dell'antica Cina.» In particolare, nel *Libro dei monti e dei mari*, un'opera probabilmente collettiva scritta negli ultimi secoli prima di Cristo, «oltre alle informazioni attendibili che riguardano la pianura media cinese, vengono contenute menzioni di uomini con tre facce e un braccio, di quelli senza braccia, di mezzi uomini-mezzi pesci eccetera».

Perché mai avrebbero dovuto pensarla diversamente, dato che come abbiamo visto erano certi di essere loro l'ombelico del mondo esattamente come i veneziani di Rialto e i greci di Delfi e gli arabi della Mecca e gli ebrei di Gerusalemme e i persiani descritti da Erodoto e insomma tutti gli uomini nei secoli dei secoli, esattamente come dicevamo all'inizio? «Nei distretti di confine la gente vive in montagna e a valle, lì le forze cosmiche si trovano in stato disarmonico. Ivi la terra si fende dal freddo e il vento penetrante soffia sui terreni salini. Ivi si spostavano sabbia e pietre», si legge nel trattato *Discussione sul sale e sul ferro* del I secolo a.C. «L'Impero di Mezzo si trova al centro del

Cielo e della Terra dove le forze cosmiche s'abbinano armonicamente tra loro. Sole e Luna passano più a sud e la Stella polare appare più a nord. Il respiro armonico della Terra procrea qui tutto quello che è.»

Va da sé, spiega ancora l'etnografo russo, che l'arrivo e l'affermazione del buddhismo, il cui centro è lontano lontano, da un'altra parte del mondo, mette un po' in crisi questo egocentrismo cinese. Lo dicono, per esempio, i diari tenuti da Fa Xian durante il suo viaggio in India negli anni 412-425: «Alla domanda da dove era venuto Fa Xian rispondeva che era arrivato dalla "terra di Han". Quella notizia sbalordì i monaci buddhisti: "Ma come hanno potuto uomini di quel paese in capo al mondo arrivare fino a qui?!". Così lo Stato di Mezzo risultò situato in una lontana periferia del mondo buddhista. Non a caso Fa Xian non adopera questo termine per denotare la Cina: per lui lo Stato di Mezzo era l'India».

Fin qui, niente di male: l'ignoranza può essere innocente. Se non conosci l'«altro» che vive al di là dei tuoi confini non puoi che immaginare te stesso, i tuoi parenti, i tuoi vicini come unici. La prova più immediata? Nella lingua dei giapponesi ainu, la parola «uomini» si dice *ainu*, in quella dei rom la parola «uomini» si dice *rom*, in quella degli esquimesi inuit la parola «uomini» si dice *inuit*, in quella dei centroamericani bribri la parola «uomini» si dice *bribri*, in quella degli africani bantù la parola «uomini» si dice *bantù* e così via. A decine.

«I neri non pensavano a se stessi come neri, negri o persino africani, quando vivevano nei vari regni e comunità tribali dell'Africa prima dell'avvento del commercio degli schiavi» scrive George Fredrickson. Erano gli uomini. Fine. È «dopo», quando sai, che le cose cambiano: «Da questa prospettiva, il razzismo è il gemello malvagio dell'etnocentrismo».

4

Arrivano i barbari, feroci come belve!

Così il terrore delle orde è entrato negli incubi occidentali

«Sono esseri inumani che assomigliano a bestie e si devono chiamare piuttosto mostri che uomini, hanno sete di sangue e ne bevono, cercano e divorano la carne dei cani e perfino la carne umana.» Era atterrito Matteo di Parigi, un monaco benedettino dell'abbazia di St. Albans, autore della famosa *Chronica Majora*, nel descrivere i mongoli che in quei primi decenni del Duecento, dopo essersi impossessati di buona parte dell'Asia, avevano puntato sull'Europa.

Vero? Falso? Certo è che racconti come questo hanno dilagato per secoli e secoli nell'Occidente. Seminando spavento. Sollevando cicliche ondate di panico. Penetrando sotto la pelle delle persone. «L'orda! Arriva l'orda!» E a un certo punto che fosse vero o meno che i mongoli avevano tra le loro fila dei cinocefali che sfamavano dando loro in pasto i corpi dei prigionieri ed erano «alleati dell'Anticristo» e «si cibavano di carne umana, come se fosse un piatto squisito e consideravano una vera e propria leccornia i seni delle ragazze» e al loro arrivo «gli ungheresi e i loro alleati cadevano a destra e a sinistra come le foglie d'inverno e il sangue scorreva a torrenti», come scrisse il chierico Ivo di Narbona in una lettera all'arcivescovo di Bordeaux Gerardus de Malemort, conta poco. Quella che conta, perché si è conficcata per secoli nella testa di tutti noi, è la paura. Ancestrale. Il terrore. L'angoscia. Il sentimento di impotenza davanti all'abbattersi del «castigo divino» per mezzo di popoli mai visti sputati dall'inferno. «I barbari! I barbari!»

Le cose erano più complesse. Poche corti come quella mongola, per esempio, sono state tanto ghiotte di una prelibatezza tutta intellettuale che andava di gran moda: la disputa.

Un duello squisitamente verbale, fatto di retorica e citazioni dotte e scoppi di pathos e istrionismo teatrale in cui venivano chiamati a cimentarsi, per affermare ciascuno la superiorità delle proprie idee, un musulmano contro un cristiano, un buddhista contro un ebreo, un taoista contro un musulmano...

Qubilay Khan, il nipote di Gengis Khan che portò la capitale a Pechino, non solo era figlio d'una cristiana nestoriana (Sorghaghtani Beki) e si vantava d'avere come stretti collaboratori confuciani cinesi, lama tibetani e musulmani uzbeki quali il celebre e potente Sayid Ajal Shams ad-Din, ma assicurava pragmaticamente a Marco Polo di rispettare alla pari ogni religione del suo sterminato impero: «Ci sono quattro profeti venerati e onorati da tutti. I cristiani dicono che il loro dio è Gesù Cristo; i saraceni, Maometto; gli ebrei, Mosè; gli idolatri, Sagamoni Burcan (il Buddha Shakyamuni), il primo degli dei. Io li onoro e li riverisco tutti e quattro». Anche se, confidava, «è lui, Buddha, il più grande e il più vero, che io invoco per ottenere aiuto».

La più celebre di tutte le dispute organizzate alla sua corte, a dire il vero, non fu solo uno sfizio intellettuale. Era il 1258 (l'anno prima della morte di Matteo di Parigi, che a saperlo forse avrebbe ritoccato qualche sua opinione) e il sovrano, che voleva stroncare l'influenza e la prepotenza dei taoisti, fece convocare a K'ai-p'ing un gruppetto di buddhisti cinesi e tibetani, guidati dall'abate Fu-yu e dal lama Phags-pa, e un gruppetto di seguaci del quinto profeta Lao Tzu, al cui comando era stato scelto, non a caso, spiega il docente della Columbia University Morris Rossabi nella sua biografia di Qubilay, un personaggio scolorito e mediocre, Chang Chin-Cing.

La disfida, alla quale partecipò attivamente lo stesso imperatore invitando i taoisti a compiere i prodigi di cui si dicevano capaci, finì come doveva finire: l'arbitro supremo decretò la vittoria dei buddhisti, ordinò il rogo dei libri taosti, la restituzione ai vincitori di 237 templi occupati dagli avversari e la condanna a morte di 17 degli sconfitti. Condanna presto commutata, poiché in realtà l'accorto Gran Khan non aveva la minima intenzione di rischiare guerre di religione, in una semplice bacchettata sulle mani dei dignitari battuti.

Lo stesso Marco Polo, parlando ne *Il Milione* dell'impero di Qubilay, descrive palazzi sontuosi e dignitari dalle vesti ricamate e un efficientissimo sistema postale con stazioni di cambio e scuderie e locande ogni 35 miglia e 200.000 cavalli e un sacco di altre cose che non danno affatto l'idea di un paese «barbarico». Anzi. Quanto al nonno del «Grande Cane», cioè il leggendario Temujin meglio noto come Gengis Khan, il noto orientalista Fosco Maraini ha spiegato che, al di là della violenza, «nell'immenso spazio conquistato dai suoi arcieri a cavallo, egli fece sorgere quasi dal nulla uno stato in cui i nomadi agricoltori, pastori cittadini, mongoli, turchi, persiani, russi, musulmani, buddhisti, cristiani, sciamani delle steppe e filosofi delle accademie cittadine poterono vivere in pace e armonia tra di loro per oltre un secolo». Ma l'orda, proprio per l'estrema violenza di certe invasioni, ha conservato per lungo tempo una immagine spaventosa costruita su racconti spaventosi. In qualche modo a volte coltivata dagli stessi protagonisti. Come appunto i mongoli.

«Il mio amico Temujin ha allevato a carne umana quattro cani. Hanno le fronti di bronzo, le zanne come scalpelli, le lingue come lesine, i cuori di ferro, e per fruste hanno spade. Si nutrono di rugiada, cavalcano i venti. Nelle battaglie, divorano carne umana» dice Jamukha, prima quasi un fratello e poi un nemico mortale di Gengis Khan, in risposta al signore dei naiman, un popolo rivale, che lo interroga. E insiste raccontando che Temujin «ha il corpo ricoperto di ferro» e «vola inghiottendo saliva come un falco affamato».

La sua stessa madre, Holun, il giorno che il futuro Gengis Khan ammazza un fratello, leva un lamento, diventato celeberrimo, ricordando come quel figlio feroce «venne alla luce erompendo con violenza dal mio ventre, stringendo in mano un grumo di sangue rappreso!», e si sfoga: «Voi l'avete ucciso come cani selvaggi che azzannano il ventre materno; come leoni che non sanno frenare il loro furore; come il demone Manggus che inghiotte viva la preda; come il gerfalco che assale la propria ombra; come il lupo che sbuca improvviso dalla bufera...».

Tutti questi racconti andranno a sedimentarsi non solo negli incubi del dottor Daniel Paul Schreber, presidente della Corte di Appello di Dresda e autore nel 1903 del libro *Memorie di un malato di nervi* – che intrigherà prima Sigmund Freud e poi Elias Canetti che ne parlerà in *Massa e potere* ricordando «le piramidi dei crani dei mongoli», ma negli incubi di tutto l'Occidente. Anzi, di tutto il mondo. I cinesi si sono tramandati di padre in figlio che il loro paese, dopo il passaggio delle truppe di Gengis Khan, era cosparso di «cadaveri disseminati nei campi come alberi di una foresta abbattuta». Il poeta persiano Abu Muhammad Muslih ibn 'Abd Allāh, noto come Saadi, scrive che «dopo l'invasione dei mongoli il mondo parve ingarbugliato come i capelli di un etiope. Gli uomini parvero lupi». Un manoscritto che parla dell'irruzione nella città russa di Rjazan da parte delle truppe del principe Baku nel dicembre 1237, dice che «devastarono le chiese di Dio e sugli altari consacrati riversarono sangue copioso. E nessuno sopravvisse, tutti perirono allo stesso modo e bevettero fino alla feccia la coppa della morte. Nessuno c'era per piangere, né padre o madre per i figli, né figli per il padre e la madre, né fratelli per i fratelli, né cugini per i cugini, ma tutti giacevano privi di vita. E ciò accadde come punizione per i nostri peccati». Il vescovo della russa Vladimir, Serapione, rammenta in un sermone del 1240 che Dio «mandò allora contro di noi un popolo spietato, un popolo selvaggio, un popolo che non risparmia né la bellezza della gioventù, né l'impotenza dei vecchi, né l'infanzia».

Per non dire degli incubi che ancora oggi, a distanza di secoli, restano nelle teste degli abitanti della polacca Legnica, dove i mongoli, dopo aver preso la città il 9 aprile 1241, scrive Morris Rossabi, «tagliarono un orecchio a ciascuna delle loro vittime riempiendone nove sacchi».

L'incubo dei mongoli, che secondo la *Nuova Cronica* di Giovanni Villani erano usciti direttamente «dalle montagne di Gog e Magog» (incubo così radicato che settecento anni dopo il presidente francese Jacques Chirac rivelerà: «Bush mi chiese di invadere l'Iraq per contrastare Gog e Magog, gli emissari di Satana dell'Apocalisse») andava ad accumularsi sui ricordi che avevano tolto il sonno agli occidentali nei secoli precedenti. Come quello dell'assalto nel 610 circa a Cividale da parte degli avari, raccontato nella *Historia Langobardorum* da Paolo Diacono: «Misero a sacco tutto quello che poterono trovare e, incendiata la città, trascinarono via prigionieri quanti trovarono. Durante il ritorno decisero di passarli tutti a fil di spade, e si divisero a sorte le donne e i fanciulli». O quello degli ungari piombati su Pavia nella cronaca del vescovo di Cremona Liutprando secondo cui era appena spuntato il sole «quando la schiera furibonda degli Ungari si dette con gioia a diffondere le fiamme nella città, aiutata dai venti eolii. I forti soffi accrescono il piccolo fuoco e non basta agli Ungari bruciare i cittadini con le fiamme, ma corrono da ogni parte e minacciano la morte e trafiggono con i dardi quelli che l'ardore del fuoco atterrisce. Brucia la disgraziata Pavia, un giorno così bella!».

Più ancora terrorizzante è il ricordo dei vandali descritti nella *Historia persecutionis Africanae Provinciae* da Vittore Vitense: «Scatenavano da ogni parte i loro battaglioni blasfemi contro la bellezza di quella terra fiorente, imperversavano distruggendo ogni cosa, annientando ogni cosa con il fuoco e con l'assassinio. Non risparmiarono neppure gli alberi da frutto, perché nessuno di quelli che avevano trovato rifugio nelle grotte, nei dirupi o in nascondigli di altro genere potesse sopravvivere al loro passaggio mangiandone i prodotti. (...) Quanti vescovi illustri e nobili prelati sono morti tra le svariate torture inflitte loro perché rivelassero il luogo in cui nascondevano le loro ricchezze, personali o appartenenti alla chiesa! (...) Ad alcuni tenevano la bocca spalancata con dei paletti e la riempivano di letame maleodorante per costringerli a confessare dove tenevano il denaro, altri venivano torturati avvolgendo intorno alle loro fronti o alle loro gambe corde stridenti».

Gli arii, scrive Cornelio Tacito in *De origine et situ Germanorum* nel 98 d.C.,«oltre a essere molto più forti dei popoli elencati finora, accrescono la loro innata ferocia con artifici e con la scelta del tempo opportuno: tingono di nero i loro scudi e si dipingono il corpo, preferiscono dare battaglia nelle notti più nere, e basta il loro aspetto minaccioso e la loro aura funebre a incutere il terrore in un esercito, perché nessun nemico è in grado di reggere la vista di quello spettacolo inaudito e per così dire infernale».

Per non parlare di Attila e degli unni, che Jordanes, nella sua *Storia dei Goti* scritta intorno al 550 d.C., definisce «i più feroci di tutti i barbari», nati dallo sconcio accoppiamento delle streghe con «gli immondi spiriti dei deserti». Si avventano sui nemici e vincono «col terrore che ispirano: di un nero orribile l'aspetto; non hanno faccia, ma, se così si può dire, come una massa informe di carne; non hanno occhi, ma come due buchi. È quel loro terribile sguardo a tradirne la ferocia che li fa essere crudeli persino sui figli, e questo dal primo giorno di vita, quando ai maschi tagliuzzano le guance perché imparino a sopportare le ferite prima del gusto del latte. E così invecchiano senza barba, come sono stati giovani senza bellezza, perché le cicatrici lasciate dal ferro sui loro volti vi spengono la prima peluria. Sono piccoli, ma ben formati, agili e adatti perfettamente a cavalcare. Larghi di spalle, arco e frecce sotto mano, il loro portamento è fiero, la testa sempre orgogliosamente alta. Ma sotto figura d'uomini, vivono in una degradazione da bestie».

Una descrizione non dissimile da quella di Ammiano Marcellino, il maggiore degli storici romani del IV secolo: «Hanno membra robuste e salde, grosso collo e sono stranamente brutti e curvi, tanto che si potrebbero ritenere animali bipedi o simili a quei tronchi grossolanamente scolpiti che si trovano sui parapetti dei ponti. Per quanto abbiano figura umana, sebbene deforme, sono così rozzi da non aver bisogno né di fuoco né di cibi conditi, ma si nutrono di radici, di erbe selvatiche e di carne quasi cruda di qualsiasi animale, che riscaldano per un po' di tempo sistemandola fra le loro cosce e il dorso dei cavalli. Non vivono mai al riparo di un edificio quale che sia, ma li evitano come se fossero tombe, estranee quindi alla vita quotidiana. Neppure un tugurio con il tetto di paglia si può trovare presso di loro: vagano invece fra montagne e selve, abituati sin dalla nascita a sopportare la fame e la sete».

E ancora: «Adoperano vesti di lino oppure fatte di pelli di topi selvatici, né dispongono di una veste per casa e di un'altra per fuori. Ma una volta che abbiano fermato al collo una tunica

95

di colore sbiadito non la depongono né la mutano finché, logorata dal lungo uso, non sia ridotta a brandelli. Usano berretti ricurvi e coprono le gambe irsute con pelli caprine e le loro scarpe, poiché non sono state precedentemente modellate, impediscono di camminare liberamente. Per questa ragione sono poco adatti a combattere a piedi, ma stanno inchiodati, per così dire, sui loro cavalli, forti anche se deformi, e sbrigano le occupazioni di tutti i giorni stando loro in groppa, a volte come le donne. (...) Potrebbero poi essere considerati senza alcuna difficoltà i più terribili fra tutti i guerrieri. (...) Presso di loro nessuno coltiva la terra né tocca mai un aratro. Senza sedi fisse, senza casa o legge, o costume determinato, tutti errano qua e là a somiglianza di uomini fuggiaschi, coi carri sui quali abitano e dove le mogli tessono i loro rozzi abiti e danno alla luce i figli».

E non parliamo di quelli che vivono ancora più lontano, prosegue Ammiano Marcellino nelle sue *Rerum gestarum*: «Dopo di loro si trovano i Vidini e i Geloni, popoli molto feroci, che con la pelle tolta ai nemici uccisi confezionano abiti per sé e gualdrappe per i cavalli da combattimento». E poi gli alani: «Non c'è nulla di cui si vantino di più che dell'uccisione di qualsiasi uomo; e come spoglie gloriose degli uccisi, tagliate le loro teste, ne strappano la pelle e l'applicano come ornamento sui cavalli da guerra».

Come dimenticare, anche a distanza di secoli, l'orrore dei barbari? «Quante madri di famiglia, quante vergini consacrate a Dio, quante persone libere e nobili sono diventate il giocattolo di queste belve!», scrive nella *Epistula ad Heliodorum* san Gerolamo. «Hanno imprigionato dei vescovi, massacrato preti e religiosi di ogni rango. Le chiese sono state rase al suolo, i cavalli sono stati legati vicino agli altari di Cristo, le reliquie dei martiri sono state dissotterrate.»

Testimonianze diverse, autori diversi, popoli diversi, epoche diverse. Mischiati qui appositamente per far emergere fino in fondo, nell'impasto disordinato, un denominatore comune: l'orrore per le orde di invasori. Più spaventosi e feroci via via che arrivano da più lontano. Più animaleschi. Più bestie. Più barbari.

Non si può capire oggi la paura del «diverso» che viene da

lontano se non si capisce come questa paura sia stata edificata, pezzo per pezzo, da queste immagini fissate nella memoria collettiva. Vere, false, «ritoccate» o stravolte strumentalmente per fini di bottega non importa: sono dentro la nostra testa. E servono ad alimentare nuove paure. Nuovi allarmi. Nuove ostilità. Nuovi odi verso l'«altro». Che forse è un uomo, forse no.

«Il concetto di umanità, che a noi sembra così ovvio e normale, tardò ad affermarsi nel nostro mondo», scrive lo storico Franco Cardini. «Ancora oggi molte culture tradizionali definiscono "uomini" solo gli appartenenti al loro specifico mondo. Nella Bibbia, tra "popolo di Dio" e *goim, gentes, nationes*, la differenza è qualificante. E la voce dei profeti, che nel Vecchio Testamento si oppongono a questo modo restrittivo di intendere l'umanità e prospetta un futuro di pacifica apertura, viene sovente soffocata. Il mondo greco e quello romano sembrano esitare ad attribuire carattere dai connotati umani ai "barbari" e la chiesa cristiana, pur animata da un soffio universalistico, eredita la distinzione in "romani" e "barbari" trasformandola in quella tra "cristiani" e "pagani".»

Il punto di partenza è: «barbari». Quelli che balbettano, farfugliano, non sanno parlare. La parola, ricorda Tzvetan Todorov ne *La paura dei barbari*, «è nata nella Grecia antica, dove veniva utilizzata comunemente, in particolare dopo la guerra contro i persiani. Si contrapponeva a un'altra parola e le due insieme permettevano di dividere la popolazione. mondiale in due parti disuguali: i greci, "noi", e i barbari, "gli altri", gli stranieri. Per riconoscere l'appartenenza a uno dei due gruppi, ci si basava sulla padronanza della lingua greca: i barbari erano tutti quelli che non la comprendevano e non la parlavano affatto, o solo malamente». Definizione che si adatterà col tempo: noi «civili», loro «incivili»; noi «cristiani», loro «miscredenti»; noi «buoni», loro «feroci»; noi «puliti», loro «puzzolenti» e così via.

Nell'*Ifigenia in Tauride* di Euripide, spiega Todorov, «un personaggio che parla di Oreste, assassino della propria madre, dice: "Per Apollo, neppure un barbaro oserebbe tanto!"». E nei primi decenni del I secolo, Strabone, un geografo greco, presenta «i Galli come barbari perché» sostiene, hanno un'u-

sanza che «consiste nell'appendere all'incollatura del loro cavallo le teste dei loro nemici quando ritornano dopo la battaglia, e nel riportarle a casa per inchiodarle alle porte». Quanto
agli abitanti dell'Irlanda «praticano un cannibalismo rituale:
"Sono allo stesso tempo antropofagi ed erbivori e i bambini si
vantano di divorare il proprio padre dopo la sua morte"».

Va da sé che vanno tutti tenuti a distanza. E trattati in maniera diversa, come consiglia Aristotele nella famosa lettera ad
Alessandro Magno sulle colonie: «Con i Greci comportati da
stratego, con i barbari da padrone, e curati degli uni come di
amici e familiari, mentre gli altri trattali come animali o piante».
Per l'etnografo russo Mikhail Kryukov, «contrapponendo alle
persone chiamate a governare e a ragionare gli schiavi che sono
creati per eseguire gli ordini e per lavorare, Aristotele al tempo
stesso identifica i concetti di "schiavo" e "barbaro". Egli postu-
la che "i barbari sono abituati a ragionare il meno possibile perché fanno sempre vita da schiavi". In questo (...) vedeva l'opposizione tra barbari ed elleni: "I barbari possiedono fin dalla nascita una natura più schiavizzata degli elleni"». Conclusione:
«Gli elleni devono predominare sui barbari, in quanto "schiavo" e "barbaro" sono per natura la stessa cosa».

In *Etica a Nicomaco*, del resto, insisteva: «Il tipo bestiale è
raro tra gli uomini. Si trova soprattutto tra i barbari». E nella
Politica: «Tutti coloro poi che sono distanti dai loro simili come
il corpo dall'anima, e la belva dall'uomo (in questa condizione
si trovano tutti coloro i quali valgono solo per l'uso delle loro
forze fisiche, e questo è il loro maggiore vantaggio) sono schiavi per natura (...) e per loro il miglior partito è quello di sotto-
mettersi all'impero di un padrone». È una legge naturale, spiega: «La natura sembra voler fare diversi i corpi degli uomini liberi e degli schiavi: questi ultimi sono vigorosi per i lavori grossolani, quelli invece diritti ed eleganti, inetti a siffatti lavori, ma
utili per la vita civile». Insomma: «Comandare ed essere comandato non solo sono tra le cose necessarie, ma anzi tra le gio-
vevoli e certi esseri, subito dalla nascita, sono distinti, parte a
essere comandati, parte a comandare». Chi è destinato a comandare? Noi. Chi a essere comandato? Loro, i «barbari».

Il bello è che dall'altra parte del mondo il cinese Bān Gù, autore nella scia del padre, Bān Biāo, del *Libro degli Han*, la storia della dinastia Han dal 206 a.C. al 25 d.C., vede tutto capovolto e sembra descrivere proprio i greci: «I barbari (...) tengono i capelli sciolti e chiudono i loro abiti sul lato sinistro. Hanno volti umani e il cuore di bestie selvagge. Portano abiti diversi da quelli usati nell'impero di Mezzo, hanno altri usi e costumi, altro cibo e altre bevande, parlano una lingua incomprensibile. (...) Di conseguenza, un governo saggio deve trattarli come bestie selvagge».

Insomma, spiega Kryukov, «nella dottrina confuciana si nota una correlazione tra disuguaglianza sociale ed etnica assai vicina alle affermazioni aristoteliche sulla natura dei barbari». Vale a dire che «gli uni sforzano il proprio intelletto, gli altri sforzano i muscoli. Coloro che sforzano l'intelletto, governano le persone. Mentre chi sforza i muscoli è governato da altri».

Torniamo nel nostro mondo occidentale? Anche se è possibile che attribuisse loro un metro di giudizio in uso ai greci, Erodoto scrive che gli egizi «chiamano "barbari" tutti coloro che non parlano lo stesso linguaggio loro». Non bastasse, spiega per esempio Anna Beltrametti, docente di Lingua e Letteratura greca all'università di Pavia, anche il greco Polibio «aveva genericamente definito barbari i romani, minacciosi come una nube all'orizzonte» ma quando racconta «la battaglia di Cinocefale del 196, vinta dai romani con il sostegno della lega etolica e di quella achea a cui aderivano la sua città e la sua famiglia, limita ai soli capi macedoni l'uso dello spregiativo barbari».

Insomma, da che mondo è mondo siamo tutti «barbari» e «orda» di qualcun altro. E come «loro» hanno terrorizzato noi, noi abbiamo terrorizzato «loro». E anche in loro si sono sedimentati racconti di orrori, un po' veri e un po' ingigantiti, come lo spaventoso episodio narrato tra gli altri da Amin Maalouf nel suo libro *Le crociate viste dagli arabi*. Cioè l'eccidio di Ma'arra al-Nu'mān, una cittadina mercantile della Siria occidentale dove i cavalieri crociati, guidati da Raimondo di Saint Gilles e Boemondo di Taranto, avrebbero macellato ventimila persone e mangiato dei bambini arabi passati allo spiedo. Episodio a quanto pare confermato da una supplica al papa dei cannibali che chiedevano perdono e da una cronaca di Alberto di Aquisgrana: «Ai nostri non solo non ripugnava di mangiare né Turchi né Saraceni uccisi, ma nemmeno i cani».

Resta indimenticabile, sul versante del «barbaro» visto dagli altri, il libro di memorie di un contemporaneo: *I ricordi di un generale arabo sui Crociati e sugli Europei*, scritto da Usama ibn Munkys intorno alla metà del XII secolo: «Ognuno può vedere nei Franchi (negli Europei) soltanto delle bestie le quali, tutt'al più, posseggano il coraggio della lotta, che è proprio agli animali. All'infuori del coraggio non posseggono altre qualità umane, e perciò il guerriero è il solo uomo che abbia valore davanti ai loro occhi. Chi non lo è non conta nulla. I Franchi, venuti di recente dai loro paesi, sono naturalmente più rudi e primitivi di quelli che hanno vissuto a lungo fra noi. (...) Non hanno amor proprio, né conoscono la gelosia. Succede a volte che un uomo, camminando con la propria moglie per la strada, incontri un altro uomo e che questi si metta a parlare con la donna. Allora il marito li lascia fare e va oltre. (...) I Franchi non si radono sul corpo. In certi posti il loro pelo è folto come la barba. Quando vedono un Muslim nel bagno, ne restano così incantati, che si fanno radere in tutto il corpo e portano le loro donne dai barbieri musulmani per farle radere».

«Bisogna che nell'aspetto dei bianchi ci sia qualche cosa di orribile per quei negri che non ne hanno veduti mai», annota nel suo diario poco oltre la metà dell'Ottocento il leggendario David Livingstone, «giacché quando noi entriamo in un villaggio, non ancora visitato da un europeo, il primo ragazzo che vede gli uomini "cuciti in un sacco", si mette le gambe in spalla e scappa con altrettanto spavento quanto ne avrebbe un birichino di Londra se vedesse una mummia uscire vivente dal British Museum». E aggiunge che le mamme africane, per ammonire i bambini, dicono: «Se non state buoni, chiamerò l'uomo bianco perché vi morda».

E allora, come se ne esce? Anche la risposta si può trovare nel nostro passato. Nelle parole del filosofo e drammaturgo Antifonte, per esempio: «Per natura siamo tutti e in tutti gli

aspetti uguali, sia barbari che greci. Si possono osservare i biso-
gni che tutti gli uomini hanno per natura. Tutti li possono soddisfare ugualmente, e i barbari non si distinguono da noi, come
anche un greco da un barbaro: tutti noi aspiriamo l'aria con la
bocca o con il naso e mangiamo con l'aiuto delle mani». Ed
Eratostene di Cirene, vissuto nel III secolo a.C., ci fa sapere
Strabone, criticava «coloro che dividono tutta l'umanità in due
gruppi, greci e barbari» e invitava piuttosto a «dividere gli uomini secondo le qualità buone e cattive poiché ci sono non solo
tanti greci cattivi ma anche tanti barbari istruiti».

Anche dall'altra parte del pianeta, dove il biografo degli
Han invitava i governi saggi a trattare i barbari «come bestie selvagge», c'era chi si chiamava fuori dagli stereotipi confuciani
sull'esistenza di ostacoli insormontabili tra i cinesi e «i barbari
delle quattro parti del mondo», a ragionare. Come gli autori del
trattato *Huainanzi* (*Libro del Maestro di Huainan*), una grande
opera collettiva composta nel II secolo a.C. sotto l'imperatore,
geografo e scrittore Liu An: «Nel concludere un accordo gli
Xiongnu bevono da una coppa fatta di teschio umano; gli Yue si
tagliano una spalla; gli uomini dello Stato di Mezzo si intingono
le labbra con sangue di immolazione. La differenza sta solo nella forma ma l'obiettivo è lo stesso: esprimere fedeltà alla parola
data». È solo una questione di cultura, dunque: «Quando presso gli Êrmâ, i Di o i Bodi nascono bambini, urlano tutti allo stesso modo. Ma una volta cresciuti non sono in grado di capirsi
neppure con l'interprete. Questo perché sono diverse la loro
educazione e le loro usanze. Ma prendete un bimbo di tre mesi,
portatelo in un altro stato e in futuro non saprà neppure quali
costumi esistono nella sua patria. Da questo punto di vista i vestiti, le norme della condotta e i costumi non sono qualità inna-
te degli uomini ma il risultato di un influsso esterno».

Sono passati, da allora, quasi duemila e duecento anni. Eppure la «paura dei barbari» esiste ancora. C'è qualcuno che la
usa ancora. Che la cavalca ancora. Che ne ricava bottino politico. Ha ragione Todorov, che nel suo libro dedicato a questo tema scrive: «I paesi occidentali hanno tutto il diritto di difendersi dalle aggressioni e dagli attacchi ai valori sui quali hanno

scelto di fondare i loro regimi democratici. Soprattutto devono combattere con fermezza ogni minaccia terroristica e ogni forma di violenza». Però hanno anche «tutto l'interesse a non lasciarsi coinvolgere in una reazione sproporzionata, eccessiva e abusiva, che darebbe luogo a risultati contrari a quelli attesi. La paura diventa un pericolo per coloro che la provano, perciò non bisogna lasciarle giocare il ruolo di sentimento dominante». Perché la paura dei barbari è ciò che rischia di renderci barbari.

5

Quelle mattanze sul Rio Sanguinario

Senesi e fiorentini, attici e tebani: la relatività del peggior nemico

Seicento anni dopo, i serbi ancora coltivano la leggenda di Marko Kraljević, l'eroe popolare che nella battaglia della Piana dei Merli a Kosovo Polje contro l'odiato invasore ottomano «con una mazza uccise cento turchi». Anche lo scrittore Enzo Bettiza, nato a Spalato da padre italiano e madre serba, racconta nel libro *Esilio* che l'istitutrice serba gli riempì la testa di quei miti: «Le gesta eroiche del principe Lazar, le omeriche incursioni di Miloš Obilić negli accampamenti del sultano Murad, i mirabolanti duelli fra Marko Kraljević e il Turco dalle tre teste saettante sul suo cavallo nero, il pianto elegiaco della ragazza samaritana sui caduti e i feriti cristiani del Kosovo, surrogarono coi loro forti chiaroscuri i personaggi più esangui e lineari dei Grimm e di Andersen».

La storica Catherine Lutard nel saggio *Serbia* è arrivata a dimostrare che nella tradizione orale «talvolta i combattenti cambiano schieramento a seconda delle versioni e un traditore può anche trasformarsi in un martire, come il celebre Marko Kraljević, eroe della battaglia di Kosovo (presente anche nei poemi epici greci e bulgari), che in realtà sarebbe morto a fianco dei turchi durante una battaglia con i serbi»? Chissenefrega!

La plebe nazionalista innamorata di se stessa e della storia che si è raccontata rifiuta i dubbi: «Chissà cosa s'inventano, i professoroni!». Come si può gettare fango e mettere in dubbio un eroe popolare come Marko Kraljević, che per i bravi serbi rappresenta quello che per gli inglesi è Robin Hood o per i siciliani cresciuti dall'Opera dei Pupi sono i leggendari Orlando e Rinaldo o il prode Agolaccio che dopo avere scacciato i pagani dal regno di Sanseverino trovò la morte (ah, il meschino!) nella battaglia di Roncisvalle contro i saraceni? Giù le mani dai miti!

I serbi hanno costruito una guerra civile devastante agli sgoccioli del Novecento, andando a recuperare a ritroso nella storia i miti indispensabili ad affermare la propria identità «razziale». Identità rinvigorita dalla contrapposizione con l'«altro», il nemico per eccellenza, il nemico eterno, il nemico assoluto: il turco. Cosa c'è di più «altro», per un occidentale, del turco musulmano?

Anche nella dolce, elegante, coltissima Siena, per tanto tempo, hanno avuto un mito. Si chiamava Geppo, faceva il boscaiolo e a Montaperti si avventava sui fiorentini con la furia invasata che Kraljević impiegava contro i turchi, sordo alla pietà anche verso quelli che pietà invocavano. «Era già vespro, e la battaglia non restava. Insino a Geppo spezzator di legna con la scure ne ammazzò più di 25. E i fiorentini dicevano: "Noi ci arrendiamo" e non erano intesi», scrive il cronachista Domenico Aldobrandini ne *La sconfitta di Montaperto*, dove racconta il terribile scontro del 1260 tra Firenze (che era guelfa, cioè sostenitrice della supremazia del papa) e Siena, ghibellina cioè alleata dell'imperatore.

Quanto fosse insanabile allora l'odio che divideva senesi e fiorentini, cioè gli abitanti di città entrambe cattoliche, entrambe italiane, entrambe toscane, è riassumibile in pochi numeri. Nei primi cinque anni della guerra in Iraq, lo scontro frontale del Terzo Millennio tra Oriente e Occidente, sono morti circa quattromila americani. Nella sola battaglia di Montaperti, che Dante ricorda con orrore per «lo strazio e 'l grande scempio che fece l'Arbia colorata in rosso», i morti sarebbero stati diecimila.

Diciamolo subito: i dati dei cronisti dell'epoca vanno presi con cautela. Per almeno due motivi. Il primo è che per molto tempo, dopo carneficine di quel genere, i terreni che avevano ospitato questi scontri venivano abbandonati, senza il conteggio delle vittime, così come stavano, ai cani randagi e alla selva. Il secondo è che spesso queste «croniche» antiche sono state scritte «dopo», a volte diversi decenni dopo, magari per sentito dire e dettate non da uno sforzo di oggettività storica ma dalla volontà di adattare la realtà a una certa versione dei fatti.

Detto questo, la storia documenta una cosa inequivocabile:

l'idea dell'«altro» non è affatto assoluta, definitiva, eterna. Al contrario, dipende da un mucchio di cose diverse ed è del tutto relativa. Temporanea. Provvisoria. Dettata da circostanze destinate a cambiare nel tempo. Lo dimostrano, appunto, le guerre comunali italiane. Lo dimostrano le feroci rivalità fratricide tra gli indo-americani (si pensi a quelle tra gli uroni e gli irochesi o a quelle fra aztechi e zapotechi) che si sarebbero rivelate determinanti nell'agevolare le conquiste europee. Lo dimostrano i conflitti tra le città dell'antica Grecia. Che in certe fasi si odiavano quanto possono odiarsi i cristiano-ortodossi e i mujaheddin.

Ricordate la strage di Beslan, lo spaventoso massacro di bimbi e maestri compiuto ai primi di settembre del 2004 nella scuola dell'Ossezia del Nord da parte di un gruppo di fondamentalisti islamici e separatisti ceceni? Tucidide, nel settimo libro de *La guerra del Peloponneso*, racconta che nel 413 a.C.: «I Traci, penetrati di forza in Micalesso, saccheggiavano case e santuari sterminando gli uomini senza discernere l'età matura dall'acerba, con strage ininterrotta, l'uno dopo l'altro, chiunque capitasse a tiro, trafiggendo piccoli e donne: anzi massacrarono anche gli animali da soma, e qualunque essere vivente cadesse loro sotto gli occhi». Di più, «si gettarono anche su una scuola elementare, la più frequentata tra quelle locali e, còltivi i bambini ch'erano appena entrati, li fecero a brani, fino all'ultimo. Per la città tutta non era mai accaduto flagello più doloroso: né mai altro vi s'abbatté così improvviso e cruento».

Erano stati chiamati dagli ateniesi, quei traci. Per rafforzare il contingente guidato da Demostene in partenza per la guerra ai siracusani. Purtroppo erano arrivati in ritardo: le navi erano già salpate. Cosa farne? Gli attici, che secondo Tucidide non erano disposti a pagare i mercenari «non volendo fare spese in quella penuria di denaro», avevano deciso di rimandarli a casa, sotto la guida di un ateniese, Diitrefe. Visto che ormai erano venuti, però, spiega lo storico Simone Rambaldi, avevano pensato bene «di trarre profitto dalla circostanza che si presentava, esortando i Traci a depredare tutti i nemici di Atene nei quali si fossero imbattuti lungo la via del ritorno. Fra questi i Beoti, cioè gli abitanti della regione dominata da Tebe». E quelli, come spiega Tucidide, non se l'erano fatto ripetere due volte: «Chiunque di mano in mano incontravano tutti uccidevano, fanciulli e donne...».

Una settantina di chilometri: ecco cosa separava gli ateniesi dai beoti. Meno di un'ora di macchina, oggi. Eppure erano divisi da un odio mortale. Testimoniato dalla battaglia di Delio, nel 424 a.C.: «Immaginate una piana ondulata ricoperta di stoppie secche di grano che si estende per non più di un chilometro e mezzo prima di essere interrotta da una gola su entrambi i lati», scrive nc *Il volto brutale della guerra* lo storico Victor Davis Hanson. «Vi si trova una folla di 50.000 uomini, alcuni seminudi, altri appesantiti da più di trenta chili tra armi e armature. Raggruppateli in due grandi eserciti e poi fateli collidere a passo di corsa, equipaggiati con armi da taglio in ferro, cercando di uccidersi a vicenda grazie alla forza muscolare applicata nell'affondare le lame e nello spingere in avanti. Quindi ponete fine al meschino episodio nel giro di un'ora circa, con oltre 2000 cadaveri che ingombrano il terreno lasciando una scia di sangue e visceri lunga quasi due chilometri.»

Erano scontri definitivi. «Ateniesi!», tuonò Ippocrate sferzando i suoi uomini prima della carneficina nella quale lui stesso sarebbe morto. «A niuno di voi cada in mente che sulle terre altrui noi senza pro ci gettiamo in tanto pericolo perché la battaglia nel suolo di questi sarà per salvezza del nostro. E se vinceremo i Peloponnesi privati della cavalleria beozia non assalteranno più il vostro territorio talché con una sola battaglia voi conquistate queste terre e vie maggiormente affrancate le vostre.»

Ci voleva fegato, per buttarsi in mezzo a quelle battaglie. «Non è un uomo valoroso in guerra chi non regge alla vista della strage, del sangue», sosteneva nel VII secolo il poeta Tirteo, che scriveva dalla parte di quegli spartani che avevano massacrato e ridotto in schiavitù i messeni, cioè gli abitanti di un'area che ha oggi la capitale a Kalamata, a una sessantina di chilometri. E che gli spartani reggessero bene la vista del sangue non ci sono dubbi. È sufficiente ricordare come ogni tanto, per «sfoltire» gli iloti (cioè gli schiavi messeni, che in città erano più numerosi di loro), li radunassero e li decimassero. Anche a duemila alla volta.

«La pulizia etnica su vasta scala», scrive ancora Hanson ne *L'arte occidentale della guerra*, era tra i greci «un'operazione abituale per "purificare" i santuari, eliminare le popolazioni sospette o impossessarsi abusivamente della terra e ridistribuirla a genti amiche. Così, nel primo anno di guerra, tutti gli egineti furono allontanati di forza dagli ateniesi. Nel 422, questi ultimi esiliarono anche l'intera popolazione dell'isola di Delo. Nel 415 Melo fu devastata, affamata, conquistata e la sua popolazione fu catturata; tutti i maschi adulti vennero uccisi, mentre le donne e i bambini vennero ridotti in schiavitù».

E allora, chi sono gli «altri»? «I pisani!», risponderebbe Jacopo d'Oria, archivista del comune di Genova e autore degli *Annali genovesi di Caffaro*. È lui che descrive la battaglia della Meloria che nelle acque dell'omonimo isolotto davanti al Porto Pisano, oggi interrato, vicino a Livorno, vide scontrarsi nell'agosto 1284 le flotte di Genova e di Pisa e sancì la fine della città della torre pendente come potenza marinara: «Dall'una e dall'altra parte fu intrapresa battaglia terribile e acerba. I guerreggiatori usarono da per tutto, nel combattere, ogni specie di dardi, e calcina, e sapone e macchine e tormenti, che parea che quasi niuno ivi fosse abbenché il tempo allora fosse tranquillissimo e sereno...».

«Dio volendolo», prosegue patriottico, «arrise ai nostri la vittoria con modico nostro danno. Ma dei pisani fu fatta sì grande strage che il mare da ogni parte appariva rosso, tanto era coperto (...) di remi e dai cadaveri dei morti. (...) Nella detta battaglia, come comunemente si diceva dalle genti, furono uccisi V mila e più uomini; fatto il ricercamento dai prigionieri, furono allora trovati nelle prigioni del comune di Genova, conputati quelli ch'erano presi innanzi, VIII mila CCLXXII uomini».

Furono davvero 5000 i morti e 8272 i prigionieri, tra i quali Rustichello al quale Marco Polo nelle carceri genovesi dettò poi *Il Milione*? Cautela. Né è possibile stabilire quali fondamenta abbia la denuncia pisana che di tutti quei carcerati, a causa delle pessime condizioni, tornarono a casa solo in un migliaio. Anche altre cronache, tuttavia, parlano di un bagno di sangue. Per esempio quella di fra' Salimbene de Adam da Parma, che lamentò dall'una e «dall'altra parte avversa fortuna» scrivendo che «e in Genova e in Pisa furono tanti pianti e lamenti quanti non ne furono mai uditi in quelle due città dal giorno della loro fondazione ai dì nostri». Certo è che, a leggere Jacopo d'Oria, «i lucchesi, i fiorentini e gli altri uomini di Toscana» non furono appagati neppure della disfatta dei nemici (un «giudicio d'Iddio» meritato per «la loro superbia, arroganza, e ingratitudine», secondo il celeberrimo Giovanni Villani) e «mandarono in Genova annunzi e ambasciatori, asserendo che volevano distruggere dalle fondamenta la città pisana».

Si odiavano, i toscani. Lo ricorda la *Divina Commedia*, che è piena di riferimenti a quelle contrapposizioni viscerali che costarono l'esilio allo stesso Dante. Lo ricorda la *Nuova Cronica* del Villani, dove si racconta delle guerre di Firenze contro Pistoia o Arezzo, annientata nella battaglia di Campaldino del 1289: «E ciò fatto, come piacque a Dio, i Fiorentini ebbono la vittoria, e gli Aretini furono rotti e sconfitti, e furonne morti più di MDCC tra a cavallo e a piè, e presi più di MM (...) e la novella della detta vittoria venne in Firenze il giorno medesimo (...) e tutti i Fiorentini s'amirarono» e «si fece grande festa e allegrezza». Lo ricorda il *Diario delle cose avvenute in Siena dal 20 luglio 1550 al 28 giugno 1555* del cronachista Alessandro Sozzini, dov'è il resoconto (forse un po' romanzato) della spedizione dei senesi guidati da Piero Strozzi, il 27 luglio 1554, a Foiano della Chiana: «E così entrati il signor Piero fece tagliare a pezzi tutti di soldati che lì erano e quelli della terra, da donne a putti quali morti arrivorno alla somma di cinquecento».

Per non dire appunto della ferocia dello scontro già citato di Montaperti. Preceduto dal montare di un odio indomabile che la mattina della battaglia venne infiammato dall'arringa del capo delle milizie senesi, il conte Aldobrandino Aldobrandeschi, che stando al cronachista Paolo d'Ancona, avrebbe invocato la Vergine Maria intimando ai soldati: «A niuna altra cosa attenderete, se non a combattere e a fare come di quella malvagia gente de' Fiorentini, e tutti gli mettete al taglio delle spade e attendete sempre a uccidere li loro cavalli a pena della vita, che non si pigli niuno prigione, infino che non ha lo vostro bando». E i senesi obbedirono, tanto che dopo la battaglia «per la puzza degli uomini e de' cavalli morti s'abbandonò tutta quella contrada; e stette molto tempo che non vi s'abitò, se non per fiere e bestie selvagge!».

Restarono diecimila morti e cinquemila feriti, stando all'Aldobrandini, sul suolo di Montaperti: «Il terreno era tutto rosso come se fusse coperto di scarlatto, e molte fosse avieno ricolto di molto sangue». «Invano invocavano essi san Zanobi in loro aiuto», lasciò scritto un anonimo cronachista senese citato da Luciano Simonelli nel saggio *Troppi morti per una battaglia inutile*. «Noi li macellammo come un beccaio macella le bestie nel venerdì Santo. Nulla giovava loro gridare: "M'arrendo" e implorare grazia e mercé; era così grande la furia dei vincitori che avrebbero voluto vederli morti tutti quanti! (...) "Ecco dunque come voi prendete la città nostra, prendete!", urlano i soldati senesi. "Ecco come raderete al suolo le nostre mura! (...) Prendete, prendete queste, queste, cani e traditori che siete!".»

Il giorno del derby di calcio tra il Siena e la Fiorentina, certi tifosi senesi si mettono oggi una maglietta: «A Montaperti c'ero anch'io». Ma ne sanno poco o niente, di quella carneficina. Come poco o niente sanno del loro passato gli abitanti di Ancona e di Jesi, ignari che i loro antenati si sono massacrati nel 1309 nella battaglia di Camerata, motivata da tanto odio reciproco che, scrive lo storico locale Carlo Vernelli, «a causa del sangue che scorreva lungo la valle l'erba divenne amara» e non bastando loro la vittoria, gli jesini sfilarono per le strade con le teste dei nemici conficcate sulle picche.

E poco o niente sanno della loro storia quei leghisti «lumbard» che, cantando per ragioni di bottega un meraviglioso passato di fraternità padana modellato pezzo per pezzo con quello che fa comodo, esaltano il giuramento di Pontida che sarebbe stato prestato il 7 aprile 1167 da 28 comuni uniti nella Lega Lombarda contro l'imperatore Federico I Barbarossa, ma ignorano volutamente tutto il resto.

Come, per esempio, la brutalità con cui i milanesi, dieci anni prima di quel famoso giuramento, avevano distrutto per la seconda volta in mezzo secolo (la prima era stata nel 1111) la vicina Lodi. Non sazi della devastazione, gli ambrosiani avevano braccato la popolazione terrorizzata in fuga verso Pizzighettone con tanto accanimento, narra il cronachista contemporaneo Ottone Morena, che l'esodo avrebbe visto la morte di moltissimi fra i più deboli, vecchi, donne e bambini.

L'odio che divideva i «lumbard» sconcertò perfino il cronachista tedesco Rahewino, il quale in *Gesta Friderici I imperatoris* scrive che milanesi, cremonesi e pavesi, a causa delle guerre e dei lutti passati, si comportavano tra loro «non come un popolo imparentato, non come avversari prossimi, ma come nemici estranei, di stirpe straniera, infierendo reciprocamente con tanta crudeltà quanta non ne sarebbe opportuna neppure contro dei barbari».

Un'ostilità insanabile che avrebbe avuto modo di sfogarsi nel 1162 quando Milano venne presa dall'imperatore e rasa al suolo. La distruzione, spiega Paolo Grillo, docente di Storia medievale all'università di Milano, «non fu compiuta dai tedeschi, ma dagli italiani: cremonesi, lodigiani, pavesi, novaresi, comaschi e abitanti del Varesotto e della Brianza si divisero la città e la demolirono sistematicamente. I milanesi dovettero trasferirsi in quattro grandi campi profughi suburbani, dove rimasero per cinque anni. Nel frattempo, i cremonesi e i pavesi avevano pagato forti somme al Barbarossa perché lasciasse loro distruggere rispettivamente Crema e Tortona». Una spirale di vendette solo poi «interrotta dalla creazione della Lega Lombarda che, compattando le città contro l'esoso nemico imperiale, riuscì a garantire per i decenni successivi la convivenza dei diversi comuni rivali».

Sempre lì si torna: chi è l'«altro»? Chi è «il nemico»? Chi è «il foresto»? Per molto tempo, al di là delle stupidaggini che si raccontano i cantori della fratellanza veneta (il giornale «la Padania» è arrivato a scrivere che «sotto le insegne del Leone la Repubblica Serenissima sconfisse temibili avversari, come quando il 6 agosto 1284, nelle acque tirreniche dell'isola Meloria, la flotta veneta annientò quella di Pisa»!) i padovani hanno identificato il nemico nei veneziani, i vicentini nei veronesi, i veronesi nei padovani...

Compilare un elenco dei saccheggi, dei paesi rasi al suolo, delle guerre fratricide tra veneti, spesso guidati da feroci capitani di ventura e disposti a schierarsi con le più brutali soldataglie straniere per combattere chi magari abitava a trenta chilometri di distanza, sarebbe troppo lungo. Ma almeno qualche sforzo di memoria val la pena di farlo. Per ricordare, per esempio, grazie alla cronaca di Galeazzo Gatari, la battaglia di Castagnaro dell'11 marzo 1387 tra veronesi e padovani nella quale «misser Francesco e misser Ugoloto pareano draghi che gitasse vanpi con tanta forza feriano loro nemixi» e «corea per la pianura il vermiglio sangue dei christiani» e «ivi era stridi crudelissimi di chiamare Idio, chi santi, che avesse pietà di l'anime e chi di corpi...».

O ricordare l'irruzione dei veneziani nel 1404 nella cittadina padovana di Piove di Sacco, raccontata da Bartolomeo Gatari con parole inorridite: «Con le magnifiche bandiere di San Marco (...) pigliavano le chaxe con le donne e' figliuolli e' mariti dentro, che mai tanta pietà non si vide al mondo: qual'era violado per forza e qual misse in presone con ferri. I pianti, i stridi delle criature picholine e dele donne s'audivano da lonzi, ch'a tuto 'l mondo ne saria venudo pietà. Era le donne presente i mariti vituperate, le figliuole nel conspetto di padri, le sorelle tra i fradelli sforzate. Ai, signor Idio, como consentisti tanto malle al mondo?».

Certo, sono racconti da prendere con le pinze. Nella foga di dimostrare il proprio patriottismo, i cronisti dell'epoca arrivavano a volte a spararle grosse. Nel suo saggio *L'assedio di Padova del 1405*, Dario Canzian, ricercatore di Storia medievale all'università patavina, nota, per esempio, che Bartolomeo Gatari, nel descrivere l'ecatombe provocata dalla peste nella città del Santo sottoposta dai veneziani a un blocco totale e spietato, parla di 44.000 morti. Un numero assurdo, tenendo conto che «Padova, al momento della sua massima espansione demografica a inizio Trecento, doveva contare tra i 40.000 e i 45.000 abitanti». Fossero anche «solo» 32.000, come riporta la cronica di Andrea Redusio o addirittura meno ancora, un punto è però chiaro: fu una strage. Dovuta a un odio oggi inimmaginabile.

Basta leggere l'ultimatum con cui i veneziani diedero ai padovani dieci giorni di tempo per consegnare la città: «Vinexia notificha a voi, Padoani, che se voy non gli date vostra citade de Padoa perfino a diexe dì prosimi che viene, la Signoria farà vostra terra metere a fuoco e a fiama e a vostra ucisione, destruciendo tuti voy Padoani». E quando minacciavano di distruggere tutti, a quei tempi, lo facevano sul serio.

Rolandino da Padova, maestro di retorica nel XIII secolo, racconta che la deportazione di padovani a Verona voluta da Ezzelino da Romano, alla guida di truppe vicentine, veronesi e tedesche, fu durissima: «Furono più di undicimila persone, soltanto fra gli abitanti di Padova e del distretto padovano, che, posti e detenuti in carcere a Verona, quell'uomo di perdizione e di inaudita iniquità fece con l'andare del tempo morire di mala morte, di fame, di sete, di freddo, di stenti, alcuni con la forca, altri con la spada, altri con il fuoco. E di tanta massa di prigionieri neanche duecento ritornarono a Padova».

Su tutti questi episodi che fanno a pezzi certe ricostruzioni d'un passato di amicizia fraterna tra veneti, spicca però l'eccidio di Friola. Racconta Rolandino che Ezzelino, «sentito che Friola si era arresa al comune padovano, non tanto sdegnato per Friola in sé, di cui poco gli importava, quanto del fatto che essa era ai confini e dalle parti di Bassano, che riteneva quasi come suo personale possesso, richiamò subito con lettera i Tedeschi inviati, mentre erano ancora in via. E mobilitando in fretta costoro e tutta la cavalleria di Verona, di Vicenza, del Pedemonte e di altri posti, al più presto giunse a Friola. «Aveva lì praticamente anche tutti i Bassanesi e vi rimase accampato, finché lanciò crudelmente la sua gente attorno a Friola e dispiegò una gran massa d'uomini contro pochi. Si impadronì molto presto del posto ed ebbe in suo potere tutta la gente che umilmente si arrendeva, ma egli li fece legare tutti in catene. E non fu contento di questa severità, anzi, dopo aver già devastato città e luoghi, chiese, torri e palazzi, in questo caso volle anche guastare l'immagine di Cristo e fece in modo che quella infelice gente friolana, maschi e femmine, grandi e piccoli, chierici e laici, tutti in genere mutilati e sfregiati, portassero per la Lombardia e la Marca il segno della rabbia ezzeliniana. E non servì a niente ai piccoli innocenti il non aver peccato, anzi, mentre vecchi e giovani subirono una triplice pena, perché mutilati degli occhi, del naso e dei piedi, i bambini innocenti ne ebbero una quadruplice, infatti per ordine di Ezzelino furono sfregiati nel naso e nei piedi, accecati negli occhi e mutilati nei piccoli genitali.» Barbari assassini. Ma di casa nostra.

Tra Imola e Faenza c'è un fiumiciattolo che solca il territorio di Castel Bolognese. Un piccolo corso d'acqua quasi insignificante, come tanti della pianura Padana. Ma ha visto per secoli aspre battaglie tra le «italiche genti». Tra Mario e Silla nella guerra civile romana dell'82 a.C. Tra le milizie di Imola e quelle dell'alleanza tra Ravenna, Forlì e Faenza nel 1003. Tra faentini e ravennati nel 1134. Tra bolognesi e milanesi nel 1403. Tra l'esercito del ducato di Milano e quello papalino nel 1434. Ma soprattutto quella tra faentini e bolognesi da una parte e imolesi e ravennati dall'altra nel 1138. Gonfi di odio, si scannarono. E il sangue sparso fu tanto che anche lì, come nella Montaperti che sarà poi ricordata da Dante, fece l'acqua «colorata in rosso». Da allora, quel corso d'acqua, porta un nome che dice tutto: Rio Sanguinario.

6

L'insopportabile puzza dell'altro

Dal foetor judaicus *all'aglio delle Little Italy: nasi e pregiudizi*

«Non voglio essere razzista, ma la carne dei negri puzza anche quand'è lavata. Figuriamoci nei lager a cielo aperto di Lampedusa», spiegò alla «Repubblica» nel settembre 2008 Bernardino De Rubeis, il sindaco dell'isola a metà strada tra la Sicilia e la Libia dove da anni arrivavano coi barconi migliaia e migliaia di disperati: «In agosto l'ho sentito io il fetore dei clandestini ammassati tra merda e spazzatura. In duemila, sbracati su ottocento materassi».

C'è da credergli. Anche se a parti rovesciate quegli stessi neri avrebbero sentito lo stesso fetore gironzolando come il cronista del «Sydney Morning Herald», sul ponte della nave *India* che l'8 aprile 1881 aveva scaricato nel porto australiano gli immigrati trevisani sopravvissuti a un viaggio interminabile di 368 giorni: «Tra i ponti della nave, che è un rottame, varie donne giacciono moribonde, divorate dalla febbre. Due di esse sono giovanissime, tra i diciotto e i venti anni. Una mi ha mostrato un bimbo in fasce che era un piccolo scheletro vivente, sul punto di irrigidirsi nella morte. (...) La morte falcia ogni giorno questi sventurati. (...) Una donna abbandonata su un giaciglio infestato da cimici e da pulci...».

Per non dire del fetore asfissiante che avrebbero sentito, quei neri puzzolenti, se avessero preso parte alla celebre inchiesta parlamentare condotta da Stefano Jacini sull'Italia di fine Ottocento. Scrivevano allora i commissari che nel Nord padano, lo stesso dove Mario Borghezio si sarebbe spinto tanti anni dopo a organizzare «ronde deodoranti» sui treni Torino-Milano per togliere con le bombolette spray il «tanfo» lasciato «dalle prostitute nigeriane e dai loro giganteschi gigolò» che «spesso appoggiano i loro piedi nudi e maleodoranti sui sedili, fanno operazioni di toeletta personale anche podologica e divorano i cibi imbrattando i convogli», gli abitanti si portavano addosso un odore da svenire.

A Imperia, si legge nella relazione, c'è la «consuetudine» di «raccogliere gli escrementi entro otri di terra o in barili, e finché questi non sono ben pieni, si conservano in casa» per poi venderli o portarli «in campagna come concimi». In provincia di Sondrio c'è «il pessimo uso ed abuso di adagiare stramaglie sulle vie, e negli atri stessi dei domicili, affine di imbeverli di escrementi umani e bovini, per avere concime senza il concorso di bestie legate alla stalla». A Cittadella, dove nel 2007 il sindaco padano Massimo Bitonci pretenderà che gli immigrati dimostrino di vivere in una casa grande e salubre, i bovari sono obbligati «a vivere e riposare di continuo nelle stalle, al cui scopo entro a tutte s'incontra l'apposito letto, dal quale per mancata igiene dopo d'essere stati resi inetti al lavoro, vengono vilmente scansati». Nella vicina Thiene «l'abitudine di vivere nell'inverno nelle stalle predispone gli uomini, anziché le femmine ed i fanciulli, alle malattie infiammatorie degli organi respiratori». A Bassano «i lettucci dei bambini sono un orrore: il puzzo che mettono vi fa torcere il volto».

Quanto alla zona di Treviso, il cui sindaco leghista Giancarlo Gentilini finirà sul «New York Times» per aver detto che gli italiani «hanno duemila anni di civiltà alle spalle», mentre gli immigrati africani «conoscono solo la civiltà della savana e della giungla, dove davano la caccia alle gazzelle e ai leoni», la commissione Jacini scrive che «ogni sorta d'immondizie, dal pattume delle case agli avanzi dei cibi, dallo sterco degli animali a quello dell'uomo, è raccolta nelle vie e intorno alle case», «le stalle fanno corpo colla casa colonica» ed «è altrettanto innegabile che nei villaggi il culto della dea Igea può ritenersi ancora sconosciuto».

Va da sé che gli stranieri erano, verso gli italiani, ancora più duri. Charles Dickens in *Visioni d'Italia* scrive che i genovesi abitano in case sporche «e affatto sprovviste di fogne, se il mio naso merita mai d'esser creduto; ed esalano una fragranza peculiare, simile al puzzo di un pessimo cacio conservato entro panni assai caldi».

Gli ispettori svizzeri della Italienerwartesaal della stazione di Basilea mettono a rapporto nell'estate 1911: «Già sulla scala ci venne incontro un'aria calda e puzzolente proveniente dalla sala che si trovava nel sotterraneo. In questo locale la situazione era insostenibile e molti italiani erano stesi sulle panche completamente vestiti, sudati e maleodoranti. (...) Tutto il locale (era) molto sporco. Carta, bucce d'arance, resti di cibo d'ogni genere, pelli di salumi ecc. erano sparsi in gran quantità sulle panche, sui tavoli e soprattutto sul pavimento. I servizi igienici adiacenti crano particolarmente sudici. Le tazze dei gabinetti erano in parte stracolme di carta e di feci; le tavolette dei water erano molto sporche e sul pavimento si trovavano masse di feci poiché i servizi igienici non venivano più usati dalle persone che invece defecavano sul pavimento».

John Ruskin inorridisce annotando nel suo *Viaggio in Italia*, accanto alla meraviglia per il patrimonio d'arte: «Questi italiani (...) che schifo! (...) Sono il teschio di Yorick pullulante di vermi. (...) Della natura umana non resta che il fetore». E Charles Loring Brace denuncia in *The Dangerous Classes of New York* del 1872: «Nella stessa stanza trovai scimmie, bambini, uomini e donne, con organetti e stampi di gesso, tutti ammucchiati insieme (...); un caos di suoni e una combinazione di odori derivanti da aglio, scimmie e dalle persone più sporche. Erano, senza eccezione, la popolazione più sozza che avessi incontrato».

Non erano forzature, purtroppo. Riconosce Giacomo Pertile, regio ispettore dell'emigrazione, nel rapporto *Gli italiani in Germania* del 1914: «Nel bacino minerario della Lorena le abitazioni, salvo qualche rara eccezione, sono così indecenti, così sporche, così disaggradevoli che, messe a paragone con quelle degli abitanti del luogo, sembrano porcili. Un odore acre e nauseante si solleva da ogni angolo della casa; talvolta vicino all'abitazione, se non nell'abitazione stessa, vengono allevati porci e galline; i solai e i pavimenti sono ricoperti da uno strato di terra o di fango; anche le abitazioni migliori vengono ridotte a delle vere stalle».

Eppure quel sindaco di Lampedusa sosteneva paradossalmente una cosa vera: i neri puzzano. Ciò che dimenticava di dire, per ignoranza oltre che per razzismo, è che al naso dei neri puzzano («di cadavere o se preferite di cuoio scamosciato», ride lo scrittore senegalese Pap Khouma, che vive a Milano da anni) anche i bianchi. Ed entrambi, bianchi e neri, puzzano al naso degli asiatici. I quali a loro volta puzzano al naso dei neri e dei bianchi al punto che il naturalista Carl von Linné, noto in Italia come Linneo, chiama la razza gialla «Homo sapiens luridus».

Il fatto è, sostiene Anthony Synnott, docente alla Concordia University di Montreal, che l'odore sta «nel naso di chi annusa, ma anche nella sua cultura». E proprio l'odore è una delle fondamenta del razzismo, della xenofobia, dell'ossessione per il nemico. Da sempre. Ogni uomo, spiega in *Antropologia dell'olfatto* Alessandro Gusman, «emette un effluvio personale e assolutamente unico, variabile nello stesso individuo secondo l'età e la condizione momentanea, soprattutto legata alla salute». Effluvio che per David Le Breton può marcare una persona nella sua irripetibile esclusività quanto le impronte digitali. Certo, in condizioni normali ciascuno di noi percepisce il suo solo se è alterato. O se si concentra ad annusarsi le ascelle, come faceva l'irresistibile Kevin Kline nel film *Un pesce di nome Wanda*. Gli altri, però, lo sentono. Un po' più, un po' meno, ma lo sentono. E si tratta di qualcosa praticamente impossibile da reprimere.

L'olfatto, non a caso svilito o disprezzato da una lunga lista di pensatori che va da Platone ad Aristotele, da Hegel a Schopenhauer, è il più primitivo di tutti i sensi. È quello che consente al neonato, che per mesi vede solo ombre, di riconoscere la madre. Il più difficile da dominare. Il più «animalesco». Immanuel Kant, che scriveva in tempi in cui l'idea dell'igiene era ancora quella di Luigi XIV (il quale, stando al diario quotidiano dei medici personali, si fece fra il 1647 e il 1711 un solo bagno completo in sessantaquattro anni, limitandosi per il resto a lavarsi la faccia un giorno sì e uno no con un panno imbevuto di alcol, a cambiarsi la camicia più volte al giorno e a coprirsi di profumi), viveva la cosa come un sopruso: «L'olfatto è una specie di gusto a distanza; gli altri sono costretti a goderne, lo vogliano o no; quindi esso, perché contrario alla libertà, è meno sociale del gusto».

Vuoi mettere gli altri sensi? «Il senso della vista, anche se non è più indispensabile di quello dell'udito, è più nobile, perché di tutti i sensi è il più lontano dal tatto in cui si ha la condizione percettiva più limitata; esso non soltanto comporta il campo percettivo più ampio, ma è anche l'organo meno condizionato affettivamente e il più vicino all'intuizione pura».

Va da sé, conclude Gianni De Martino, autore del saggio *Odori. Entrate in contatto con il quinto senso*, che via via che l'olfatto perdeva importanza rispetto alla vista, «i concetti di "odore" e "moralità" vengono a sovrapporsi, tanto da creare una vera e propria equazione tra profumo e virtù, puzzo e corruzione morale». Mica per altro «puttana», per fare un solo esempio, viene dallo spagnolo «puzzare». «Basandosi sulla semplice dicotomia del buono/cattivo odore», scrive Alessandro Gusman, «il Sé si riconoscerà come superiore all'Altro, imponendosi come modello di cultura e di più autentica forma di umanità. Per contro, all'Altro saranno abbinati generalmente odori che lo avvicinano alla condizione di animalità e alla natura, in contrapposizione all'ideale di cultura».

Puzza il demonio di santa Ildegarda di Bingen che ha «due occhi di fuoco, orecchie come quelle di un asino, naso e bocca come un leone» e si presenta agli uomini «spandendo nei loro sensi il fetore più orribile...». Puzza la donna tentatrice di sant'Oddone di Cluny: «Se gli uomini vedessero ciò che sta sotto la pelle, dotati come le linci della Beozia della penetrazione visiva interna, la sola vista delle donne gli riuscirebbe nauseabonda: questa grazia femminile non è che suburra, sangue, umore, fiele. Considerate quello che si nasconde nelle narici, nella gola, nel ventre: dappertutto, sporcizie. (...) E noi che ripugniamo dal toccare anche solo con la punta della dita il vomito o il letame, come possiamo dunque desiderare di stringere nelle nostre braccia un semplice sacco di escrementi!».

Ma puzzano soprattutto gli «altri». A partire dagli ebrei. «In genere hanno il volto livido, il naso adunco, gli occhi infossati, il mento sporgente e i muscoli costrittori della bocca fortemente pronunciati», scrive nel suo *Saggio sulla rigenerazione fisica e morale dei Giudei* alla vigilia della rivoluzione francese l'abate Henri Grégoire. «Inoltre gli ebrei sono soggetti a malattie che indicano corruzione del sangue, come una volta la lebbra e oggi lo scorbuto, che le è affine, le scrofole, i flussi di sangue. (...) Si dice che gli ebrei esalino sempre un cattivo odore. (...) Altri attribuiscono questi effetti all'uso frequente di verdure dall'odore penetrante come cipolla e aglio, e c'è anche chi parla della carne di montone. Altri ancora dicono che è la carne d'oca, che essi amano molto, a renderli lividi e atrabiliari, dato che questo cibo abbonda di zuccheri grossolani e vischiosi.» O magari al latte materno, se è vero come ricorda De Martino che al Germanisches Nationalmuseum di Norimberga c'è una tavola con «una scrofa che allatta un gruppo di ebrei secondo uno stereotipo antigiudaico dei paesi tedeschi nel Medioevo».

Eppure i cristiani, come dimostra la *Storia sociale dell'acqua* di Paolo Sorcinelli, non erano i più adatti a parlare di queste cose dato che per secoli cattolicesimo e sozzura, con un'accentuazione dopo la grande peste del 1348 quando si diffuse la convinzione che l'acqua aprisse i pori consentendo all'aria cattiva di entrare, marciarono «a braccetto, perché, almeno da san Gerolamo in poi, prevalse il principio che l'uomo battezzato non avesse più bisogno di nessun altro rito purificatore».

San Gerolamo sconsigliava tutti ma in particolare le fanciulle dal fare il bagno «perché avrebbero potuto vedere in tal modo il loro corpo nudo, o almeno di attendere l'oscurità o di chiudere le persiane». San Benedetto era solito ripetere che, «a coloro che stanno bene di salute, e specialmente ai giovani, il bagno si dovrà concedere assai di rado». E sant'Agnese «morì a tredici anni senza essersi mai lavata, forse per non cancellare il crisma del battesimo, ma molto probabilmente anche per non incorrere in inutili tentazioni». Il tutto in linea con una tradizione che per Bernardino Ramazzini, autore del trattato *De morbis, artificum diatriba*, preoccupandosi «più della salute dell'anima che di quella del corpo, ha lasciato a poco a poco cadere in disuso i bagni».

Al di là di questi dettagli, che consentirebbero ai laici qualche ironia sull'«odore di santità», resta un fatto: per moltissimo tempo la cultura occidentale è stata pervasa dalla sensazione di avvertire, al solo avvicinarsi di un ebreo, un tanfo speciale. Che teoricamente avrebbe dovuto sparire all'istante dopo la conversione ma che in realtà, anche in quel caso, come Adolf Hitler si sarebbe incaricato di dimostrare, continuava a sopravvivere nell'olfatto di chi era cresciuto gonfio di pregiudizi. Come il signor Pietro Ambrini, «uomo d'intransigentissimi principi clericali» a capo di «una famiglia cattolica, nera tra le più nere» che nella novella *Un* «goj» di Luigi Pirandello non riesce ad accettare fino in fondo il marito della figlia, un ebreo convertito. E «ancora, dopo nove anni, nonostante la remissione di cui il genero gli ha dato e seguita a dargli le più lampanti prove (...) ha il coraggio d'arricciare il naso, vedendolo passare, come se per le sue nari ultracattoliche il genero non si sia per anche mondato del suo pestilenzialissimo *foetor judaicus*».

Da cosa nasceva questo stereotipo? Nel secolo XIX, scrive George L. Mosse, «le condizioni di sovraffollamento dei ghetti nell'Europa orientale e nei quartieri ebraici delle città dell'Europa centrale e occidentale davano luogo a odori ripugnanti, che troppa gente, anziché collegarli con l'endemica povertà in cui vivevano gli ebrei, attribuiva all'innata sporcizia della loro razza». Puzzavano i vicentini, gli imperiesi, i valtellinesi, come potevano non puzzare gli ebrei?

Ma il legame tra razza e odore, prosegue lo storico tedesco, «fu in realtà nobilitato a una sorta di concezione del mondo verso la fine dell'Ottocento. Per esempio il biologo tedesco Gustav Jäger, fondatore dello zoo di Vienna, nel 1881 collegava l'"origine dell'anima" agli odori prodotti da processi chimici che determinano tutta la vita e il pensiero. Razze diverse hanno odori diversi e peculiari. (...) Ivan Bloch nel 1900 definiva il problema dei negri una "questione di olfatto". (...) Gustav Jäger stesso pensava che l'"odore ebraico" fosse particolarmente sgradevole e che gli ebrei potessero essere uno per uno riconosciuti dall'odore da loro emanato. Egli ripeteva così, circa settanta anni dopo, l'opinione di un direttore scolastico che nel 1809 aveva affermato che alcuni bambini ebrei non avrebbero mai potuto sedere nello stesso banco con quelli cristiani a causa dei loro "ripugnanti vapori"».

Ma non sono solo gli ebrei, come dicevamo, a puzzare. «L'odore ha un ruolo fondamentale nelle relazioni umane e le decisioni che sono prese dall'olfatto, sono prese al di fuori dalla sfera della coscienza, della morale e dell'estetica, ossia hanno un carattere radicale ed irrevocabile», sostiene in un'intervista l'antropologa francese Annick Le Guérer, autrice de *I poteri dell'odore*. «Non amare l'odore di qualcuno è veramente un fattore di rigetto, di distanza: è difficile non prenderlo in considerazione.» Per questo gli odori «reali o immaginari» sono stati «ostacoli tra i popoli e tra le razze». Un esempio? «In Africa del Nord lo straniero viene chiamato "quello che puzza".»

Puzzavano i barbari le cui orde terrificanti in arrivo venivano annunciate dal fetore e facevano scrivere a Sidonio Apollinare, nobile gallo-romano, funzionario dell'Impero romano, epistolografo e poi vescovo di Clermont, parole di raccapriccio: «Posso io dedicarmi alla poesia dei nostri padri quando sono circondato da schiere di soldati alti sette piedi, dai capelli lunghi che ungono con burro rancido, e sono costretto a sentire il loro canto vorace, e col mio naso fiutare dallo spuntar del giorno dieci piatti d'aglio e cipolle maleodoranti con cui questi "giganti" deliziano i loro pasti? Debbo ancora dirti che cosa spegne la mia ispirazione?».

Puzzavano i musulmani di Félix Fabri, un frate domenicano tedesco che lasciò alla fine del XV secolo testimonianza dei suoi viaggi in Terra Santa, in Arabia e in Egitto: «I Saraceni emettono un certo orribile lezzo, per cui si danno a continue abluzioni di diverse sorti; e siccome noi non puzziamo, a essi non importa che ci bagniamo insieme a loro. Ma non sono altrettanto indulgenti con gli Ebrei, che puzzano ancora di più. Essi ci vedono volentieri nei loro bagni perché – come persino un lebbroso si rallegra quando un uomo sano si unisce a lui, perché costui non viene disprezzato e perché il lebbroso pensa che a contatto dell'uomo sano egli stesso potrebbe trarre vantaggio per la propria salute – così i puzzolenti Saraceni sono lieti di trovarsi in compagnia di chi come noi non puzza».

Questa idea di appartenere a una razza che «non puzza» o che comunque ha «un odore buono» non è solo di Félix Fabri:

è di tutti. Basti ricordare, come fa Gusman citando uno studio di Michel Boccara, che *may* nella lingua degli antichi abitanti dello Yucatán «significa "profumo celeste" da cui deriva che i maya sarebbero il "popolo del profumo celeste"» convinti «che al momento del giudizio finale sarebbero stati distinti dagli altri popoli proprio in base a questo particolare effluvio». Bene, per loro ad avere un odore insopportabile erano gli spagnoli che «puzzavano di escremento perché le api da cui discendevano erano le uniche a succhiare i rifiuti dell'organismo umano, e soprattutto perché erano i "maestri del denaro", elemento associato al fetore».

Quanto ai giapponesi, i «luridus» di Linneo, pensano al contrario che siano i bianchi a essere sporchi e a non rispettare adeguatamente l'obbligo personale e sociale che il bagno deve essere «molto frequente, prolungato e caldo». Di più, ritengono che i bianchi abbinino a questa scarsa igiene personale una cattiva alimentazione, troppo grassa, che ha meritato loro un soprannome che, ricorda ancora Gusman, dice tutto: «*Bata kusai*». Una definizione intraducibile ma il cui senso è: «puzzolente di burro». O se volete di formaggio, un cibo che ai figli del Sol Levante ha sempre fatto orrore almeno quanto l'aglio amato dalla cucina orientale fa orrore agli anglosassoni. Meglio: faceva orrore, fino allo sdoganamento avvenuto nell'aprile 2008 quando il «New York Times» si è spinto a scrivere che, poiché il nostro organismo ha bisogno di solfito di idrogeno, il professor David Kraus dell'University of Alabama, dopo poderosi studi della materia, raccomandava di copiare cinesi, coreani e italiani (quegli stessi italiani che un secolo prima il «San Francisco Chronicle» descriveva come abitanti quartieri riconoscibili dalle «colonne di fumo odorante aglio») per i quali la dieta «prevede un consumo giornaliero pari a 8-10 spicchi al giorno».

Un'esagerazione. È vero però che l'odore del corpo umano, emesso dalle ghiandole sudoripare «apocrine» (quelle «eccrine» producono circa 800 grammi di sudore al giorno praticamente inodore) varia decisamente a seconda dell'alimentazione. Vale per i neri, i bianchi, i gialli, i rossi... Per tutti. Il che non significa che un bambino bianco adottato da una famiglia

coreana e cresciuto spalmando dappertutto il kimchi, la celeberrima e micidiale salsa a base di aglio amatissima a Seoul, as-
suma subito l'odore medio (ammesso che esista) dei coreani o
che un bambino orientale adottato da una famiglia francese e
cresciuto col camembert prenda al contrario l'odore medio
(ammesso che esista) dei francesi. Ma certo l'ambiente, coi suoi
odori, pesa. Molto. Nei pregiudizi, negli odi.

L'avversario puzza sempre, ha spiegato Umberto Eco in
una straordinaria lezione all'università di Bologna dal titolo
Costruire il nemico. Lo annusa nella poesia *Sant'Ambrogio* Giuseppe Giusti, che finito in mezzo ai soldati austriaci, confida
sarcastico al suo immaginario («vostra eccellenza che mi sta in
cagnesco») interlocutore: «Di quella marmaglia, io non lo nego
/ d'aver provato un senso di ribrezzo, / che lei non prova in
grazia dell'impiego. / Sentiva un'afa, un abito di lezzo: / scusi,
Eccellenza, mi parean di sego / (...) / pure le candele dell'altar
maggiore». Lo annusa in *Dalla Russia con amore* il creatore di
James Bond, l'inglese Ian Fleming, che riconosce nella malefica
Rosa Klebb «l'odore della metropolitana di Mosca in una sera
calda, profumo dozzinale che dissimulava gli effluvi animaleschi». Lo annusa nel 1915 lo «scienziato» francese Edgar Bérillon il quale, sostenendo di avere scoperto che i tedeschi avevano gli intestini «di nove piedi più lunghi rispetto agli altri umani», afferma sulla «Revue de psychiatrie» che il tedesco medio,
sorride Eco, «produce più materia fecale del francese, e di odore più sgradevole».

Quanto ai neri puzzolenti del sindaco di Lampedusa, Alessandro Gusman spiega che «il discorso razzista si è sempre av-
valso anche di una spiegazione di matrice olfattiva. Nel periodo
coloniale, in particolare, erano numerosi i riferimenti a un'aria
malsana e pestilenziale, di cui sarebbe stato intriso l'intero continente africano e che avrebbe marcato anche gli abitanti di
quelle zone».

Eppure, come scrive lo stesso autore di *Antropologia del-
l'olfatto*, l'odore può dividere anche popoli neri che magari a
un occidentale o a un orientale appaiono «puzzare» compatta-
mente allo stesso modo. Come i dassanetch dell'Etiopia. Tra i

quali la società «è composta da due gruppi principali, i pastori e i pescatori, nettamente separati tra loro. Poiché però l'allevamento del bestiame è considerato una pratica più importante sia dal punto di vista pratico sia da quello simbolico, i pastori sono ritenuti socialmente superiori ai pescatori. Questa situazione si riflette sulle emanazioni associate ai due gruppi: poiché i Dassanetch ritengono che l'uomo sia naturalmente privo di odore, e che questo venga acquisito nel contatto con l'ambiente, ai pescatori verrà attribuito l'odore del pesce e ai pastori quello del bestiame, considerato buono in ogni sua manifestazione, al contrario del primo». Un pregiudizio calloso. Che distingue, separa, sviluppa rivendicazioni di superiorità così forti che si possono vedere «gruppi di pastori tenere il naso tappato mentre percorrono il tratto di villaggio abitato dai pescatori».

Se non finisse spesso in tragedia, verrebbe da riderci su. Come scoppiò a ridere il giornalista e antropologo Viviano Domenici durante una spedizione del Centro studi Ligabue in collaborazione col celeberrimo Desmond Clark della Berkeley University, nell'Irian Jaya, nella parte indonesiana della Nuova Guinea. Stava camminando lungo un sentiero con tre pigmei cannibali del «popolo delle asce di pietra» che si erano mangiati degli uomini di un'altra tribù e gli spiegavano nei dettagli quali aromi avessero usato per la cottura e quali fossero i tagli di carne più saporiti. A un certo punto notò che i suoi accompagnatori, che non si lavavano mai, erano praticamente affumicati dall'esposizione ai fuochi dei falò e avevano addosso un fetore tremendo, continuavano a spostarglisi intorno, ora a destra, ora a sinistra. Non capiva. «Scusate, c'è qualche problema?» «No, signore. Ci teniamo sottovento perché puzzi troppo...»

7

Un passato su misura di ogni Licomede

Come si costruisce l'odio andando a riscrivere la storia

Il Bossi degli antichi arcadi, o se preferite il Griffin, il Kaczyński o il Le Pen, si chiamava Licomede, e Senofonte, nelle *Elleniche*, lo fotografa così: «Comparve poi un certo Licomede di Mantinea (...) riempì di orgoglio gli Arcadi, affermando che erano gli unici a poter considerare il Peloponneso la loro patria perché ne erano gli unici abitanti autoctoni e che la popolazione arcadica era la più numerosa e la più forte della Grecia. Diceva che erano anche i più coraggiosi, come testimoniava il fatto che, ogni volta che qualcuno aveva bisogno di rinforzi, preferiva gli Arcadi a chiunque altro».

Era il 364 avanti Cristo. E possiamo immaginarceli, gli abitanti di quella regione centrale del Peloponneso, eccitati nel loro orgoglio autoctono. L'Arcadia! Il sacro suolo arcade! La terra santa e benedetta di Arcade, il figlio di Zeus e della ninfa Callisto che insegnò agli uomini a seminare i cereali, a fare il pane e a filare la lana prima di essere portato da Zeus al centro del firmamento giacché la madre venne mutata nell'Orsa maggiore e lui nell'Orsa minore! La terra del re Cercione che aveva una forza eccezionale e riusciva a piegar da solo le cime di due pini per attaccarci i nemici da squartare! La nazione adagiata ai piedi del sacro monte Liceo dove era nato il culto di Zeus! Come potevano gli arcadi sottrarsi al loro destino? Altro che messeni, beoti, argivi, megaresi o corinzi!

Non era solo autocoscienza, spiega Cinzia Bearzot della Cattolica di Milano in uno studio sullo straniero nel mondo greco: era l'esasperazione dell'autocoscienza. Che andava di pari passo con l'incitamento agli arcadi di «assumersi le relative responsabilità storiche come egemoni di un Peloponneso libero da influenze esterne, finalmente nelle mani non di usurpatori venuti da fuori, ma di un popolo dotato di una forte identità etnica strettamente legata alla dimensione locale». La Grande Arcadia, perdio! La Grande Arcadia!

Ci sono sempre dei Licomede, all'origine di tante tragedie. Licomede che accendono la miccia. Che infiammano gli animi. Che fanno crescere l'odio per l'«altro». «Eh, l'odio! Devono ancora inventarlo un lievito che si gonfi come si gonfia l'odio. È un fenomeno spaventoso. Gente fino a ieri normale perde l'intelletto e prova un solo sentimento: l'odio», spiegò alla fine del 2001 al «Corriere della Sera» lo scrittore Fulvio Tomizza. I croati di Vukovar e della Slavonia, che per secoli avevano coabitato pacificamente coi serbi, vivevano da settimane sotto l'incubo assassino dei bombardamenti decisi da Belgrado, e Tomizza, figlio di un italiano e di una slovena che non si erano mai sentiti «solo» italiani o «solo» sloveni, era dilaniato dalla sofferenza di rivedere una storia orribile già vista.

Da qualche parte della Slavonia, in quei giorni, c'era un'altra Materada. Un paese uguale a quello istriano in cui Tomizza era nato e al quale aveva intitolato il suo libro più noto, centrato sulla disgregazione di un sereno microcosmo multietnico divorato da un'improvvisa e feroce guerra intestina. Il romanziere italo-slavo («È il dramma della mia vita: mi sono sempre sentito tra due fuochi») se lo immaginava bene, come fosse nato l'odio che stava consumando serbi e croati. Esattamente come nel suo paesino.

Quattro cascine, due viti, un campanile. La gente che per secoli si mischia, si fidanza, si sposa, si incrocia fino a non poter più distinguere esattamente chi sta da una parte e chi dall'altra. I vicini di casa che si prestano i rastrelli e si aiutano a insaccare il maiale. I compari che vanno a giocare a carte nella stessa osteria. Le comari che si passano il sapone allo stesso lavatoio. I ragazzi che giocano negli stessi cortili.

Finché qualcosa si spezza. Sfumature. Un'occhiata di traverso. Frasi lasciate a metà. Una parola di troppo al bar. Un battesimo disertato dai cugini. Un bambino canzonato dai compagni. Piccoli urti quotidiani che prima non avevano peso ora si depositano nella memoria. Si conficcano nel cuore. Piccole invidie, piccole prepotenze e piccole ripicche che si gonfiano, si gonfiano, si gonfiano. Ed ecco che qualcuno comincia a cambiare osteria, a togliere i figli da una classe per spostarli in un'altra, a vietare alla moglie di frequentare un'amica, a girare la testa quando incontra per strada un vecchio conoscente. Un crescendo: freddezza, diffidenza, astio, rancore. Odio. Può durare anni, può durare mesi: ma alla fine ci si spara.

Fulvio Tomizza si era sempre rifiutato di scegliere da che parte stare. Meglio: si era sempre rifiutato di rinnegare la sua anima slava in nome di quella italiana o di rinnegare la seconda in nome della prima. I nazionalisti di Zagabria lo avevano accusato di essere un irredentista tricolore, quelli di Trieste un servo degli slavi: «Da noi, a Materada, italiani e slavi vivevano insieme da secoli. La costa no, quella era quasi esclusivamente italiana e una certa diffidenza verso la campagna, diffidenza di classe soprattutto, l'aveva. Ma già da noi, pochi chilometri all'interno, c'era un microcosmo misto che conviveva pacificamente. C'era la scuola italiana e la scuola croata, la messa in italiano e la messa in croato e così via. Qualche piccolo screzio ci poteva anche stare, per carità. Ma le due comunità erano bene integrate».

I guai «cominciarono con l'irredentismo triestino. Cioè quando la Trieste italiana, nella sua autocoscienza patriottica, cominciò a sentire un'insofferenza crescente verso il proprio passato. Che era un passato non solo italiano, ma anche sloveno, croato, greco, tedesco. Con qualche presenza addirittura ladina. Insomma, era una città cosmopolita, costruita da molti popoli, che voleva staccarsi e diventare italiana cancellando la sua parte slava. E questo irredentismo, da Trieste, portò a una differenziazione anche in Istria. Fu una sorta di processo di precisazione della propria identità etnica: io sono italiano, io sono croato. Era una incrinatura, e avrebbe potuto restare tale. Ma arrivò il fascismo e ne fece un fossato sempre più largo. Chiusero la scuola slava, proibirono di parlare slavo, vietarono alla gente di battezzare i figli con nomi slavi. Furono anni tremendi. E io sentivo che l'avremmo pagata cara».

Così, quando il fascismo fu spazzato via, «si erano accomunati rancori insanabili. Su tutto. Sulla lingua, sui costumi, sulla religione. Un ribaltamento dei valori. Una lotta tra fratelli, tra padri e figli. Uno scontro di poveri contro ricchi, diseredati contro privilegiati, vincitori contro vinti. La Jugoslavia si presentò in Istria animata da un odio nazionalistico bestiale. Mi accorgevo con dolore che i miei amici croati e sloveni mi guardavano con sospetto e nello stesso tempo non riuscivo a stare tutto dalla parte di mio padre, che via via si sentiva sempre più italiano. Non sono mai riuscito a odiarli, gli slavi. Forse perché sapevo che se era successo tutto quel disastro era anche colpa nostra. Dell'aver trattato lo slavo come un essere inferiore. Con razzismo. Poi, quando sono andato a Trieste, la città era piena di profughi che odiavano gli slavi con tutto l'odio di cui erano capaci. Un giorno, quando lavoravo alla Rai, trasmettemmo musiche di Pavle Merkù. L'annuncio era: "Avete ascoltato la musica del compositore triestino sloveno Pavle Merkù". Telefona una signora: "Cos'è questa storia? O che è triestino o che è sloveno". Signora mia, le dico, ci sono anche gli sloveni di Trieste. Dice: "Ah, no, quei xè rivà de Lubiana, cossa c'entra. Uno o xè triestin o xè sloven". C'era stato l'esodo, c'erano state le foibe. E io lì, a cercare di ricucire le due parti di me stesso».

Sono tantissimi i Tomizza del mondo. Quelli chiamati «bastardi» perché si rifiutano di rinnegare l'una o l'altra delle loro anime radicalizzandosi nell'identità prescelta fino all'odio per quella rinnegata. Quelli schiacciati nella morsa dei fanatici nazionalisti contrapposti che la pensano come Friedrich Ludwig Jahn, uno dei padri della «purezza biologica» e del nazionalismo tedesco: «Quanto più puro è il popolo, tanto è migliore; quanto più è misto, tanto è peggiore».

E sono tantissimi quelli che sono finiti in mezzo a storie che mai, pochi anni prima, avrebbero potuto immaginare. Come Siniša Mihajlović, nato nella Vukovar sospesa tra il mondo serbo e quello croato, campione di calcio prima con la Stella rossa di Belgrado e la nazionale jugoslava, poi con la Lazio: «Un giorno il mio migliore amico, che era croato, andò a casa dei miei genitori, mamma croata e papà serbo, e disse: ve ne dovete andare, altrimenti mi tocca ammazzarvi. Mio padre disse: che vi abbiamo fatto? Nulla, ma Siniša è un simbolo. È il calciatore serbo più famoso. Qui non potete stare. I miei non se ne andarono. Lui tornò tre giorni dopo. Tirò fuori la pistola e sparò a tutte le mie foto, un colpo in fronte. Poi disse: il prossimo se non sparite è per voi. I miei presero quello che avevano e scapparono. Il mio più caro amico prese la ruspa e buttò giù la casa della nostra infanzia».

Non si incontrarono più per anni, ha raccontato a «il Giornale». «Mi venne a trovare quando giocai con la Serbia in Croazia, tanti anni dopo. Era la prima partita dopo la guerra. Lo guardai in faccia e gli chiesi perché. Mi disse che non aveva avuto scelta. Tutti sapevano che era il mio migliore amico e doveva dimostrare di essere un croato fedele. Era una prova. Me la raccontò così: "Dovevo avvertire i tuoi genitori. Era l'unico modo per salvargli la vita. La casa non era importante, potevo anche buttarla giù. Se non lo facevo mi avrebbero ammazzato".» Sono di nuovo amici, pare. Come se la guerra fosse stata solo un raptus.

Mihajlović scelse fin dall'inizio da che parte stare: quella di suo padre Bogdan contro quella di sua madre Viktoria: «Amo mia mamma ma io sono serbo». Ancora oggi si rifiuta di giudicare Slobodan Milošević: «Siamo un popolo orgoglioso. Certo tra noi abbiamo sempre litigato, ma siamo tutti serbi. E preferisco combattere per un mio connazionale e difenderlo contro un aggressore esterno. So dei crimini attribuiti a Milošević, ma nel momento in cui la Serbia viene attaccata, io difendo il mio popolo e chi lo rappresenta». E ha spiegato al «Corriere di Bologna» che rifarebbe tutto. Compreso il necrologio per Željko Ražnatović, meglio noto come Arkan, il capo degli ultras della Stella rossa che guidava le «Tigri» serbe nelle carneficine di croati e musulmani e che nel dicembre 1991 lo aveva accolto all'aeroporto di Belgrado, reduce coi compagni della Stella rossa dalla vittoria della Coppa Intercontinentale a Tokyo, offrendogli in dono una zolla di terra della Slavonia con la promessa che sarebbe stata «tutta liberata». «Lo rifarei, perché Arkan era un mio amico: lui è stato un eroe per il popolo serbo. Era un mio amico vero. Io gli amici non li tradisco né li rinnego.»

Le atrocità commesse? «Io sono nato a Vukovar, i croati lì erano maggioranza, noi serbi minoranza. Nel 1991 c'era la caccia al serbo: gente che per anni aveva vissuto insieme da un giorno all'altro si sparava addosso. È come se oggi i bolognesi decidessero di far piazza pulita dei pugliesi che vivono nella loro città. È giusto? Arkan venne a difendere i serbi in Croazia. I suoi crimini di guerra non sono giustificabili, sono orribili, ma cosa c'è di non orribile in una guerra civile?»

La sua stessa famiglia, ha raccontato più volte il fuoriclasse, si spaccò: «Quando da Vukovar si spostarono a Belgrado, mia mamma chiamò suo fratello, mio zio Ivo, e gli disse: c'è la guerra mettiti in salvo, vieni qui a casa di Siniša. Lui rispose: perché hai portato via tuo marito? Quel maiale serbo doveva restare qui così lo scannavamo».

Come nasce, un odio così verso l'«altro» col quale per anni si sono condivisi il caffè al bar, le cene familiari, i matrimoni, il tifo calcistico, le scampagnate, le serate in trattoria? Perché questo odio è devastante soprattutto nelle zone miste, che a volte sono meticce da secoli? Avere un nemico è importante, ha spiegato Umberto Eco, nella lezione tenuta a Bologna intitolata appunto *Costruire il nemico*, «non solo per definire la nostra identità ma anche per procurarci un ostacolo rispetto al quale misurare il nostro sistema di valori e mostrare, nell'affrontarlo, il valore nostro. Pertanto quando il nemico non ci sia, occorre costruirlo».

Mica facile, costruire l'odio. Soprattutto in aree miste come quelle descritte dal premio Nobel bosniaco Ivo Andrić nel suo *Ponte sulla Drina*, dove narra di una società plurale centrata sulla metafora dei ponti, «fedeli e operosi ponti, come eterno e mai soddisfatto desiderio dell'uomo di collegare, pacificare e unire tutto ciò che appare davanti al nostro spirito, ai nostri occhi, ai nostri piedi, affinché non ci siano divisioni, contrasti, distacchi».

«Prima del tempo dei veleni», ha scritto in *Maschere per un massacro*, Paolo Rumiz, profondo conoscitore del mondo slavo, «fra Belgrado e Zagabria non c'era più antagonismo che tra Napoli e Bologna. La città di Banja Luka stava alla sua capitale Sarajevo come Bergamo di sopra stava a Bergamo di sotto.

Allora, interrogarsi sul conflitto balcanico è come chiedersi: come è stato possibile inventare una guerra tra Bologna e Napoli? Oppure: come mai Bergamo di sopra un giorno si è messa a bombardare Bergamo di sotto?»

«Prima», ha scritto Bernard-Henri Lévy, Sarajevo era una città di «sinagoghe e minareti. Chiese e moschee. Il colore rosso scuro e ottomano dell'edificio della presidenza e poi, accanto, le facciate verdi e rosa delle vecchie dimore asburgiche. Insomma, un groviglio di stili. (...) Una città meticcia. Una città impura. Una città che, di questa mancanza di purezza, ha fatto il suo fascino e la sua legge. Sarajevo, città frontiera tra civiltà e imperi.»

«Prima», il paese di Prnjavor, ottomila anime sulle colline boscose ai margini della pianura bosniaca della Sava, tra Zagabria e Belgrado, era un microcosmo dove riuscivano a vivere insieme serbi e albanesi, boemi e polacchi, ucraini e croati, ungheresi e slovacchi, austriaci e italiani. Un mondo in miniatura. Un incredibile miscuglio di facce, lingue, culture, menu e campanili miracolosamente sopravvissuto a cento anni di matrimoni misti e all'appiattimento dei burocrati titini, che solo dopo decenni di ostilità hanno ripristinato l'insegnamento scolastico della lingua delle tre principali etnie non jugoslave, l'italiano, il boemo, l'ucraino.

L'idea era stata di Francesco Giuseppe, agli sgoccioli dell'Ottocento. L'imperatore aveva appena ricevuto al congresso di Berlino la delega ad amministrare la Bosnia e l'Erzegovina, un pezzo di Europa profondamente permeata da quattro secoli di dominazione turca. Scelse di fare un esperimento: l'immissione di un nuovo cuore etnico e culturale che alimentasse la ripresa della cultura occidentale, cristiana, europea. Un cuore artificiale, costruito con brandelli di tutti i popoli che facevano parte del grande impero austroungarico. Un mosaico composto da quasi due dozzine di gruppi linguistici, le cui tracce erano destinate a rimanere fino al censimento del 1981, l'ultimo prima della disgregazione jugoslava, quando fra i 49.000 abitanti del paese e delle frazioni del circondario, sarebbero state registrate 21 nazionalità diverse, tra cui quella italiana. Un'identità conservata miracolosamente intatta dai discendenti di un gruppo di trentini della Valsugana finiti laggiù, a piedi e con qualche carro, dopo aver chiesto aiuto all'imperatore per uscire da una situazione disperata: venduto tutto per andare in Brasile, si erano ritrovati senza un calzino perché il mediatore, un certo Cianci Pitocco, era scappato coi soldi e i passaporti.

Alla messa di Natale di Prnjavor, nella chiesa cattolica di San Giovanni, andava anche il mullah di Konjvhovci, una frazioncina di casupole, stalle e letamai segata da viottoli fangosi e dominata dal minareto del muezzin. Si chiamava Jussuf Latifovic, era un marcantonio sulla cinquantina con un paio di baffoni biondi, la sigaretta sempre piantata in bocca, l'occhio sinistro mezzo sbarrato e di occasioni di diplomazia ecumenica non se ne perdeva una. Andava a pranzo in canonica dal cattolico don Vlado Lukenda, scambiava biglietti di auguri con il parroco ortodosso Radovan Savic, era in ottimi rapporti con quello ucraino Petar Ovad e non mancava di dare una mano agli avventisti. Altro che guerra santa contro i cani infedeli: l'islamismo, diceva, lui lo intendeva così: «Bastano piccoli gesti di cortesia e di rispetto per contribuire alla distensione, alla fratellanza, all'amore. Quando ci sono cerimonie importanti, tra noi pastori di greggi differenti, ci scambiamo sempre gli inviti. Ci aiutiamo ogni volta che è possibile. Senza gelosie, chiusure, rigidità. Questo vuol dire essere un buon musulmano, per me. Come mai mia moglie non ha il chador? Lo porta solo quando dice il Corano: durante la preghiera. Amico mio, non siamo in Arabia. Noi apparteniamo alla civiltà occidentale».

Si vantava, Prnjavor, di questa sua pluralità. In tabaccheria vendevano una cartolina: «Saluti da Prnjavor, la Piccola Europa». La guerra civile degli anni Novanta è arrivata come un colpo di maglio. Terrificante. Definitiva. E anche se la cittadina è stata solo marginalmente coinvolta nel massacro, ci vorranno decenni per dimenticare. E niente sarà mai più come prima. A partire da Stivor, la contrada trentina, svuotata dalla grande maggioranza delle famiglie, rientrate in Valsugana. Sono rimasti i vecchi. Soli. Immalinconiti. Schifati da quegli anni di stragi volute dai cantori fanatici dell'identità etnica.

Comincia tutto nel 1989, racconta Paolo Rumiz, «quando la dirigenza comunista, in simbiosi interessata con la compiacente chiesa ortodossa, decide di dar vita a una celebrazione spettacolare, solenne e indimenticabile. È la riesumazione delle spoglie del principe Lazar, cantato in tutti i libri scolastici come l'eroe cristiano ucciso nel 1389 dai turchi a Kosovo Polje, nella battaglia della Piana dei Merli. Quando il sarcofago aperto inizia il giro di paese in paese, pochi osservatori stranieri sono in grado di vedere nel pellegrinaggio qualcosa di più di una manifestazione di folclore. Il ritorno di Lazar ha invece uno scopo tremendamente razionale: preparare i serbi all'affermazione della loro leadership in Jugoslavia e alla trasfigurazione in "duce" del loro capo supremo Milošević». Il Licomede dei serbi.

Non per niente i cannoni serbi avrebbero preso accanitamente di mira, nell'agosto 1992, la grande biblioteca di Sarajevo. Devastandola con proiettili al fosforo e continuando a sparare il giorno dopo sui pompieri per tenerli lontani nel caso non fosse stato sufficiente l'aver tagliato gli acquedotti. L'annientamento della biblioteca, che bruciò per tre giorni, era il tentativo di annientare il passato, di cancellare la storia d'una convivenza multiculturale e multireligiosa che lì, nella capitale della Bosnia, esisteva da secoli e si voleva dimostrare impossibile.

Uccidere la memoria è essenziale, per chi vuole reinventarsi la «sua» storia. Lo dicono i delitti immondi del fondatore della dinastia cinese Ch'in, cioè Shih Huang-ti, che per liberarsi degli insegnamenti di Confucio e altri filosofi fece bruciare tutti i libri scritti in tremila anni prima di lui. Dell'emiro Amr Ibn al-As che nel 641 appiccò il fuoco alla biblioteca di Alessandria, già ferita nei secoli precedenti da altri incendi, per ordine del califfo Omar: «Se il contenuto dei libri si accorda col libro di Allah, noi possiamo farne a meno, dal momento che il libro di Allah è più che sufficiente. Se invece contengono qualcosa di difforme, non c'è alcun bisogno di conservarli». Di Adolf Hitler, che spiegò il rogo di libri sull'Opernplatz di Berlino del 10 maggio 1933 con parole beffarde: «Siamo dei barbari, ed è ciò che desideriamo essere».

Un professore serbo di nome Radomir Kostantinović, ha spiegato Rumiz sulla «Repubblica», aveva previsto la guerra con quindici anni d'anticipo: «Capì che nel paese profondo, in modo del tutto indipendente dal socialismo, fermentava un male oscuro. Nel libro *La filosofia dei villaggi*, intuì che nella provincia cresceva un *demi-monde* insicuro e frustrato che sostituiva il dibattito col mugugno, l'"agorà" con la taverna. Nella fumosa taverna balcanica si coagulava, sotto forma di risentimento cosmico, una nuova volontà collettiva completamente staccata dalla realtà, e soprattutto un desiderio di mito – un mito nazionalista – che sostituisse il "futuro promesso" con un "passato glorioso", non importa se fittizio».

Un passato edificato solo su alcuni pezzi delle vicende storiche (come gli eccidi di serbi nella Croazia indipendente dell'ustascia filonazista Ante Pavelić) e non su altri. Un passato artificiale che spazzasse via l'immagine, fastidiosissima, fotografata da Miroslav Krleža, uno dei maggiori scrittori croati del Novecento, secondo il quale il popolo suo e quello serbo altro non erano che «lo stesso sterco di vacca diviso dallo stesso carro della storia». Una storia rifiutata dall'una e dall'altra parte con uguale motivazione: «L'hanno scritta loro, gli altri!». Una storia da cancellare anche a cannonate, come nel caso di Dubrovnik, l'elegante e veneziana Ragusa, bombardata dal generale serbo Ratko Mladić. «Ma si rende conto che sta distruggendo Ragusa?» «La faremo più bella e più antica di prima.»

È una peste bubbonica, la storia su misura della propria «etnia». Alcuni esempi? Prendiamoli dal versante non serbo ma croato. Ecco certi dépliant turistici chiamare i leoni di San Marco della Serenissima Repubblica «leoni post-illirici». Ecco la rivendicazione della bizantina basilica di Sant'Eufrasio (metà del VI secolo) di Parenzo quale «alta espressione dell'arte croata». Ecco Franjo Tudjman che nel suo forsennato sforzo di cancellare la cultura romana e poi quella veneziana esordisce alla guida del governo di Zagabria seppellendo sotto uno svincolo autostradale le rovine della romana Solum alle porte di Spalato e definisce Marco Polo, nato nella venezianissima Curzola, un'isoletta dalmata oggi in territorio croato, come «Marko Polo, croato di stirpe e di nascita», con la «k». Come se sant'Agostino d'Ippona, nato nell'attuale Souk Ahras, potesse essere definito algerino o l'imperatrice Teodora nata nell'odierna Istanbul potesse essere definita turca. Cialtronerie.

Come sia finita quella guerra cialtrona in cui i croati vendevano sottobanco benzina ai nemici serbi perché quelli potessero scatenare i carri armati contro i loro alleati musulmani e in cui i serbi affittavano i loro panzer ai croati o vendevano viveri alle stesse enclavi che assediavano, si sa. Oltre 250.000 morti, decine di migliaia di profughi, eccidi spaventosi. E tutti a domandarci ancora oggi: ma come è potuto succedere? La stessa domanda che tantissimi jugoslavi increduli si facevano «prima» dell'ecatombe: ma cosa mai potrebbe succedere?

Ancora Rumiz: «Nell'estate 1991, un anno prima della guerra in Bosnia, gli abitanti di Nedzarici, quartiere a maggioranza serba vicino all'aeroporto di Sarajevo, cominciarono a scavare buche nel terreno, quelli del vicino rione di Dobrinja, passando, non capirono che si trattava di trincee. In quella stessa estate, una commissione militare venne a visitare la casa di montagna a Pale di una mia conoscente sarajevese, per vedere se era adatta a contenere un ospedale militare: lei ci rise su fino alle lacrime, e anche gli amici risero, in città, delle "assurde paranoie difensive" dei militari federali».

Uno dei motivi che impedì di prevedere davvero la catastrofe incombente fu appunto, concordano gli osservatori, l'impossibilità di prendere sul serio i fanfaroni che seminavano odio. A partire dal Licomede serbo, Radovan Karadžić, uno psichiatra pasticcione che fino a un anno prima della guerra era un emerito signor nessuno. Come potevano i serbi, fossero pure i montanari più sempliciotti, popolari e popolani, lasciarsi abbindolare da un medico spiantato che si era arricchito coi certificati falsi a quelli che non volevano fare il servizio militare, che tirava l'alba ubriacandosi nelle bische, che scriveva mediocri poesie megalomani («ho distrutto in questo istante / tutte le teorie esistenti / e soprattutto quella della relatività») e che era finito in galera per un giro di tangenti sull'edilizia pubblica dal quale sarebbe stato assolto solo per insufficienza di prove nonostante il suo stesso avvocato l'avesse definito «uno di quei ladri senza alcun trasalimento morale»?

Come si poteva temere che Sarajevo sarebbe da lì a poco diventata un mattatoio a causa delle orazioni infiammate di un piccolo cialtrone montenegrino dal cognome di origine turca (*kara* significa nero, *hadzi* pellegrino) scelto da Belgrado come leader del partito democratico serbo dopo che quel posto era stato rifiutato da molte altre figure più importanti? Come si poteva immaginare che qualcuno fosse così allocco da credere alla veridicità degli elenchi compilati da Karadžić di donne serbe destinate agli harem dei musulmani?

Eppure, spiega Paolo Rumiz in una biografia del medico-ideologo, proprio per questo Belgrado l'aveva scelto: «È talmente poco serio che nessuno potrà mai credere che con lui i serbi si preparino seriamente alla guerra».

«Quando Karadžić è diventato serbo sono rimasto sbalordito», avrebbe raccontato lo scrittore Marko Vešović, che una volta era suo amico. «Io lo conoscevo come un razzista montenegrino, moderato, persino gentile, che ci faceva notare che il popolo del Montenegro ha i femori più lunghi d'Europa e adduceva ciò come prova della nostra superiorità razziale, del fatto che quello suo, dunque mio, è il popolo eletto. Ma poi Radovan ha capito che in Bosnia non conviene essere montenegrino. Non se ne può fare una professione in Bosnia, dove i popoli costituenti sono tre: serbi, croati e musulmani. Gli altri popoli vengono dopo. Quando ha capito che era un caso disperato far parte degli "altri popoli", si è iscritto tra i serbi. Allora, subito, è cominciato a scorrere il denaro, la fama, il potere e, in ultimo, anche il sangue. Non sangue serbo, prevalentemente bosniaco.»

Il femore! Farebbe ridere, quella cretinata, se anche su cretinate come quella non fossero state costruite la folle pretesa di superiorità etnica e la mattanza di Srebrenica del luglio 1995, quando i serbi ammazzarono ottomila bosniaci in una strage ricordata dalla giornalista bosniaca Azra Nuhefendic attraverso la testimonianza di Ajka Jahic, che nella strage perse il marito, due figli e quindici cugini: «Noi non volevamo scappare. Non avevamo fatto del male a nessuno, mai. Perché dovevamo scappare e lasciare tutto? Così pensavo. Quel giorno preparavo il pranzo. Almir, mio figlio, entrò in cucina, gridando: "Presto,

presto, stanno arrivando". Mi sono avvicinata alla finestra e li ho visti: i serbi scendevano dalle colline. Erano tanti, così tanti che pareva che una nuvola nera avesse coperto il paesaggio. Lasciai tutto, neanche una borsa di nailon presi dalla casa. Mio marito disse: "Non mi prenderanno vivo". I miei due figli più grandi, uno del 1975 e un altro del 1977, lo seguirono per attraversare il bosco e raggiungere il territorio libero. Li ho visti, allora, per l'ultima volta. Non ci siamo neanche salutati».

Biljana Plavšić, biologa, presidente della Repubblica serba di Bosnia e braccio destro del presidente Radovan Karadžić dopo essere stata preside della facoltà di Scienze naturali all'università di Sarajevo e aver studiato all'istituto Boyce Thompson della Cornell University di Nuova York, andò a baciarlo davanti alle telecamere, quel capitano Arkan che era stato tra i protagonisti della strage di Srebrenica e di Bijeljina: «Io bacio solo gli eroi». I macellai di Arkan avevano assassinato, lì a Bijeljina, decine e decine di bosniaci. E i principali media internazionali a partire dal settimanale americano «Time», ricorda ancora Azra Nuhefendic, «mostravano la foto shock scattata a Bijeljina: un paramilitare serbo, membro della brigata Tigri di Arkan, prendeva a calci la testa di una donna musulmana uccisa e stesa per terra».

«Come ha potuto farlo?» si è chiesto Elie Wiesel, sopravvissuto ai lager nazisti, premio Nobel per la Pace, chiamato a testimoniare al tribunale Onu dell'Aja per i crimini commessi nella ex Jugoslavia. «Come l'ha conciliato con la sua educazione, la sua cultura, la sua coscienza?» Aveva un ruolo centrale, la Plavšić, nel processo di creazione dell'odio: fornire supporti «scientifici» alla superiorità razziale dei serbi. E lo aveva svolto con tanta solerzia da spingere perfino Mirjana «Mira» Marković, la moglie di quel Milošević che aveva visto nel nazionalismo serbo la via d'uscita per sopravvivere al crollo del comunismo, a prendere le distanze in un articolo in cui definiva le posizioni razziste della biologa «nazismo puro e semplice».

Quanto fossero radicate, queste posizioni, lo racconterà nel suo libro *La caccia* il magistrato internazionale Carla Del Ponte, che incriminerà la «lady di ferro» per genocidio e crimini di guerra davanti al tribunale dell'Aja: «Lei cerca di parlare con me da donna a donna. Con il rigido tailleur di tweed da brava signora britannica, mi informa che è laureata in Biologia e procede a descrivere la superiorità del popolo serbo. Le sue farneticazioni sono rivoltanti e metto fine al colloquio. Per lei voglio chiedere l'ergastolo».

Macché: undici anni di carcere. Solo undici anni. Scampato l'ergastolo, la soave Biljana dirà che lei non ha nulla di cui pentirsi. Che non sapeva niente delle mattanze. Che si era limitata a esprimere le sue opinioni. Le rileggiamo? Diceva di sognare «che i territori orientali della Bosnia fossero ripuliti completamente dai musulmani». Che quella che in Occidente «hanno definito pulizia etnica considerandola come crimine di guerra» era in realtà «un fenomeno perfettamente naturale». Che, certo, «è vero che i musulmani bosniaci erano originariamente serbi. Ma si trattava soltanto di materia geneticamente deforme che abbracciava l'islam. E ora, ovviamente, con l'andare delle generazioni questo gene si è concentrato. È peggiorato gradualmente, esprime semplicemente se stesso e il loro modo di pensare e vivere, che è radicato nei loro geni...». Che la «disturbava» il fatto che il numero di matrimoni tra serbi e musulmani fosse cresciuto «perché i matrimoni misti portano a uno scambio di geni tra gruppi etnici e da questo si arriva a una degenerazione del concetto di nazione serba». Che era logico che i macellai di Mladić e Arkan facessero pulizia perché «loro, i musulmani amano vivere uno sopra l'altro, noi serbi abbiamo bisogno di spazio». Che ne sapeva, lei, una docente universitaria, che queste sue opinioni «scientifiche» sarebbero state prese alla lettera dagli sgozzatori di bosniaci?

«I nostri capi ci addestravano con i maiali. C'era un poliziotto che prendeva il maiale per le orecchie, lo scaraventava al suolo e lo sgozzava. Questo è quello che facevamo tutti, coi bosniaci...», racconterà al processo Borislav Herak un giovane serbo condannato all'ergastolo per 16 stupri e 32 omicidi. «Un giorno il capitano Boro ci ha detto che potevamo andare al motel Sonja a violentare un po' di ragazze, che era bene per il morale. (...) C'erano circa cinquanta donne rinchiuse in una stanza. Un tipo ha detto a una ragazza di uscire. Si chiamava Amela, era bella. Siamo andati di sopra in una stanza e ci hanno detto "Fatene quello che vi pare". L'abbiamo schiaffeggiata una o due volte, poi le abbiamo tolto i vestiti e l'abbiamo violentata. Tutti e quattro. Poi ci hanno detto: "Ora potete ucciderla, non abbiamo più bisogno di lei". Così l'abbiamo portata sul monte Zuc. Ho preso la pistola e le ho sparato un colpo in testa.»

È passata solo una manciata di anni, da quella tromba d'aria di odio che spaccò un paese nel cuore dell'Europa. E altri Licomede hanno gonfiato e continuano a gonfiare l'esasperazione dell'autocoscienza e l'orgoglio etnico dei fiamminghi e dei valloni, dei padani e degli slovacchi, dei polacchi e degli ungheresi. Convinti che stavolta no, nel caso loro no, tra i loro popoli no, la violenza non scapperà di mano. Indifferenti a quanto diceva l'autore de *L'enciclopedia dei morti* Danilo Kiš, figlio di un ispettore ferroviario ungherese ebreo e di una montenegrina: «Il nazionalismo è un pugnale puntato alla schiena del popolo».

8

Tutti uguali nel Corano (schiavi a parte)

Dall'induismo all'islam: le caste dichiarate e quelle nascoste

La mattina del 16 aprile 2007 i turisti di passaggio in India lessero sul quotidiano «The Hindu» una lettera sbalorditiva. L'avevano scritta, denunciando il loro stato di inferiorità castale in contraddizione con lo status politico e amministrativo, i presidenti «dalit» di 17 consigli municipali della provincia di Madurai, nel Tamil Nadu: «Quando si riunisce il consiglio municipale il presidente deve stare seduto sulla nuda terra perché è un intoccabile, mentre i semplici consiglieri siedono al tavolo se appartengono a caste superiori. Gli intoccabili fanno scena muta, anche se sono presidenti, mentre i consiglieri delle caste superiori dibattono l'ordine del giorno. Nei villaggi un bambino figlio di bramini può chiamare un anziano dalit per nome senza alcun rispetto, mentre il dalit deve rivolgersi al bambino con deferenza».

Ma come: nel 2007? Mezzo secolo dopo il viaggio di Jurij Gagarin nello spazio? Gli indiani no, non si stupirono. Come ancora oggi non si stupiscono quando, nelle pagine degli annunci, trovano messaggi che agli occhi occidentali sono stupefacenti. Tipo: «Giovane donna di famiglia bramina, con Ph.D. in ingegneria elettronica a Harvard, cerca marito bramino...».

Lo sanno, loro, quanto pesi ancora il sistema delle caste che vede al gradino più basso appunto i dalit, gli intoccabili. I più impuri degli impuri. «Nelle zone rurali indiane noi dalit non possiamo incrociare la nostra ombra alla sagoma di qualcuno che non appartenga alla nostra casta, siamo obbligati a spazzare il suolo dove camminiamo per pulirlo dalla "contaminazione" delle nostre tracce», ha spiegato Paul Divakar nella sua deposizione del dicembre 2006 (contestata come un'«interferenza negli affari interni indiani» dall'ambasciata di New Delhi) davanti alla Commissione sviluppo del parlamento europeo. «È dei dalit il degradante compito di adempiere solo i lavori più umili: pulire latrine, trasportare escrementi umani, scuoiare e rimuovere animali morti, scavare tombe...»

È una condanna insopportabile, essere un dalit. Attenuata, per quelli come Paul Divakar, dall'essere cristiani. Eppure, ai primi di agosto 2009, il giornale dei vescovi italiani «L'Avvenire» pubblicava la notizia che oltre duecento dalit cristiani di Tamaraikulam, un villaggio vicino a Dindigul, a nord-ovest di Madurai, erano stati «riconvertiti» alla religione d'un tempo in una cerimonia collettiva organizzata dal Vishva Hindu Parishad, una delle più combattive organizzazioni induiste. Alla base della scelta, «ragioni di carattere economico e sociale legittimate dalle leggi indiane». Cioè dalla rigida applicazione del Constitution Order del 1950, il quale stabilisce che «nessuno fra quanti professano una religione diversa dall'induismo può appartenere a una casta». Vi chiederete: perché mai un «intoccabile» dovrebbe aspirare a essere risucchiato nella sua condizione umiliante in cui non solo il suo corpo ma perfino la sua voce, il suo odore e la sua ombra sono infetti per gli appartenenti alle caste superiori?

Eppure è così. Per gli effetti perversi e paradossali della progressiva esasperazione di una legge nata a tutela degli intoccabili, quella delle «quote» che a partire dai primi esperimenti imposti dagli inglesi nel 1918 nel Karnataka riserva alle caste inferiori una quota crescente nella burocrazia statale, nei licei, nelle università. Risultato? Lo spiega Federico Rampini nel suo libro *La speranza indiana*: «Gli appartenenti alle categorie più sfavorite sono strenuamente favorevoli a questa forma di promozione socioeconomica. Per trarne vantaggio, però, devono dichiarare e rivendicare la propria appartenenza a una casta inferiore. In questo modo, mentre le diseguaglianze tendono effettivamente a ridursi, almeno nelle zone più sviluppate, e mentre i rapporti di forze si rimescolano, "l'identità di casta" ne esce perfino rafforzata».

A distanza di decenni dall'abolizione formale di ogni discriminazione, nonostante gli intoccabili abbiano scoperto i vantaggi del diritto di voto e siano riusciti a conquistare via via diversi ministeri e la presidenza della Camera bassa e della Corte suprema e il governo dell'Uttar Pradesh con l'aggressiva Naina Kumari Mayawati (la «regina dei dalit» celebre per aver detto «lasceremo sulle caste alte l'impronta delle nostre scarpe» e per essersi poi arricchita in modo spropositato) i numeri che certificano le disparità restano impressionanti.

Certo, non si sono più fatti censimenti come quello promosso dagli inglesi (la solita efficienza britannica...) nel 1931, il primo e unico con la catalogazione dei cittadini per caste. La nazione moderna e politically correct, spiega Rampini, «tende a ripudiare le caste e quindi evita di usarle nei suoi censimenti demografici. Effettua però delle indagini parlamentari sul problema, e i risultati sono sconcertanti. L'indagine del 1955 rivelava l'esistenza di 2399 caste arretrate, venticinque anni dopo un'altra inchiesta ne contava ben 3743». Tanto da far dire a Purushottam Agrawal, docente alla Nehru University di New Delhi: «Nel corso degli anni la coscienza di casta, invece di affievolirsi, ha continuato ad affermarsi».

L'induismo è l'unica grande religione a negare di fatto il principio affermato al primo articolo della Dichiarazione universale dei diritti dell'uomo e cioè che «tutti gli uomini nascono liberi e uguali in dignità e diritti». Chi crede nelle fonti scritte originarie del *Rig Veda*, l'antichissima «Raccolta delle strofe della sapienza», riconosce infatti un sistema che segue una gerarchia di «purezza». Sopra a tutti sta la casta sacerdotale dei bramini (brahmani), poi vengono i guerrieri (kshatriya), poi i commercianti (vaishya) e giù giù, in fondo, le caste basse (shudra) che includono gli agricoltori e vari mestieri «impuri» come barbieri o lavandai. Per non dire, appunto, dei fuori casta. Gli intoccabili.

Allo stesso modo dell'essere umano che «possiede in se stesso una gerarchia di facoltà spirituali, politiche e amministrative e ha poi degli organi fisici dedicati all'azione e alle sensazioni», sosteneva uno dei maggiori filosofi indù del Novecento, Ananda Coomaraswamy, lungamente citato ne *La speranza indiana*, così è il mondo: «La prosperità di un regno dipende dalla giusta gerarchia delle funzioni e dall'ordine del sacrificio. Le caste sono nate dal sacrificio. Nell'ordine sacro il lavoro di tutti gli uomini è necessario e ha un posto». Perfino una sua dignità. Dal re al bramino e dal vasaio allo spazzino. In ordine, però. «Una totale confusione delle caste segna la morte di una società, trasformata in una folla amorfa.»

Va da sé che l'induismo tende in certi momenti storici a essere totalizzante. A rivendicare la supremazia sull'intera società. Fino a spingere molti fedeli delle caste inferiori a ribellarsi e cercare conforto in altre religioni, cristiana, islamica o buddhista. Come fece nel 1956 Bhimrao Ramji Ambedkar, il leader storico degli intoccabili, autore di alcuni dei principi di tutela dei dalit inseriti nella Costituzione indiana, che convincendo oltre un milione di intoccabili a sposare il buddhismo, spiegò: «Sono nato indù, non morirò indù».

Le conseguenze sono note. La volontà di ripristinare le proprie gerarchie millenarie ha spinto, anche recentemente, a cicliche ondate di violenza. Come quella del 2002 nel Gujarat dove, dopo l'incendio di un treno nel quale erano morti 58 indù, venne scatenata una sanguinosa caccia al musulmano chiusa con un bilancio di duemila assassinati. O quella che nella tarda estate del 2008 vide le squadracce indù attaccare i cristiani buttandone fuori 50.000 dalle loro case, devastando 315 villaggi, bruciando 151 chiese, scuole, canoniche, asili... Come l'orfanotrofio della diocesi di Sambalpur gestito da suore. Una delle quali morì carbonizzata per aver messo in salvo i bambini.

Mesi dopo una donna scampata al pogrom, Naghistri Poricha, avrebbe raccontato a Lorenzo Cremonesi del «Corriere della Sera»: «Ci siamo convertiti all'induismo in massa sotto le minacce. La notte del 30 agosto mi hanno scortata con i miei figli a Sibo Mondir, il tempio qui vicino dedicato a Shivah, e sono stata costretta a pronunciare le formule di rito dipingendomi la fronte. Ma in verità nella mia testa recitavo il *Padre Nostro* e chiedevo perdono a Gesù. Se non lo avessi fatto avrebbero ucciso mio marito, Mehir, e violentato mia figlia undicenne Mita». Un ragazzino di tredici anni, Damini Policha, confermava:

«"Vi bruceremo, vi violenteremo. Fatevi prendere porci convertiti, traditori. Ve la faremo pagare eretici dell'India", gridavano inferociti. La polizia non c'era. Gli agenti sono arrivati solo cinque giorni dopo».

Fare un elenco delle «cacce al cristiano» registrate anche
negli ultimi anni con furia medievale e troppo spesso ignorate
dell'Occidente, sarebbe lungo. Pierluigi Battista, ancora sul
«Corriere» nell'agosto 2009, ha denunciato che «mentre nel
Punjab si consumava la strage di cristiani in cui sono state bruciate vive nove persone (tra cui due bambini), il tribunale di
Kandhamal ha assolto in massa i presunti responsabili del massacro che ha contato 120 vittime nella comunità cristiana del-
l'Orissa». E non si tratta solo dell'India: «Si è infiammata la
guerra santa anticristiana nell'Iraq pur dilaniato dal sanguinoso
conflitto intestino tra sciiti e sunniti. L'Indonesia è teatro di un
martirio cristiano che non conosce sosta. Dall'Algeria allo Yemen, i (pochi) cristiani superstiti sono costretti a nascondersi.
In Arabia Saudita il semplice possesso di un crocefisso è considerato un atto di "blasfemia" meritevole della condanna a morte. Nel Sudan, in Somalia e in Nigeria la vita per i cristiani è diventata impossibile. (...) In Pakistan, dove si è acceso l'ultimo
rogo, sopravvivono come minoranza braccata e discriminata.
Un sacerdote pachistano ha raccontato ad "Avvenire" che i
bambini cristiani subiscono infinite vessazioni nelle scuole e
che nei ristoranti devono "pagare anche i piatti, perché vengono rotti dai musulmani" in quanto "impuri". Senza ricordare
che persino nell'Afghanistan dell'"alleato" Karzai la conversione al cristianesimo, intollerabile "apostasia", è punita con la
condanna a morte. (...) Il pogrom contro i "crociati" sta dila-
gando pressoché indisturbato. La maggior parte dei media di
tutto il mondo presta un'attenzione molto blanda e altalenante
alle stragi in atto».

Non basterebbe un libro intero a tenere la macabra conta
di questi eccidi aggiornando l'inchiesta di Antonio Socci del
2002, *I nuovi perseguitati*. E non ne basterebbe un altro per raccontare i mille massacri in cui il conflitto etnico è stato mascherato da guerra religiosa o la guerra religiosa mascherata da con-

flitto etnico. Come ha spiegato l'economista e premio Nobel Amartya Sen, la tesi che la fede costituisca la primaria identità di un individuo, tesi cara a Samuel P. Huntington autore di *Lo scontro delle civiltà e il nuovo ordine mondiale*, rischia di essere fuorviante perché «un individuo appartiene a una molteplicità di mondi» e altrimenti non si capirebbero gli infiniti conflitti intestini all'interno delle stesse civiltà, «dalle due guerre mondiali al conflitto tra Pakistan e Bangladesh, fino alla guerra in Iraq tra sunniti e sciiti».

Piuttosto: è stato davvero solo l'induismo a violare nei secoli il principio cardine che gli uomini sono tutti uguali? O nella storia delle discriminazioni e del razzismo hanno avuto precise e pesanti responsabilità anche altre religioni, a partire dal cristianesimo e dall'islam? Sulla carta, no. Non c'è un solo versetto del Corano, vi spiegherà ogni buon musulmano, dove si teorizzi la minima differenza davanti ad Allah tra bianchi e neri, gialli e rossi. Anzi, uno degli *hadith*, cioè dei detti attribuiti a Maometto, nella raccolta, per esempio, di Al-Bukhari, famoso e autorevole tradizionista musulmano, dice: «O gente, in verità il vostro Signore è Uno e il vostro antenato è uno; voi discendete tutti da Adamo e Adamo era (stato creato) di terra. Nessun Arabo è superiore ad un non-Arabo, né un bianco ad un nero, se non nella devozione e nel timore di Allah». Di più, precisa ancora Al-Bukhari, il Profeta disse: «Dovete ubbidire al vostro emiro anche se fosse un nero con la testa fatta ad uvetta».

Quanto basta perché Malcolm Little, figlio di un pastore battista, si convertisse assumendo il nome di Malcolm X (simbolo dell'ignoto nome africano soppresso dagli schiavisti) e fondasse il movimento Black Muslims proprio perché convinto che, a differenza del cristianesimo, l'islam fosse una religione immune dal razzismo. Come ricordato da Charles Eric Lincoln, autore del libro *The Black Muslims in America*, per Malcolm X «la religione cristiana è incompatibile con le aspirazioni dei neri americani alla dignità e all'eguaglianza. Essa ha rappresentato un ostacolo invece che un aiuto. (...) Ha accettato che tra i suoi fedeli si praticasse la discriminazione in base al colore della pelle, sebbene avesse dichiarato che la sua missione era quella di stabilire una fratellanza universale sotto Gesù Cristo. L'amore cristiano è l'amore dell'uomo bianco per se stesso e per la sua razza. Per chi non è bianco l'islam rappresenta la speranza di giustizia e uguaglianza nel mondo che dovremo costruire».

La storia, però, dice cose diverse. E cioè che, fosse o no nelle intenzioni, il mondo islamico è stato spesso inquinato da sentimenti razzisti. Soprattutto degli arabi nei confronti dei neri. Valga ad esempio, come ricorda nel suo libro *La tratta degli schiavi: saggio di storia globale* lo storico francese Olivier Pétré-Grenouillcau, quanto scrisse uno dei massimi pensatori arabi del XIV secolo, il tunisino di origine andalusa Ibn Khaldun: «Le nazioni dei negri sono generalmente docili alla schiavitù perché essi hanno poco di umano e posseggono caratteristiche simili a quelle degli animali stupidi».

Vogliamo riascoltare cosa mandò a dire in un video il numero due di Al-Qaeda, Ayman al-Zawahiri, al presidente appena eletto degli Stati Uniti Barack Obama? «Sei solo un servo negro.» Oppure, a seconda delle traduzioni, «un negro di casa». Il medico terrorista, certo, ricordava che la definizione era di Malcolm X, durissimo («Nel nostro libro, il Corano, non c'è nessun insegnamento a soffrire pacificamente») coi neri che non muovevano guerra ai bianchi. Ma non era lui, un egiziano, l'uomo giusto per usare quelle parole.

Molto prima che gli europei saccheggiassero l'Africa per rastrellare schiavi per le Americhe, la schiavitù era da secoli una delle attività più redditizie dei trafficanti arabi. «L'islam non incoraggia la schiavitù, ma nemmeno la proibisce», spiega ne *Gli arabi e la tratta degli schiavi africani* Jolanda Guardi. Di più: poiché la religione «non concepisce il concetto di casta né di aristocrazia, la schiavitù era necessaria e funzionale a marcare una differenza di classe». Risultato: «La schiavitù nel mondo arabo ha sempre fatto parte della struttura sociale senza che alcuno pensasse d'intraprendere una battaglia per la sua abolizione, se non in tempi estremamente recenti».

La carovana del grande viaggiatore e storico Ibn Battuta proveniente da Takkada, ricorda nel libro *Storia dell'Africa* Basil Davidson, «comprendeva non meno di 600 ragazze che venivano portate ai mercati del Nord Africa». Quale fosse il valore della merce lo stima lo stesso storico britannico, tra i massimi conoscitori del continente nero: «Lo schiavo più redditizio (...) costava molto sia per l'acquisto che per il mantenimento. L'archivio di Geniza dimostra che il prezzo medio pagato per uno schiavo nell'Egitto fatimidico (dal 970 circa al 1100) saliva attorno ai 20 dinari d'oro, cioè il reddito di circa un anno di una famiglia di modesti mezzi economici. (...) Precedenti documenti dell'Andalusia registrano il prezzo di uno schiavo nero a Cordova: 160 mitcal ossia circa 150 dinari. E questo, facendo un paragone, era anche il costo di una casetta».

Ibn Butlan, un medico nato a Baghdad e vissuto tra il Cairo, Aleppo, Antiochia, Laodicea e Giaffa, ci scrisse addirittura una specie di guida, il *Trattato generale sull'acquisto e l'esame degli schiavi*, dove consigliava: «Chi vuole la schiava per il godimento prenda una Berbera, chi la vuole per custodire e vigilare prenda una Bizantina, chi la vuole per creare prenda una Persiana, chi la vuole per allattare prenda una Zang e chi la vuole per farla cantare prenda una Meccana. Chi vuole schiavi per custodire le persone e i beni prenda gli Indiani e i Nubiani, chi li vuole per la fatica e il servizio domestico prenda gli Zang e gli Armeni, chi li vuole per il coraggio prenda i Turchi e gli Slavi».

A proposito delle donne zang, cioè africane della costa orientale, Ibn Butlan entrava in dettagli: «I loro difetti sono molti e quanto più nere sono tanto più sono brutte di faccia e hanno i denti appuntiti. Servono poco, e possono nuocere e sono dominate da irascibilità e distruttività. (...) La danza e il ritmo sono istintivi e innati in esse. Poiché si esprimono in modo sgraziato, compensano ciò con il canto e le danze. Hanno i denti più bianchi di ogni altro perché secernono molta saliva, e secernono molta saliva perché digeriscono male. Possono sopportare dure fatiche ma non si può ricavare da esse alcun piacere per il loro puzzo e la ruvidità della pelle».

Quanti siano stati i neri strappati all'Africa dai trafficanti arabi e smistati un po' ovunque (dagli harem mediorientali dov'erano assai apprezzati gli eunuchi sudanesi e nubiani ai mercati veneziani o fiorentini) non si sa. Nel suo saggio sulla storia mondiale della schiavitù lo storico tedesco Egon Flaig (contestato tuttavia dai suoi stessi colleghi) spara la cifra di 17 milioni. Ma certo, anche se le origini dello schiavismo nel continente nero sono lontane, e sant'Agostino denuncia con parole dure e accorate le attività dei *mangones*, razziatori di uomini prima che nascesse Maometto, per moltissimo tempo la tratta è stata in mano agli arabi. Come l'ultimo e più celebre dei grandi trafficanti, Tippu Tip, cioè Hamed bin Mohammed el-Murgebi, un meticcio di Zanzibar che fornì manovalanza anche alle spedizioni di Henry Morton Stanley e alla fine dell'Ottocento arrivò a controllare, formalmente per conto del sultano, una buona fetta dell'Africa nera.

Storie terribili. Marchiate a sangue dal colore della pelle. «Se il mio colore fosse roseo le donne mi amerebbero / ma il Signore mi ha sfigurato con la negritudine», canta il poeta africano Abd Banī al-Hashās. Rileggere le memorie di Romolo Gessi delle sue sfide ai «gelabba» (così chiamava gli arabi in tunica di tela) in *Sette anni nel Sudan egiziano. Esplorazioni, cacce, guerre contro i negrieri* mette i brividi: «Cammino facendo trovai il cadavere di un giovane nero di circa otto anni, aveva la gola tagliata. Più in là un altro, poscia un terzo e un quarto, poi una ragazza, tutti recentemente uccisi in quel barbaro modo. I besinger, che conoscevano l'uso dei negrieri, mi dissero che quegli infelici, avendo ricusato per la stanchezza e la fame di camminare più avanti, e allo scopo di impaurire gli altri schiavi, erano certamente stati uccisi, tagliando loro la gola, come era d'uso. Incontrai più avanti un'altra povera ragazzetta con bellissimi lineamenti, la poveretta sembrava riposasse la sua piccola testa sul suo braccio destro e che fosse addormentata, ma dormiva dell'eterno sonno. Dico la verità. In questa campagna ho visto ogni specie di morti, di patimenti, di torture e ho dovuto abituarmi a tutto, ma questa volta sentivo che il cuore mi si gonfiava talmente da poter a stento a trattenere le lacrime, mirando quel viso innocente privo di vita, per mano di quegli infami impastati di ferocia (...) vere tigri sitibonde di sangue...».

E non parliamo solo del passato: abolita da due secoli in Inghilterra e via via in tutto il resto del mondo, la schiavitù sopravvive ancora quasi esclusivamente nel mondo arabo e quasi esclusivamente nei confronti dei neri. Diretta conseguenza, secondo l'antropologo Malek Chebel, autore del libro *L'esclavage en terre d'Islam*, dell'ambiguità del Corano e della legislazione varata da califfo Omar (581-644) che di fatto, proibendo di ridurre in schiavitù un musulmano, incoraggiava a cercare schiavi altrove.

Un esempio su tutti, quello della Mauritania, dove gran parte degli schiavi porta il nome di Bilal, lo schiavo di Maometto, e dove da sempre i mauri bianchi, che parlano l'arabo hassaniya, tengono sotto il tallone i neri. Alla vigilia del Terzo Millennio, alla fine di ottobre del 1997, l'agenzia Ansa dava questa notizia: «Decine di bambini mauritani neri, parecchi di meno di cinque anni, sono stati comprati o rapiti in Mauritania, e venduti per meno di due milioni l'uno a coppie agiate degli Emirati Arabi Uniti che li utilizzavano per lo più come schiavi per i lavori di casa. Il traffico è stato scoperto per caso dalla polizia di frontiera del Mali, insospettita nel notare che nove bambini mauritani neri erano accompagnati da sette mauritani bianchi, sul volo Bamako-Dubai. Messi alle strette due degli arrestati hanno confessato che il traffico durava da tempo; comprati dai genitori in miseria, o rapiti in Mauritania, i bambini venivano portati in Mali, e da lì spediti a destinazione, a Dubai o Abu Dhabi, agli acquirenti che pagavano i biglietti aerei e il costo di ogni vittima, 1700 dollari circa».

Le autorità locali negano tutto e si sono spinte a condannare alla galera per «diffusione di notizie false» i militanti di un'organizzazione per la difesa dei diritti dell'uomo, colpevoli di aver collaborato con una trasmissione di France 3 sul permanere della tratta nel paese africano malgrado la sua abolizione ufficiale nel 1981. Cioè un secolo dopo che era stata abolita in Brasile. «La schiavitù ha delle basi economiche ben precise», ha raccontato al «Manifesto» nel 2005 l'avvocato Sidi Ibrahim Dieng, membro attivo di Sos Esclaves. «Serve a mantenere il predominio dei mori bianchi. Per questo il governo non ha alcun interesse a procedere a una reale abolizione.» E Malouma Mint Bila, una ex schiava ribellatasi alla sua condizione, confermava: «Qui da noi non c'è bisogno di usare la forza: se nasci schiavo, le catene le hai già nella testa. (...) Vedevo i figli del padrone andare a scuola, ben vestiti, ben nutriti, mentre io ero costretta a stare a casa a svolgere le mansioni domestiche. Un giorno ho deciso che non poteva andare avanti così: sono andata dal padrone e gli ho chiesto di mandarmi a studiare. Lui ha rifiutato e allora sono scappata. (...) Ho litigato a lungo con mia madre, che mi ripeteva che quello che avevo fatto era peccato».

Non va diversamente, scrive lo stesso Malek Chebel, da altre parti dell'Africa. Dalla Libia al Ciad, dal Mali al Niger, dove solo su pressioni delle Organizzazioni non governative internazionali un capo targui, Amrissal Ag Amdague, accettò di liberare il 10 marzo 2005 addirittura 7000 schiavi in cambio di denaro sonante. Come soltanto i quattrini hanno consentito in questi anni il rilascio di migliaia di bambini dinka e nuba, due popoli del Sudan meridionale. Il regime di Khartoum «usa le tribù arabe di allevatori per combatterci. Li riforniscono di armi e munizioni per attaccare il nostro popolo. In cambio gli dicono: "Tutto quello che conquistate è vostro, bestiame, terreni, uomini"», raccontò nel 1999 alla «Repubblica» Yusuf Kuwa, che comandava i ribelli dei Monti Nuba.

«Un giorno, quando ero nel mio villaggio ho visto gli arabi arrivare», ricordò a Riccardo Orizio del «Corriere» un ragazzino dinka di dieci anni, Awiel Arup. «Erano a cavallo, spesso due uomini su ogni animale. Hanno bruciato le capanne, ucciso alcuni uomini. Erano veloci. Uno mi ha preso senza nemmeno scendere dalla sella. Mia madre ci è corsa dietro, ma le hanno sparato. È caduta a terra. Allora quello che mi aveva afferrato è sceso da cavallo e l'ha finita con un coltello, perché era ancora viva. Ci siamo messi in marcia verso il nord, fino a Sitep. Mi hanno dato a un arabo chiamato Abdullah e mi hanno chiamato Mohammad. Mi facevano pregare con il Corano e parlare arabo. Facevo il pastore di capre.»

Awiel fu liberato sotto un'acacia al mercato di Agok, un paesotto disperso nel Sudan meridionale, alla vigilia del Terzo Millennio. Quando venne comprato, insieme ad altri 323 bambini dinka, da Caroline Cox, una pugnace sociologa inglese diventata baronessa per le sue battaglie umanitarie e per volontà di sua maestà la regina Elisabetta e di Margaret Thatcher. Il prezzo dell'intero blocco di piccoli schiavi: 32.400 dollari. Cento dollari l'uno. «La stessa chiesa cattolica, che proprio in Sudan ha iniziato nell'Ottocento il suo lavoro missionario», scriveva Orizio, «è coinvolta nel riscatto di schiavi: preti e vescovi acquistano – in modo clandestino – centinaia di dinka e di nuba, che vengono poi restituiti alle famiglie. Un'attività ammessa in prima persona da monsignor Cesare Mazzolari, amministratore apostolico di Rumbek, e da molti criticata.» Il venditore dei bambini di Agok diceva di chiamarsi Ringo, di essere metà arabo e metà dinka, di vivere a Sitip, una città al confine tra il Sudan governativo e quello controllato dai guerriglieri cristiano-animisti: «Una volta commerciavo anche in sale, zucchero e tè. Oggi mi occupo solo di uomini. Mi sono specializzato, in un certo senso».

Anche l'imam nominato alla Mecca alla fine di aprile del 2009 è figlio dell'Africa saccheggiata dai trafficanti arabi. Si chiama Cheikh Adil Kalbani, è nato da uno dei tanti immigrati africani importati in Arabia Saudita in una condizione che in gran parte dei casi è di schiavitù domestica, è stato per vent'anni imam della moschea di Riyad e dice di essere stato scelto personalmente da Abdullah al-Saud. Una scelta politica. Di apertura ai circa sei milioni di stranieri residenti, quasi uno ogni tre sauditi autoctoni. «Il re vuol far capire a tutti che intende governare il suo paese come una sola nazione, senza razzismo né segregazione.» Sarà... Ma perché sottolinearlo se il cuore del mondo islamico (dove i cristiani accusati di proselitismo possono essere impiccati e un cittadino svizzero si è visto coprire col nastro adesivo la croce sul passaporto alla frontiera) fosse davvero immune dalla mala pianta razzista come immaginava Malcolm X?

9

I negri: fratelli sì, ma con le catene

Il sofferto riscatto della chiesa dopo secoli di contraddizioni

Non sono bastati tredici anni nel fetore nauseabondo dell'immensa discarica keniota di Korogocho, al padre comboniano Alex Zanotelli, per vincere del tutto la diffidenza dei suoi parrocchiani africani. E non sono bastate le straordinarie testimonianze di migliaia di missionari e missionarie che hanno dedicato la vita all'Africa e il pellegrinaggio di Giovanni Paolo II all'isola degli schiavi di Gorée e le implorazioni di perdono contro «il crimine immenso» della schiavitù per ricucire del tutto il rapporto tra la chiesa e il continente nero. Troppi errori, troppi dolori.

Oggi è cambiato (quasi) tutto. Alla fine del 1976 un uomo del Benin, il cardinale Bernardin Gantin, è arrivato ai vertici del Vaticano con la presidenza della pontificia commissione «Justitia et Pax». E nella scia di una profezia di Nostradamus non solo il gruppo rock Pitura Freska ha portato sul palco di Sanremo una canzone sull'avvento di un pontefice africano («Sarà vero? Dopo Miss Italia aver un papa nero?») ma il nigeriano Francis Arinze è stato sul serio inserito per la prima volta tra i papabili nel conclave che ha eletto papa Ratzinger. E all'apertura del grande sinodo dei vescovi dell'ottobre 2009 l'arcivescovo di Kinshasa, Laurent Monsengwo Pasinya ha ammonito che l'elezione di Obama era non solo un «avvenimento fondamentale della storia contemporanea» ma «un segnale divino» che la chiesa farebbe bene a «non ignorare». Andiamo oltre: con l'aria che tira in Occidente forse nessuno è impegnato nella guerra al razzismo quanto la chiesa. Anche gli anticlericali più critici devono ammettere che sono tanti i preti che si battono sul fronte della convivenza e della lotta alla xenofobia, sfidando spesso l'impopolarità e i sondaggi d'opinione in certe aree d'Europa, a partire dalla Padania, come guerrieri in terre infedeli.

Eppure dentro quella stessa chiesa bisognò aspettare quasi due millenni perché un papa, Pio XI, confidasse al cardinale Celso Costantini: «Chissà se la Divina Provvidenza mi concederà la gioia di consacrare a Roma in San Pietro un vescovo africano?». Eravamo alla fine degli anni Trenta del XX secolo. E solo nel 1926 un Vaticano ancora fortissimamente eurocentrico aveva consacrato i primi vescovi (cinesi) non bianchi. Pio XI scelse Joseph Kiwanuka dell'Uganda e Ignatius Ramarosandratana del Madagascar, ma la sua morte fece rinviare la storica cerimonia, sotto Pio XII, all'ottobre 1939. Quanto al primo cardinale nero, Laurean Rugambwa, che già era stato il primo vescovo autoctono del Tanganica, si dovette aspettare addirittura Giovanni XXIII e il concistoro del 28 marzo 1960: cioè ventun anni dopo l'invenzione dell'Abc, il primo computer della storia.

Mortificante. Può essere di consolazione, per i cattolici, il fatto che come abbiamo visto l'islam abbia atteso il 2009 per avere il primo imam nero alla Mecca o che la chiesa anglicana, nella quale dal 2005 l'arcivescovo di York (e dunque il numero due della gerarchia dopo l'arcivescovo di Canterbury) è l'ugandese John Sentamu, abbia avuto il suo primo vescovo nero, il nigeriano Samuel Ajayi Crowther (che vent'anni prima era stato il primo ex schiavo a diventare prete), solo nel 1864 cioè quando già esisteva il fax? No. Tanto più che le scritture sono chiare: tutti gli uomini sono uguali.

Anzi, spiega Fredrickson in *Breve storia del razzismo*, i primi cristiani «celebravano la conversione degli africani come prova della loro fede nell'uguaglianza spirituale di tutti gli esseri umani». «Qui non c'è più Greco e Giudeo circonciso, e incirconciso, barbaro e Scita, servo e libero, ma Cristo è tutto e in tutti», scrive san Paolo nelle *Lettere ai Colossesi*. «Rinati in Cristo», ricorda san Gerolamo alla fine del IV secolo, «non c'è più distinzione fra noi di greco e di barbaro, di schiavo e di libero, di maschio e di femmina, ma tutti in Lui siamo una cosa sola».

Avrebbe dovuto essere limpido, su queste basi, il cammino della chiesa. Ma non lo è stato affatto. Lo dimostra, per esempio, una lancinante contraddizione: il tempo trascorso fra il riconoscimento del martirio e della santità di alcuni negri (veri o leggendari che fossero) e il riconoscimento del loro diritto a ruoli di responsabilità religiosa. San Benedetto il Moro veniva da una famiglia di schiavi neri portati dall'Africa in Sicilia ai tempi degli arabi, si fece frate verso la metà del 1500, morì nel 1589, fu acclamato come patrono dalla città di Palermo nel 1703 e venne scelto come santo protettore di molte popolazioni nere sparse per il mondo assai prima che Pio VII lo canonizzasse ufficialmente nel 1807. San Elsebaan era un sovrano axumita, visse nel VI secolo d.C., si guadagnò la riconoscenza della chiesa etiope vendicando con implacabile ferocia l'eccidio dei martiri cristiani di Nagran, nello Yemen di oggi, per poi donare la sua corona alla chiesa del Santo Sepolcro a Gerusalemme e ritirarsi come eremita fino alla morte, arrivata nel 555 quand'era ormai considerato un santo sia dai cristiani etiopi sia dai cattolici. San Zeno, vescovo dal 362 d.C. e poi patrono di quella Verona oggi venata di xenofobia, era africano e secondo la cronaca del VII secolo di un certo Coronato veniva dalla Mauritania.

Per non dire di san Maurizio, venerato nell'Europa centrale e settentrionale, patrono degli eserciti (alpini compresi) di varie nazioni, «titolare» di 650 istituti religiosi e intestatario di oltre 180 toponimi (nella sola Francia i paesi e le contrade che hanno a che fare con lui sono 52) sarebbe stato un egiziano di colorito molto scuro, forse un nubiano, che comandava la mitica legione Tebea romana composta da egiziani, dislocata nel 300 d.C. nella zona di Colonia e lì massacrata da Diocleziano per il rifiuto di scatenare le persecuzioni contro i cristiani.

Bene, a parte la controversa eccezione di Enrico Nzinga, nominato vescovo nel 1518 (pare) per riconoscenza verso il padre, il re del Congo Mvemba Nzinga che era stato il primo sovrano dell'Africa nera a convertirsi, per arrivare alla consacrazione «vera» di Joseph Kiwanuka del 1939 passano quasi due secoli e mezzo dalla scelta di san Benedetto il Moro come patrono di Palermo, quasi quattordici dalla morte di sant'Elsebaan e oltre sedici da quella di san Maurizio. E sei dalla comparsa nel panorama iconografico della Natività, tra i Re Magi che fino ad allora erano bianchi come nel celebre mosaico della basilica di Sant'Apollinare Nuovo a Ravenna, di un nero, Gaspare, spuntato fuori a rappresentare l'universalità del messaggio evangelico.

Quanto ai semplici preti neri, Alessandro Dell'Aira, autore del saggio *Schiavitù: il silenzio del Concilio di Trento*, afferma che le prime sperimentazioni furono avviate solo dopo il Concilio di Trento nel 1571 a São Tomé ma il caso «fu eccezionale e circoscritto. I neri a quei tempi erano esclusi dal sacramento del sacerdozio. Fu così anche per fra Benedetto il Moro. (...) I voti "irregolari" da lui presi sul Monte Pellegrino nella comunità eremitica di Gerolamo Lanza (...) non gli furono dati per validi nel convento dei frati minori osservanti di Palermo, né gliene vennero somministrati ex novo: Benedetto divenne guardiano e vicario del convento, ma restò un frate laico».

Di più: mentre la devozione di chi lo vedeva come un santo si diffondeva a macchia d'olio nelle Americhe «la sua nerezza venne elaborata e "dosata" secondo i casi e secondo i luoghi». Dove c'erano tanti cristiani neri era nero, dove ce n'erano meno era meticcio, dove ce n'erano pochi si schiariva: «Il san Benito de Palermo al centro di un ricco altare barocco della chiesa dei francescani di Bogotá, identico agli altri altari databili tutti al secondo quarto del Seicento, è rappresentato con le fattezze di un bianco». Non bastasse, sostengono i maliziosi, fu a un certo punto «depotenziato» come patrono del capoluogo siciliano dall'aggiunta, al posto di quattro santuzze (santa Cristina, santa Oliva, santa Ninfa e sant'Agata) ormai marginali rispetto al Moro, di santa Rosalia: bianca, vergine, figlia d'un nobile, cresciuta a corte.

Segni indiscutibili che la malapianta del razzismo, lasciando strascichi dai quali è oggi difficile venire a capo del tutto, è cresciuta a lungo anche nell'orto della chiesa cattolica. Di più: perfino nella chiesa etiope. Cosa c'è di più nero della chiesa nera dell'Etiopia nera? Eppure, come spiega Alberto Elli, autore di una monumentale *Storia della chiesa copta* e profondo studioso di quella etiope, non solo il Gesù bambino e la Madonna e san

Giuseppe e gli angeli e i putti degli affreschi delle bellissime chiese di quella che a lungo è stata chiamata anche Abissinia sono bianchi ma perfino il vescovo metropolita è stato per milleseicento anni un bianco mandato laggiù da Alessandria d'Egitto. Spiega Elli, che si rifà tra l'altro alla *Historia Ecclesiastica* scritta nel 410 d.C. da Rufino di Aquileia, che «la chiesa etiope venne fondata da Frumenzio, un monaco di Tiro che era naufragato sulla costa Eritrea ed era stato portato prigioniero ad Axum dove era riuscito a conquistare la fiducia del sovrano etiope e a diventare un dignitario di corte. Alla morte del sovrano chiese di tornare in patria, gli fu concesso, rientrò in Egitto e il patriarca Atanasio gli disse di tornare giù in Etiopia come vescovo metropolita. E così fece, prendendo il nome di Abuna Salama, cioè il padre della pace. Siamo fra il 330 e il 340 d.C. Da quel momento tutti i metropoliti (il patriarca spesso mandava uno in Eritrea per punizione o per toglierselo di torno) resteranno egiziani per secoli e secoli. Al punto che a volte passavano anche dieci o venti anni tra la morte di un metropolita e la sua sostituzione, così che appena arrivava un metropolita nuovo ordinava centinaia o addirittura migliaia di preti che a volte erano in attesa».

Scrive nella prima metà del XIV secolo lo storico arabo Ibn al-Fadlullah Umari: «Nonostante l'estensione del loro paese e il grande numero degli abitanti e dei soldati, gli Abissini hanno bisogno della protezione del sovrano dell'Egitto. In effetti, il metropolita, che è il capo supremo della Legge in tutte le parti cristiane del loro paese, deve essere scelto tra i copti giacobiti d'Egitto, e al Cairo viene dato ordine reale al patriarca dei cristiani giacobiti di inviare loro un metropolita. Questa decisione è preceduta da una richiesta indirizzata dal re d'Abissinia e portata da un'ambasciata che offre dei doni. (...) Per lui questa corrispondenza è una umiliazione di amor proprio, ma vi è obbligato». Solo il negus Hailé Selassié, facendone una questione di stato dopo troppi tentativi falliti in passato, riuscirà a ottenere dal patriarca d'Alessandria che vengano fatti dei vescovi etiopi. Nominati, prima volta nella storia, il 2 giugno 1929. Soltanto dieci anni prima (e forse l'accelerazione della chiesa romana non fu casuale) della consacrazione di Kiwanuka.

Proprio i rapporti tra il Vaticano e i cristiani etiopi (che come i copti egiziani credono nel monofisismo, condannato dal Concilio di Calcedonia del 451, e cioè ritengono che la natura umana del Cristo fosse assorbita da quella divina) aiutano a capire come, prima della svolta degli ultimi decenni, la chiesa avesse nei confronti dell'Africa una visione a dir poco ambigua. Alla fine dell'Ottocento, quando ad attaccare l'Abissinia è l'Italia liberale, che agli occhi dei cattolici si era appena impossessata con la forza di Roma chiudendo il papa «prigioniero» tra le mura vaticane, la condanna è netta. «Finché la civiltà della terza Roma con le sue turpitudini, con i suoi ladroneggi e con le sue corruttele, prevarrà nell'Italia legale, a ragione gli abissini potranno pensare che, difendendo il loro suolo dagli odierni aggressori lo difendono da una barbarie non dissimile dalla musulmana», scrive «La Libertà Cattolica» del 7 ottobre 1895.

Le difficoltà coloniali degli italiani (che nel Corno d'Africa avevano creato il primo avamposto proprio grazie al «missionario» Giuseppe Sapeto, che nel 1869 aveva comprato per la compagnia di navigazione Rubattino la baia di Assab) facevano gongolare l'Oltretevere. Che nella disfatta delle truppe del generale Oreste Baratieri ad Adua vede, come scrive «La Civiltà Cattolica» dei gesuiti il 23 marzo 1896, una punizione dall'alto: «Come la giustizia di Dio, in pena della violenta cattività nella quale teneva il Romano Pontefice, spinse Napoleone I, fondatore di un impero contro l'ordine della Provvidenza, verso i ghiacciai della Russia, e là incontrò l'inciampo della sua caduta, così la giustizia medesima fino da dieci anni, ha spinto, senza che se ne sapesse il perché, l'Italia legale, ancor essa costituita contro quell'ordine, verso le cocenti sabbie e i dirupi dell'Eritrea, dove ha pure incontrato uno spaventoso castigo (...) pena esemplare della ignobile prigionia in cui da oltre 25 anni serba il Papa dentro la sua Roma. *Digitus Dei est hic!* Qui è il dito di Dio, quel dito che per tanti anni si è bestemmiato e deriso».

Una posizione durissima. Spiegata tre mesi prima dalla stessa rivista, in un commento intitolato *Il flagello eritreo*, con la difesa «degli indigeni che resistono a mano armata...». E che indigeni, poi! Cristiani purissimi! «In fondo a quei deserti si rizza pure la croce del Galileo, insultata dai farabutti della terza Roma», scrive «La Libertà Cattolica» il 7 ottobre 1895. «Ai piedi di quella croce il figlio dell'Etiopia si prostra, e il coraggio di una civiltà vergine e santa, migliore della nostra, gli balena nella estatica pupilla. Sinonimo d'inganno, d'astuzia e di frode, la civiltà massonica s'annunzia nei deserti con lo scoppio delle cartucce italiane.»

Passano pochi decenni, la chiesa si accorda col fascismo, il cardinale Gasparri firma la pace con l'«uomo della Provvidenza» Benito Mussolini e, quando l'Italia torna ad attaccare, i figli dell'Etiopia non rappresentano più una civiltà vergine e santa e non han più la luce della fede nell'estatica pupilla. «L'Etiopia è l'esempio più tipico», scrive «La Civiltà Cattolica» l'11 ottobre 1935, «dell'imputridimento morale e del decadimento intellettuale di un popolo cristiano staccato da Roma, per lo scisma e l'eresia, e rimasto chiuso ad ogni influsso, anche indiretto del cattolicesimo nelle istituzioni civili che da esso derivano presso i popoli europei. Superiore agli altri popoli non cristiani dell'Africa per il suo cristianesimo, benché guasto incorrotto, il popolo abissino è rimasto, per lo scisma, di gran lunga inferiore a tutti gli altri popoli anche mediocremente civili, privi di svolgimento di progresso, fino ai nostri tempi.»

Tre mesi dopo, sul bollettino dell'arcidiocesi del 12 dicembre 1935, il vescovo di Oristano Giorgio Maria Del Rio è ancora più esplicito: «Le popolazioni abissine sono ad un infimo livello religioso e morale, sono lontane dalla vera fede, dalla nostra religione cattolica, che è fonte di civiltà e di progresso. Tutto ciò che si fa quindi per dare all'Italia i mezzi necessari ad affermare in quelle terre la sua influenza e la sua autorità non è solo in vantaggio della patria e della civiltà, ma anche della religione cattolica. La nostra povera ma generosa Italia, dietro i suoi soldati, porta in Abissinia non solo il pane, le strade, la liberazione dalla schiavitù, tutte le provvidenze della civiltà; ma vi porta ancora la croce di Gesù Cristo...».

È un coro di applausi. Di piccoli vescovi come Giovanni Giorgis che dalla molisana diocesi di Trivento benedice i conquistatori mussoliniani («Essi vogliono portare a quelle genti, avvolte negli orrori della schiavitù e nelle tenebre delle false religioni, la luce divina della vera fede e della carità fraterna, e procurare insieme un vasto campo di lavoro a tante famiglie che non hanno il pane sufficiente in patria») e di grandi cardinali come il milanese Alfredo Ildefonso Schuster. Il quale, inaugurando il corso di mistica fascista il 26 febbraio 1937, una settimana dopo la spaventosa rappresaglia che seguì l'attentato a Rodolfo Graziani, si spinse a dire che «mentre l'Augusto Pontefice Pio XI spedisce missionari fino agli ultimi confini del mondo a predicare Gesù Cristo Salvatore Universale, le legioni italiane rivendicano l'Etiopia alla civiltà, e bandendone la schiavitù e la barbarie vogliono assicurare a quei popoli e all'intiero civile consorzio il duplice vantaggio della cultura imperiale e della Fede cattolica, nella comune cittadinanza romana».

Quanto alla sua spalla milanese, il fondatore dell'Università Cattolica padre Agostino Gemelli, nel discorso inaugurale dell'anno accademico 1935/36 era stato non meno esplicito. E aveva rivendicato all'Italia, «il diritto di dare pane e lavoro ai suoi figli. Il Fascismo affrontando non solo per sé, ma per tutti, una così tremenda responsabilità, ha assunto il compito di portare l'Italia su di una linea operosa di svolgimento della propria missione civilizzatrice nel mondo...». Imbarazzante.

«Il corpo della Chiesa è pieno di cicatrici e di protesi, le sue orecchie sono piene del canto del gallo evocatore di rinnegamento, il suo taccuino è pieno di appuntamenti mancati per negligenza o lassitudine», sospirerà addolorato, molti anni dopo, il cardinale Roger Etchegaray, presidente del Comitato vaticano del Giubileo del 2000, presentando il documento (voluto da Giovanni Paolo II e firmato da Joseph Ratzinger) *La Chiesa e le colpe del passato.*

Certo, il papa non cessa in quegli anni Trenta di deriva nazionalista e razzista di ribadire i principi generali. E la stessa volontà di consacrare due vescovi di colore, presa nei mesi del Manifesto della razza, era in qualche modo una risposta a Hitler e al duce tesa a ribadire, a dispetto delle forsennate campagne di superiorità razziali (la notizia del primo vescovo nero della storia non ebbe una sola riga sul «Corriere della Sera» controllato dai fascisti: neanche una) l'uguaglianza fra tutti gli uomini. Ma un cattolico notando, per esempio, il lungo stop nel processo di canonizzazione dell'ugandese Carlo Lwanga (bruciato vivo per non aver rinnegato il cristianesimo nel 1886, beatificato nel 1920 e poi fatto santo solo nel 1964 grazie al processo avviato da papa Roncalli) aveva seri motivi per essere frastornato.

Tutta la storia della chiesa, purtroppo, è costellata di contraddizioni nei confronti dei neri. Lo stesso diavolo cupo e nero, spiega nel saggio *Nel nome di Sem, Cam e Japhet* lo storico Franco Cardini, arriva dall'Africa: «Nel muro dei grandi modelli agiografici cristiani, la *Vita Antonii* che narra le gesta del santo abate Antonio e degli eremiti ritirati nel deserto attorno alla città egizia di Tebe, il demonio figura come un nubiano o un etiope. Da qui le molte visioni del demonio sotto forma di etiope, quindi dalla pelle nera, che disseminano il nostro Medioevo».

Lo stesso atteggiamento nei confronti della schiavitù, come riconobbe amaro Karol Wojtyła il giorno della sua storica visita del 1992 a Gorée da dove salpavano le navi dei negrieri, fu per secoli segnato dall'ambiguità: «Quegli uomini, quelle donne e quei bambini sono stati vittime di un vergognoso commercio, a cui hanno preso parte persone battezzate ma che non hanno vissuto la loro fede. Come dimenticare le enormi sofferenze inflitte, disprezzando i diritti umani più elementari, alle popolazioni deportate dal continente africano? Come dimenticare le vite umane annientate dalla schiavitù? Occorre che si confessi in tutta verità e umiltà questo peccato dell'uomo contro l'uomo, questo peccato dell'uomo contro Dio. (...) Da questo santuario africano del dolore nero, imploriamo il perdono del Cielo».

Un'invocazione doverosa. Perché è vero che, come rivendicò il pontefice polacco, la tratta dei neri venne definita già da Pio II in una lettera del 1462 a un vescovo missionario che partiva per la Guinea, un crimine enorme: «*magnum scelus*». Ed è vero che alcune lettere di Isabella di Castiglia, recuperate negli ultimi decenni da un gruppo di storici spagnoli (da Antonio de la Torree y Cedro a Vicente Rodriguez Valencia) consentono di ritoccare l'immagine perfino di quella che è meglio nota come

Isabella la Cattolica. La quale, ricevuti in dono un po' di schiavi indios da Cristoforo Colombo (usanza piuttosto comune per secoli: nel 1872 il re Vittorio Emanuele II avrà in regalo dal re d'Egitto due pigmei che smisterà alla Società Geografica Italiana) scrive il 30 ottobre 1503: «Sappiate che il re nostro signore ed io (...) abbiamo ordinato che nessuna delle persone da noi mandate a dette terre osino prendere o catturare alcun indios per essere portato nei miei regni, né per essere portato in nessun'altra parte e che non venga fatto nessun danno a persone o a beni, e chiediamo che tutti gli indios che sono stati catturati vengano rimessi in libertà».

Ma erano posizioni di principio. Ovvie e ineludibili per un cristiano. La realtà, poi, era diversa. Lo dice, per esempio, lo studio già citato sul Concilio di Trento aperto nel 1545. Le rotte per l'America erano aperte da mezzo secolo, la tratta dei neri era stata avviata dai cattolicissimi portoghesi (con somministrazione del battesimo a bordo o poco prima dell'imbarco) da un centinaio di anni e, scrive Alessandro Dell'Aira, «la promozione della *cristiandad* e l'obiettivo della *salvación* dell'umanità extraeuropea convivevano con la pratica dello schiavismo».

L'unico che pose il problema, sostiene lo studioso, fu un portoghese, Francisco da Conceição, coadiutore dell'arcivescovo di Braga, nella sessione di Bologna. Non è chiaro se prese la parola o se dovette accontentarsi di depositare il suo documento, oggi negli Archivi vaticani. Ma certo il religioso sottolinea dello schiavismo tutte le contraddizioni contrarie alla fede, dal concubinaggio favorito dai padroni degli schiavi per «incrementare il proprio patrimonio» alla «marchiatura a fuoco, che spinge le madri all'aborto o all'infanticidio», dall'abitudine di insultarli «come *canes* e Sarraceni, anche se convertiti» all'uso di «torturarli con tizzoni, cera e grasso bollente». Inaccettabile, denuncia il prete. E chiede se la chiesa non dovrebbe censurare tutto questo, «poiché i teologi cristiani hanno avanzato molti dubbi riguardo alla schiavitù coatta, anche quella consentita dalle leggi». Perorazione sacrosanta ma ignorata: «Né durante quei mesi, né dopo, le congregazioni generali si occuparono del suo deciso per quanto fugace accenno alla schiavitù, e ancor meno dei dubbi teologici», scrive Dell'Aira. «Gli schiavi erano visti come una grande risorsa per l'Europa, afflitta dalle pestilenze, dalle carestie e dagli scismi. Le raccomandazioni reali e papali riguardavano per lo più l'opportunità di evitare le conversioni forzate.» Quanto alla raccomandazione di lasciare gli schiavi liberi, rileggiamo cosa scrive Miguel de Cervantes dei suoi pii concittadini nel XVI secolo: «Danno la libertà ai loro neri ma solo quando sono vecchi e non possono più servirgli. Cacciandoli di casa con il titolo di liberi, li fanno schiavi della fame di cui non si libereranno se non con la morte».

«Un conto era il principio, e i papi hanno più volte detto ciò che andava detto, un altro la pratica quotidiana», conferma lo storico Salvatore Bono che in *Schiavi musulmani nell'Italia moderna* ha dimostrato come «nei due secoli e mezzo presi in esame, cioè dall'inizio del Cinquecento alla metà del Settecento, si possono stimare da 400 a 500.000 gli schiavi musulmani vissuti in Italia, specie nel Mezzogiorno, nelle Isole e nelle città marittime».

Era così normale comprare, cedere, affittare o regalare schiavi, da Treviso a Messina, da Lecce a Livorno, che gli archivi sono pieni di documenti come quello lasciato dal capitano di galera Domenico Massimo che in punto di morte, il 4 dicembre 1570 a Lecce, dispose nel testamento di distribuire un po' dei suoi schiavi così: «Un puttin negro per nome Salem al signor Piero de Massimi suo nepote, Cadir africano a suo fratello Orazio, uno schiavo ed una schiava grandi di Barno al signor Paolo Orsini ed alla signora Vittoria Naro, sua moglie, quattro schiave bianche ed una negra, questa chiamata Barlecca e quelle Fatima, Miriam, Zenà e Zoaba, insieme con una donzelletta e un fanciullino figliuoli dell'ultima».

E il coinvolgimento della chiesa, purtroppo, andò ben oltre quello di tanti battezzati. Cristiani erano i due ordini cavallereschi più impegnati nelle razzie di uomini, quello dei cavalieri di Malta e quello dei cavalieri di Santo Stefano. Cristiane le navi della flotta pontificia con base a Civitavecchia che mettevano a segno incursioni per rastrellare manodopera e ancora nel 1726 avevano ai remi delle galere 1372 forzati e 475 schiavi. Cristiano il cardinale d'Este che a Tivoli «nel maggio 1584 teneva decine di schiavi impegnati al suo personale servizio o nella cura dell'ampio parco». Per non dire dello stesso Innocenzo XIII che nel 1723, documenta Bono, non trovò affatto indecoroso (lui: massimo testimone dei precetti cristiani!) ricevere in regalo dai cavalieri di Malta una cinquantina di poveracci. Anzi, grato per il pensiero, ricambiò i gentili donatori con una medaglia ricordo.

Quanto alle altre chiese cristiane, le contraddizioni non furono minori. Il sinodo calvinista olandese di Dort, per esempio, proibì nel 1618 la vendita di schiavi cristiani e stabilì che questi «dovrebbero godere di eguali diritti degli altri cristiani». Ma a dispetto di questa posizione di principio, come ricorda Fredrickson, «di fatto non si richiedeva il loro affrancamento». Anzi: «Nelle colonie schiaviste fondate dagli olandesi e dagli inglesi nel XVII secolo, fu svolto un lavoro missionario relativamente modesto tra gli schiavi a causa della presupposizione dei padroni che il battesimo avrebbe conferito loro il diritto alla libertà». Una riluttanza che per il professor Bono, secondo il quale troppe conversioni avrebbero creato problemi di «gestione del personale» sulle galere, contagiava anche la chiesa cattolica: «Nei riguardi del tunisino Alì, lo stesso papa Pio VI fu diffidente a tal punto che ordinò, nel maggio 1780, di metterne alla prova la sincerità delle intenzioni con l'impartirgli la bella dose di ottanta bastonate; il maghrebino sostenne con fermezza la prova, e venne dunque battezzato e ricevette, in ricordo del bastone che lo aveva colpito, il nome di Giuseppe Maria Bastoncelli».

Per la chiesa anglicana, il percorso di ravvedimento non fu meno tortuoso. E arrivò a compimento solo nel febbraio 2006 quando, ormai in vista del bicentenario della legge britannica che aboliva la tratta di schiavi, il sinodo guidato dall'arcivescovo di Canterbury, Rowan Williams, chiese ufficialmente perdono. Non solo per avere consentito secoli di schiavismo ma per averne tratto addirittura vantaggi diretti. Come nella piantagione di canna da zucchero più grande delle Barbados a Codrington, che apparteneva alla «Società per la diffusione del Vangelo all'estero». La quale, a dispetto del nome, trattava gli schiavi con la ferocia di tutti i padroni, marchiandoli a fuoco uno a uno sul petto col contrassegno della società e trattandoli in maniera così disumana che secondo una stima del 1704 vi morirono di stenti, di percosse, di malattie, quattro poveretti su dieci.

Ma come hanno potuto quei cristiani, per secoli, tenere insieme il principio dell'uguaglianza agli occhi di Dio e la sopraffazione dell'uomo sull'uomo? Il nodo che impegnò le energie di chi cercava una giustificazione al razzismo era centrato essenzialmente su un punto: il racconto biblico di Adamo ed Eva. Se tutti gli esseri umani erano discesi da loro, come poteva il buon Dio avere poi stabilito uno schema di esseri superiori ed esseri inferiori? Risponde Fredrickson: «Durante i secoli XVI e XVII, alcuni audaci spiriti liberi come Giordano Bruno e Christopher Marlowe inclusero tra le loro speculazioni ereticali la teoria che il genere umano avesse tre antenati diversi e che Adamo fosse il progenitore degli ebrei soltanto. Nel 1655 il francese Isaac La Peyrère, un protestante discendente da ebrei, fornì la prima esposizione completa della teoria che Adamo non fosse il primo uomo ma solo il primo ebreo. La teoria della poligenesi, o delle origini umane multiple, sfidava la dottrina ortodossa di una creazione unica e di "un solo sangue" per tutta l'umanità, e poteva dar luogo ad applicazioni di carattere decisamente razzista. Se Adamo ed Eva dovevano essere ritenuti semplicemente bianchi piuttosto che specificamente ebrei, e se i predecessori di Adamo venivano considerati neri e inferiori (da collocarsi in una posizione intermedia tra i discendenti di Adamo e le bestie del campo create in precedenza), gli africani potevano essere privati delle prerogative di esseri umani in maniera ancor più efficace che evocando la maledizione camitica».

Rileggiamo la Genesi nella versione ufficiale vaticana: «I figli di Noè che uscirono dall'arca furono Sem, Cam e Iafet; Cam è il padre di Cànaan. Questi tre sono i figli di Noè e da questi fu popolata tutta la terra. Ora Noè, coltivatore della terra, cominciò a piantare una vigna. Avendo bevuto il vino, si ubriacò e giacque scoperto all'interno della sua tenda. Cam, padre di Cànaan, vide il padre scoperto e raccontò la cosa ai due fratelli che stavano fuori. Allora Sem e Iafet presero il mantello, se lo misero tutti e

due sulle spalle e, camminando a ritroso, coprirono il padre scoperto; avendo rivolto la faccia indietro, non videro il padre scoperto. Quando Noè si fu risvegliato dall'ebbrezza, seppe quanto gli aveva fatto il figlio minore; allora disse: "Sia maledetto
Cànaan! Schiavo degli schiavi sarà per i suoi fratelli!"». Conclusione dei razzisti: è la Bibbia stessa a dire che una parte degli uomini sono destinati a essere padroni, altri a essere schiavi.

Quanto ai teologi della chiesa riformata olandese del Sudafrica, Fredrickson spiega che, cercando supporti all'apartheid
successiva allo schiavismo, «trovarono nelle Scritture la prova
che cercavano non nella maledizione di Cam, che era servita ad
alcuni dei loro antenati proprietari di schiavi, ma nella storia
della distruzione della Torre di Babele. Nella loro esegesi di
questo racconto (...) identificarono un Dio che considerava i
tentativi di unificare la razza umana manifestazioni di colpevole orgoglio. Come rimedio ai danni dell'universalismo, egli pre-
scriveva una rigida suddivisione dell'umanità in gruppi linguistici e culturali separati, ai quali veniva di fatto ordinato di
mantenere le distanze l'uno dall'altro e di "svilupparsi ognuno
secondo le proprie direttive"».

Certo è che, anche al di là dei tentativi di piegare la Bibbia
alle più spaventose scelte di sopraffazione, il pregiudizio contro i neri (quello antiebraico lo vedremo a parte) è rimasto a
lungo conficcato sotto la pelle dei cristiani. «L'Africa e i poveri
si sono impadroniti del mio cuore, che vive solo per loro», diceva nella seconda metà dell'Ottocento Daniele Comboni, il
grande missionario veronese fondatore dei comboniani. Eppure in quegli stessi anni un altro missionario che scoprì l'Africa
orientale un secolo prima di Alex Zanotelli, Giovanni Beltra-
me, dimostra nel libro *Il Sénnaar e lo Sciangallah* del 1879 una
dedizione ai neri profonda quanto la sua convinzione di avere a
che fare con esseri inferiori: «Ciò che distingue essenzialmente
l'Europeo dal Negro è la meravigliosa facilità che quello possiede d'assimilarsi tutte le idee, di dedurne tutte le conseguenze; egli è naturalmente educabilissimo; mentre il Negro è ribelle all'educazione, la quale può adornarlo d'una vernice effime-
ra, ma non penetrarlo».

Il Vangelo, ovvio, gli imponeva di porsi alcune domande: «L'intelligenza dei Negri è evidentemente inferiore a quella dei Bianchi. Ma questa inferiorità è ella necessaria e senza rimedio? O è ella un risultato dell'azione combinata di molte circostanze le più sfavorevoli allo sviluppo dell'intelligenza dell'uomo?». La risposta che si dava era tuttavia negativa: «Il Negro comprende facilmente ciò che gli si spiega, ma il suo spirito non intravede nulla al di là delle cose dimostrate. La sua memoria è fedele, qualora non abbia che a ricordare dei suoni; ma il ragionamento non vi s'imprime egualmente; e delle cose non si forma che idee superficiali e confuse. Viva egli pure in seno alla civiltà, ma resterà quasi sempre mezzo selvaggio».

Ammetteva, il buon prete, che dopo secoli di razzie dei trafficanti di schiavi gli africani dovevano avere qualche buona ragione per diffidare dei bianchi: «Ovunque i Negri vèggansi comparire dinanzi ai Bianchi, credono subito di vedere degli animali feroci assetati di sangue umano; o s'immaginano di scorgere delle divinità formidabili, delle quali sia uopo ammansire le ire. La meno lusinghiera di queste supposizioni è sempre quella che si presenta la prima alla mente dei Negri. E quindi essi si terranno lontani dai Bianchi; non permetteranno ch'essi pongano il piede nei loro villaggi, finché una forza imponente non trionfi della loro ostinazione, e lo spettacolo dell'industria e della civiltà dei Bianchi non faccia loro toccar con mano che essi hanno a fare con degli esseri umani di gran lunga superiori alle loro razze».

Ma «una volta poi che i Negri abbiano riconosciuta la superiorità dei Bianchi e il loro procedere conformemente ad equità e giustizia», proseguiva, «si mostreranno docili ai loro consigli, e sempre disposti a servirli. Non ci vuol molto ad affezionarsi i Negri e a renderseli eccellenti servitori e coraggiosi soldati. Nessuna razza possiede forse più di questa le qualità di un buon servitore e di un eccellente soldato».

Una visione niente affatto isolata. Anzi. Oltre mezzo secolo dopo, dando ragione alle parole amare dette nel 1929 dal sindacalista rodhesiano J.H. Mphemba («Dapprima l'uomo bianco portò la Bibbia, poi portò le pistole, quindi le catene, dopo costruì una prigione, e alla fine ci fece pagare le tasse») il mondo cattolico italiano appoggiava non solo il colonialismo ma anche il razzismo fascista. «Le mescolanze tra razze profondamente diverse, lontane, o, come si dice, divergenti», scriveva Luigi Gedda, il genetista firmatario del Manifesto della razza che nel dopoguerra sarà il protagonista dei Comitati Civici voluti da Pio XII a sostegno della Democrazia cristiana, «riescono dannose per lo stipite umano; ed un esempio lo abbiamo nel meticcio risultante dall'incrocio della razza bianca e della razza nera, mescolanze queste che devono essere, con mezzi congrui, nettamente sconsigliate.»

Raimondo Manzini, direttore dell'«Avvenire d'Italia» e futuro direttore dell'«Osservatore romano», scriveva sul cattolico «Ragguaglio librario» nel gennaio-dicembre 1939, che «il sorgere della coscienza imperiale italiana ha stimolato l'interesse e la decisione dello Statista nella direttiva tutelatrice delle risorse biologiche e morali della gente italica... Il problema della razza non è posto soltanto nei confronti degli ebrei, come certe polemiche potrebbero far credere: c'è la necessità di non facilitare la nascita di una generazione di mulatti, rendendo troppo facilitati i matrimoni fra i bianchi e i neri che sono invece da sconsigliarsi. La Chiesa su questo punto non è certo all'opposizione».

Quanto all'eventualità che qualche cattolico potesse prendere alla lettera le parole di condanna del papa sulla scelta del duce di accodarsi alla politica razziale nazista, sullo stesso numero della rivista l'intellettuale milanese Claudio Belingardi tranquillizzava i bravi fascisti spiegando che «la chiesa condanna il razzismo esagerato» (testuale!) ma «ammette che uno stato, come oggi l'italiano, desideri d'evitare il fenomeno del mulattato, della creazione nelle colonie di una razza mista europeo-africana». Un fenomeno, discettava, «di per sé contrario al diritto naturale, ma doloroso per la sicurezza dello stato che, per il bene comune, cerca di limitarlo più che può».

10

E Kurtz disse: «Sterminate quelle bestie!»

Il sacco dell'Africa, i debiti degli europei, gli errori degli africani

Un bel bianco malaticcio. Il vecchio professore di Philadelphia protagonista di un servizio pubblicato il 29 febbraio 1908 su «La Nature», bollettino dell'Académie des sciences di Parigi, era proprio soddisfatto del colore che prendevano i suoi pazienti neri dopo essere stati bombardati di raggi X. Certo, anche uno scolaretto sa che le radiazioni fanno male. Ma vuoi mettere la soddisfazione?

Un secolo dopo, lo scrittore Anthony Burgess scriveva sul «Corriere della Sera» un articolo che faceva a pezzi l'idolo rock Michael Jackson: «È un uomo nero che si è fatto bianco. Il composto chimico che usa per questo scopo sembra essere l'idrochinone, un candeggiante industriale usato soprattutto nello sviluppo delle fotografie. È molto pericoloso: distrugge i pigmenti e causa il distacco della pelle formando orribili protuberanze. (...) I neri che desiderano essere "sbiancati" portano le fotografie di Jackson alle cliniche "candeggianti", domandando un trattamento che li renda simili a lui. (...) Non è né bianco né nero: è esclusivamente un mostro candeggiato». Un «mostro» ridicolizzato da articoli e foto stupefacenti che dicevano che si stava «squamando» e lo mostravano dormire in una capsula iperbarica. Finché Michael si sarebbe sentito così a disagio da far trapelare che no, in realtà lui non voleva davvero sbiancarsi ma stava cercando solo di uniformare le orrende chiazze bianche che gli erano spuntate qua e là a causa di «una forma severa di vitiligine che cambia la colorazione dell'epidermide».

Vero o falso? Contraddittorio. Parallelamente allo sbiancamento, il cantante si era infatti sottoposto a una catena infinita di interventi chirurgici per cancellare la sua «negritudine»: al naso, alle sopracciglia, alla bocca, al mento... Per non dire della scelta dei figli, che secondo la prima moglie, l'ex infermiera Deborah Jeanne Rowe, avrebbe voluto fare con l'inseminazione artificiale proprio perché fossero bianchi, biondi e possibilmente con gli occhi azzurri secondo il più classico e stantio dei canoni hollywoodiani.

Certo è che a un divo fragile come lui, nonostante i soldi e la fama, l'essere nero pesava. Esattamente quanto, in quel lontano 1908, pesava al poveretto fotografato nello studio di quel medico di Philadelphia dalla fluente barba bianca che armeggiava intorno a un paio di antenate delle nostre macchine radiologiche. L'articolo de «La Nature», titolato *Si possono sbiancare i negri?* e firmato da un certo Victor Forbin, era un concentrato di stupidaggini «scientifiche» irresistibile: «La questione si presta a scherzi di dubbio gusto, e in qualche modo datato, che promettiamo di evitare. Ma senz'altro ha preoccupato da molto tempo gli spiriti seri, specie negli Stati Uniti, dove i pregiudizi di colore hanno dato luogo a una crisi sociale di cui nessuno può prevedere gli sviluppi. Non si può negare che la soluzione del *"color problem"* sarebbe semplice se fosse possibile "sbiancare i neri"», esordiva l'autore.

Certamente, proseguiva ineffabile, «resterebbero da lisciare i loro capelli crespi, e soprattutto ci sarebbe da aggiungere qualche cellula nervosa al loro cervello, notoriamente meno pesante di quello della razza rivale, e meno ricco di materia grigia e materia bianca. Ma il conduttore di un tram esiterebbe a far scendere dal mezzo un passeggero la cui epidermide avesse subito uno sbiancamento apprezzabile».

L'anziano «scienziato» americano, spiegava l'articolo ripreso da Roberto Renzetti su «Sapere» dell'ottobre 1984, «crede di aver scoperto un gran segreto. Si sa che i raggi X hanno la proprietà di distruggere la materia colorante della pelle. Basandosi su un fenomeno debitamente provato, si dedicò a una serie di esperimenti che, cominciati sette anni fa, gli diedero risultati tali da consentirgli di aprire un istituto, o clinica, in cui la clientela non tardò ad affluire».

Per carità, scriveva la rivista scientifica, non era da prendere tutto per oro colato. Però «testimoni degni di credito sostengono di avere assistito, nell'ambulatorio, a una lunga serie di esperimenti, e di avere visto con i propri occhi la lenta decolorazione di più neri. A partire dalla decima seduta di esposizione ai raggi X, l'incarnato degli africani puro sangue, dei *nègues nouères*, come direbbe un abitante della Martinica, vira verso il marrone chiaro. Prolungando il trattamento, il dottore ottenne un incarnato olivastro. Con alcuni soggetti avrebbe anche ottenuto il colorito tipico di un creolo di pura razza bianca. Infine, moltiplicando le esposizioni fino al limite permesso dalla forza del soggetto, sarebbe riuscito a decolorare completamente la pelle zona per zona, e a sostituire al bruno scuro una tinta che a detta dei testimoni è un bianco malaticcio».

Un brutto color bianco malato è invece quello che ai giorni nostri ha devastato il corpo di centinaia di donne africane e asiatiche come Payna Boonchun, una commessa licenziata perché ormai sfigurata da una crema comprata a poco prezzo in un drugstore di Makham Khu, in Thailandia. «Milioni di donne, ma anche sempre più uomini, hanno trasformato in tutto il mondo le creme per sbiancare la pelle in un filone d'oro dell'industria cosmetica», ha denunciato «El País» nell'agosto 2008, spiegando che sul business, un affare da 450 milioni di euro l'anno solo in India secondo uno studio della Nielsen, ci sono anche «multinazionali come Nivea, Oréal, Procter and Gamble, The Body Shop, Avon, Clinique o Revlon».

Sfidando l'ira delle femministe locali, furenti per il messaggio «razzista che aumenta il pregiudizio per il colore della pelle in un paese con complessi coloniali», lo spot di una crema sbiancante di Pond's, la filiale indiana di Unilever, mostra Priyanka Chopra, una delle grandi dive di Bollywood, affranta: il fidanzato, l'idolo di tutte le teen-ager Saif Ali Khan, se n'è andato con un'altra, Neha Dhupia. Niente paura: la bella Priyanka riconquisterà il suo amore grazie alla pelle più bianca che le dà «White Beauty», bellezza bianca.

«Secondo uno studio della Synovate, una compagnia che fa ricerche di mercato, almeno quattro donne su dieci tra Thailandia, Hong Kong, Malesia, Filippine, Corea del Sud e Taiwan usano ogni giorno una tra le tante creme che promettono una carnagione più chiara», accusa il settimanale «Left». I prodotti spazzatura, va da sé, finiscono in Africa. Dove la Tanzania ha dovuto vietare nel 2004 ottanta tipi di creme sbiancanti e pericolose. E dove Chiara Castellani, medico missionario a Kimbau, in Congo, ha lanciato la campagna «*Ndombe kele kitoko*» (nero è bello) spiegando all'«Avvenire» che «per le strade di Kinshasa, campeggiano manifesti che pubblicizzano una crema schiarente chiamata "Angel". (...) Ma perché per cssere "angelo" devi avere la pelle bianca?».

Il bello è che tutta questa storia è così vecchia che addirittura Esopo (il quale come ricorda il poligrafo cinquecentesco Giulio Landi aveva «il naso largo e schiacciato» e «fu di colore negro onde egli fu chiamato Esopo che tanto vale quanto etiopo o negro») racconta una favola forse autobiografica. Si intitola *L'Etiope*: «Un tale comperò uno schiavo etiope, pensando che il suo colore fosse dovuto all'incuria del precedente proprietario. Condottolo a casa, provò su di lui tutti i detersivi e tentò di sbiancarlo con lavacri d'ogni sorta. Ma non riuscì a cambiargli il colore; anzi, con tutti i suoi sforzi, lo fece ammalare».

Cosa conti il colore della pelle nell'uomo lo dicono gli scienziati: niente. O quasi niente: «Ogni uomo possiede circa 30.000 geni e di questi solo una cinquantina o un centinaio, a dir tanto, determinano i caratteri fisici esterni. Di questi, appena una quindicina riguardano il colore della pelle», spiega il genetista Alberto Piazza, docente a Torino, autore con Luigi Luca Cavalli-Sforza e Paolo Menozzi di *Storia e geografia dei geni umani*. Un duemillesimo. Insomma: «Se il colore della pelle ha avuto storicamente una sua rilevanza, è solo perché il nostro occhio vede solo quello, e non la struttura del Dna. Tra uomo e uomo ci sono differenze enormi e nello stesso tempo minime, che comunque c'entrano pochissimo col colore della pelle. Lei avrà con suo fratello un 50% di patrimonio genetico comune ma è possibile che con un compagno di banco nato e cresciuto nello stesso condominio le differenze siano maggiori che tra lei e un nero dell'Africa nera».

Di più. Come spiegano il genetista Guido Barbujani e il

giornalista scientifico Pietro Cheli in *Sono razzista, ma sto cercando di smettere*, «ci sono forti differenze fra africani, grandi spesso quanto quelle fra gente che proviene da continenti diversi». Non solo: «Gli ultimi risultati della paleontologia e della genetica non lasciano spazio a dubbi: siamo una specie africana, siamo tutti discendenti di un unico gruppo, probabilmente piccolo, che intorno a 50.000 anni fa ha lasciato l'Africa orientale spingendosi in Eurasia e poi nelle Americhe. Nel farlo i nostri antenati si sono sovrapposti alle specie umane extraafricane, cioè all'Uomo di Neanderthal in Europa, e all'Homo erectus in Asia, portandole in pochi millenni all'estinzione».

Quanto al perché la pelle nera sia un fardello così pesante da portare, da Esopo a Michael Jackson, risponde la storia: millenni di ostilità, persecuzioni, razzismo. Per capire, basta leggere un cippo ritrovato nell'Alto Egitto, risalente agli anni di Sesostris III, che fu faraone probabilmente dal 1878 al 1842 a.C. e impose con varie spedizioni militari il dominio sulla Nubia: «Frontiera sud. Questo confine è stato posto nell'anno VIII del regno di Sesostris III, re dell'Alto e Basso Egitto, che vive da sempre e per l'eternità. L'attraversamento di questa frontiera via terra o via fiume, in barca o con mandrie, è proibita a qualsiasi negro, con la sola eccezione di coloro che desiderano oltrepassarla per vendere o acquistare in qualche magazzino». Insomma: fuori tutti. A meno che non vengano per fare business.

È da allora che va così. Lo disse un giorno, ridendo, anche il calciatore Ruud Gullit: «Se sei miliardario e giochi nel Milan sei anche un po' meno negro». La stessa idea del presidente della squadra, Silvio Berlusconi. Per anni importa di tutto: montenegrini come Dejan Savićević, croati come Zvonimir Boban, rumeni come Florin Răducioiu, portoghesi come Paulo Futre, serbi come Miodrag Vukotic, algerini come Samir Beloufa e poi neri su neri come Mohammed Aliyu Datti, Taribo West, Frank Rijkaard, Patrick Kluivert, Marcel Desailly, George Weah, Patrick Vieira, Edgar Davids, Clarence Seedorf... Fino ad avere nel 2008/09 sei brasiliani, un georgiano, un olandese, due uruguai, un australo-croato, un ceco, uno svizzero, un inglese, un africano della Sierra Leone, un francese e un ucraino per un totale di 17 stranieri in buona parte di colore e cosa dice ai primi di giugno del 2009 dopo avere sparato a zero contro «l'Italia multietnica»? Dice: «È intollerabile che a Milano ci sia un numero di presenze non italiane per cui non sembra di essere in una città italiana o europea ma in una città africana. Questo noi non lo accettiamo».

E sempre lì torniamo: un conto è decidere una politica di immigrazione severa, anche molto rigida, un altro sparare parole che trasudano pregiudizio razziale. Tanto che Medici con l'Africa Cuamm, un'organizzazione cattolica che da mezzo secolo si spende per il diritto alla salute nel continente nero, emette un comunicato ufficiale: «confronto indegno e irrispettoso».

Ogni parola, ogni gesto, ogni sfumatura dovrebbe essere pesata, con la storia che noi bianchi ci portiamo dietro. Una storia di disprezzo, di odio, di sangue. Che si può riassumere ricordando cosa diceva la voce «negro» nell'Encyclopaedia Britannica del 1798, cioè mezzo secolo dopo che Anton Wilhelm Amo, un giovane dell'attuale Ghana, come ricorda Basil Davidson nella sua *Storia dell'Africa*, aveva ottenuto un dottorato di filosofia a Wittenberg, in Germania, guadagnandosi le lodi del rettore come «uomo di grandi doti e di notevole cultura».

Diceva (la traduzione è di Umberto Eco in *Storia della bruttezza*): «*Homo pelli nigra*, nome dato a una varietà della specie umana, interamente nera, che si trova nella zona torrida, specialmente in quella parte dell'Africa che si stende tra i tropici. Nella carnagione dei negri incontriamo diverse sfumature; ma tutti allo stesso modo si differenziano dagli altri uomini in tutte le fattezze dei loro volti. Guance tonde, zigomi alti, una fronte leggermente elevata, naso corto, largo e schiacciato, labbra spesse, orecchie piccole, bruttezza e irregolarità di forma caratterizzano il loro aspetto esteriore. Le donne negre hanno lombi molto cadenti, e glutei molto grossi, che conferiscono loro la forma di una sella. I vizi più noti sembrano essere il destino di questa razza infelice: si dice che ozio, tradimento, vendetta, crudeltà, impudenza, furto, menzogna, turpiloquio, dissolutezza, meschinità e intemperanza abbiano estinto i principi della legge naturale e abbiano messo a tacere i rimproveri della coscienza. Sono estranei a qualunque sentimento di compassione e costituiscono un terribile esempio della corruzione dell'uomo quando lasciato a se stesso».

Certo, storicamente non esiste soltanto il razzismo contro gli africani ma anche tra africani. Degli arabi sui neri, come abbiamo visto. E dei neri sui neri. Al forum su «Razzismo, xenofobia e intolleranza» di Dakar del 2001, con poche parole secche, il presidente senegalese Abdoulaye Wade disse tutto: «Un burkinabé subisce in Costa d'Avorio ciò che un nero non subisce in Europa». Due giorni dopo ad Abidjan, la città ivoriana più importante, i negozi dei senegalesi venivano presi d'assalto in nome dell'«ivorianità». Cioè lo spirito xenofobo «di appartenere alla "vera" Costa d'Avorio, quella del Sud, della foresta, della costa, degli animisti e dei cristiani» contro «i musulmani del nord, i saheliani, i "sudanesi"», cavalcato spesso da politici locali per superare i momenti di crisi.

Fino all'inizio degli anni Novanta, secondo «Le Monde Diplomatique», la Costa d'Avorio «era considerato il paese della prosperità e dell'apertura: primo produttore di cacao al mondo, ha accolto più di 4 milioni di stranieri (su 15 milioni di abitanti), provenienti principalmente dal Burkina Faso, dal Mali, dalla Guinea e dal Ghana. Era il primo partner commerciale della Francia e dell'Europa tra i paesi francofoni, il polmone e la locomotiva economica dell'Africa occidentale. Tutto sembrava possibile: costruire una nuova capitale politica nel villaggio natale del presidente (Yamoussoukro); aprire strade nella foresta; costruire in piena savana "la più grande cattedrale del mondo". (...) In dieci anni, tutto è andato in malora».

E come va a finire quasi sempre, quando un paese dopo avere assaporato un po' di benessere scopre gli incubi della povertà? Con la caccia al colpevole. E chi è il colpevole? Loro: gli «altri». Esattamente come in Georgia, in Alabama e in Louisiana prostrati dalla sconfitta nella guerra civile: colpa dei negri traditori. Come in Germania dopo la batosta nella Prima guerra mondiale: colpa degli ebrei traditori. Come in Turchia ai tempi della disintegrazione dell'impero ottomano: colpa degli armeni traditori. Ed ecco la «caccia al musulmano» costata 171 morti e seguita dalla scoperta di una fossa comune con 57 corpi mutilati. Ecco la cacciata di ventimila operai burkinabé, venuti dal Burkina Faso, buttati fuori dalla regione di Tabou con le loro famiglie da parte dei nazionalisti baoulé. Ecco le ondate di odio contro i maliani, i guineani, i ghanesi o i senegalesi «per il solo fatto di essere stranieri».

L'Africa è piena di conflitti tra etnie. Lo riconosce lo scrittore ivoriano Ahmadou Kourouma: «Tribalismo, scelte di clan, corruzione, brutalità sono i nostri peccati capitali. E l'espediente prediletto di dare la colpa agli altri dei disastri fatti in casa distrae dalle responsabilità proprie degli africani».

«Il razzismo non ha niente a che fare con il colore della pelle. L'Africa è piena di tribù nere che schiavizzano altre tribù nere», riconosceva nel 2001 il presidente ugandese Yoweri Museveni. Un paio di esempi? Il disprezzo degli altri camerunensi per i pigmei baka raccontato dal giovane antropologo torinese Mauro Luis Devin Campagnoli. O quello per i piccoli twa delle foreste dell'Africa centrale, gli abitanti più antichi di quelle terre, via via massacrati, spogliati, obbligati a non usare le fontane pubbliche, mangiati come animali da gruppi paramilitari congolesi, umiliati in Ruanda in fondo in fondo alla scala sociale senza neppure il diritto, a volte, d'avere la carta di identità personale: «Primi vengono i tutsi, poi gli hutu, poi gli animali, poi il nulla, poi i twa».

Sono oltre un migliaio, le etnie continentali. E ciascuna parla una «sua» lingua. «Per ogni commerciante europeo è sempre stato facile approdare sulle coste dell'Africa occidentale e sfruttare a proprio vantaggio le differenze politiche locali», scriveva nel 1973 Walter Rodney in *How Europe Underdeveloped Afric* (Come l'Europa ha sottosviluppato l'Africa).

Eppure, secondo Barbara Spinelli, tra le invenzioni degli europei «spicca il tribalismo. Certo i clan sono essenziali in Africa, ma contrariamente a quel che si pensa non esiste una congenita vocazione a dividersi in tribù impermeabili, identitarie. (...) Fu la monarchia belga a lacerare il Ruanda in tribù hutu e tutsi, attizzando un odio che sfocerà nel genocidio del 1994. Furono gli inglesi a esaltare le diversità fra etnie Shona e

Ndbele, per meglio dominare lo Zimbabwe. Il ritorno al tribalismo, di cui il continente nero è accusato, è ritorno all'invenzione europea dell'Africa. Un'invenzione dell'Ottocento, questo secolo europeo non meno terribile del Novecento. Gli esseri umani trattati come cose, la crudeltà sadica, i genocidi: (...) l'Africa è la palestra dove l'occidentale ha collaudato e anticipato gli stermini, i campi di concentramento».

Fu spaventosa, quella carneficina in Ruanda del '94. «Una sera gli assassini ci hanno sorpresi. (...) Hanno cominciato dai miei bambini. Ho visto cadere le gambe del primo, e poi la sua testa. Ho incominciato a gridare, allora sono venuti verso di me. Mi hanno tagliata a pezzi e sono svenuta», ha raccontato Adèle Kandera, una tutsi mutilata in più parti, a Yolande Mukagasana che nel libro *Le ferite del silenzio*, diffuso in Italia dalla Associazione per i popoli minacciati, ha raccolto decine di testimonianze di vittime e di carnefici. «La mia più grande sfortuna fu di svegliarmi tra i cadaveri dei miei. Avevo addirittura il cadavere di uno dei miei figli sopra di me. Non potevo muovermi. Una dei miei figli non era morta. Mi chiamava in continuazione. "Mamma, svegliati. Sono ancora in vita." L'avevano tagliata dappertutto. Ho guardato tutto intorno a me, ho guardato i bambini, ho guardato mia madre. Ho detto a mia figlia sopravvissuta "dammi da bere", anche se non poteva trovare acqua. Siamo restate così per notti e giorni, paralizzate. Delle bestie venivano a mangiare i cadaveri dei miei figli, e non avevo la forza di cacciarle...»

«Quindici giorni dopo l'attacco della chiesa, ero ancora là, mezza morta, nuda tra i cadaveri che marcivano sopra di me. Mi avevano maciullato le mani e tagliato i tendini dei piedi. E avevo la testa coperta di colpi di machete, il mio collo era mezzo aperto. Ero coperta di bacarozzi, ne ho addirittura mangiati perché ne avevo in bocca. Non mi rendevo conto che i miei genitori, i miei figli, mio marito erano morti. Non mi rendevo conto di niente. Non potevo stare in piedi», ricorda N. Eugénie, superstite del massacro nella chiesa di Nyamata. «Avevo fame. Mi sono trascinata sul lato meno doloroso fino all'esterno. Là, ho incontrato gli assassini. "Eri nella chiesa?" "Sì." "Allattavi i tuoi bambini morti?" "Sì." "Te, non ti vuole nemmeno la morte." "Finitemi, vi supplico." "Non vogliamo sporcarci le mani." Mi hanno sputato sul viso uno dopo l'altro e se ne sono andati. Sono tornata nella chiesa dove ho trovato delle patate dolci che ho mangiato. Ho cercato dei vestiti sui cadaveri, li ho infilati come potevo. Gli assassini sono tornati poco dopo e mi hanno svestita di nuovo. Mi hanno detto: "Devi restare nuda fino alla fine della vita".»

«Qual era il tuo stato d'animo mentre facevi queste cose?» chiede la scrittrice a Innocent R., uno dei boia in prigione a Butare. «Era un po' come un'epidemia. Prima di uccidere la prima volta, avevo paura. Ma dopo il primo assassinio, sono diventato molto cattivo e molto crudele. Era come se dentro di me fosse cresciuta una grande collera contro i tutsi, senza che ne capissi il perché.» Era cominciato tutto, spiega, il giorno in cui si era presentato il cognato del brigadiere «a dire che eravamo degli esseri insignificanti e che dovevamo inseguire i tutsi scappati nella foresta, perché altrimenti saremmo stati tutti uccisi». «E tu hai partecipato a questa caccia?» «Sì. Ho ucciso tre tutsi. Un certo Karasira, con un colpo di manganello. Un certo Vianney, che era un mio amico, con un colpo di lancia. E un bambino di 12 anni, con diversi colpi di pugnale...»

Evariste Ntegeyimana ha solo 15 anni, quando racconta a Yolande Mukagasana la sua storia: «Un gruppo di assassini sono venuti a prendermi a casa. Mi hanno detto di andare con loro. Ho rifiutato. Ma hanno minacciato di uccidere la mia mamma, che è tutsi, se non andavo. Allora, ho avuto paura e sono andato con loro. Mi hanno fatto vedere tre bambini da uccidere. Ho rifiutato, ma un vicino mi ha obbligato a prendere un machete. Ho ancora rifiutato, ma mi hanno schiaffeggiato. Allora l'ho preso. Ho ucciso i bambini, non avevo scelta...». «Quale è stata la reazione di tua madre quando l'ha saputo?» «Mi ha picchiato...» «Quei bambini che hai ucciso, li conoscevi?» «Sì, erano dei vicini. Mangiavano spesso da noi e io da loro.»

«Vorrei essere chiaro: l'Africa non è la rozza caricatura di un continente in guerra», ha detto Barack Obama nel suo storico discorso del luglio 2009 ad Accra, in Ghana. «Ma per troppi africani, il conflitto è una parte della vita, una costante come il sole. Ci sono guerre per il territorio e guerre per le risorse. Ed è ancora troppo facile per coloro che sono privi di coscienza manipolare intere comunità in lotta tra fedi e tribù. Questi conflitti sono una pietra che l'Africa ha appesa al collo.»

Troppo comodo scaricare tutte le colpe sul colonialismo, lo schiavismo, i confini assurdi disegnati dagli europei. Solo il figlio di un africano come Obama poteva dirlo: «Certo, una mappa coloniale che aveva poco senso ha alimentato i conflitti, e l'Occidente ha spesso visto l'Africa come un padrone, piuttosto che un partner. Tuttavia, l'Occidente non è responsabile per la distruzione dell'economia dello Zimbabwe nel corso degli ultimi dieci anni, o per le guerre in cui i bambini vengono arruolati come soldati. Nella vita di mio padre, è stato in parte il tribalismo e il nepotismo presenti nell'indipendente Kenya che hanno fatto deviare il suo corso, e sappiamo che quel tipo di corruzione è un fatto quotidiano nella vita di troppe persone».

Come ha ricordato polemicamente sul «New York Times» lo storico Paul Johnson, «due tra i più poveri stati con popolazione nera sono Haiti e la Liberia, che si sono governati da soli rispettivamente per 200 e 150 anni». Lo stesso Ghana visitato da Obama, dopo l'indipendenza del 1957, contò 27 golpe militari prima di approdare a una moderna democrazia parlamentare. E il reddito pro capite dello Zambia, che al momento del riconoscimento della sovranità nel 1964 era il doppio di quello sudcoreano, poco più di tre decenni dopo era 27 volte più basso.

Uno studio pubblicato dal settimanale «Tempi» nel 1998, dimostrava già allora quanto l'autonomia conquistata pochi anni prima fosse stata usata male o malissimo dalle classi dirigenti troppo spesso litigiose, ingorde e criminali che si erano impossessate di molti stati con l'appoggio spregiudicato di questa o quella potenza occidentale (si pensi a Bokassa, il dittatore del Centroafrica che godeva della benevolenza del presidente francese Valéry Giscard d'Estaing al quale regalava diamanti) o peggio ancora dell'Urss. Il Congo, ricchissimo di risorse minerarie, forestali, idriche, aveva 93.380 chilometri di strade nel 1960 e alla fine del trentennio di Mobutu (il quale aveva cambiato nome ribattezzandosi Mobutu Sese Seko Kuku Ngbendu Wa Zabanga, cioè «Mobutu il guerriero che va di vittoria in vittoria senza che alcuno possa fermarlo») ne aveva ancora meno di 10.000 mentre il reddito medio si era dimezzato: da 288 a 130 dollari. Per non dire della Nigeria precipitata da 329 a 240 dollari nonostante sia il quinto produttore mondiale di petrolio. Un degrado confermato dai Pil pro capite accertati nel 2008 dal Fondo monetario internazionale: appartengono al continente nero, salvo eccezioni, tutti gli stati più poveri del pianeta.

Loro, gli africani, per costruirsi il futuro devono piantarla di assolversi dando tutte le colpe all'uomo bianco. Ma noi no, noi non possiamo rimuovere la storia. Vogliamo ricordare solo un paio di appunti? Uno lo prendiamo da *Gli spettri del Congo* dove Adam Hochschild racconta la ferocia delle truppe belghe, che per dimostrare che non sprecavano cartucce tagliavano una mano a ogni nero ammazzato: «Nel 1896 la "Kölnische Zeitung", un giornale tedesco, annunciò, dietro autorizzazione di un "belga tenuto in grande stima", che in un solo giorno erano state consegnate 1308 mani mozzate al famigerato commissario distrettuale Léon Fièvez». Il secondo da una pagina di *Sterminate quelle bestie* (titolo che si rifà a Conrad) di Sven Lindqvist, dove si racconta della decimazione degli herero in Namibia decisa nel 1904 dai tedeschi con un proclama del generale Adolf Lebrecht von Trotha («all'interno del territorio tedesco si sparerà contro tutti gli uomini della tribù degli herero, armati o disarmati, con o senza bestiame. Nel territorio non verranno accolti nemmeno donne e bambini: essi verranno ricondotti al loro popolo, o fucilati») che spinse decine di migliaia di poveretti a tentare la fuga nello spaventoso deserto dell'Omaheke con un esito che il rapporto ufficiale dello stato maggiore riassume così: «Lo sbarramento delle aree deserte, portato avanti per un mese con ferrea severità, ha completato l'opera di distruzione. (...) I rantoli dei moribondi e le loro urla folli e rabbiose (...) risuonavano nel silenzio sublime di quegli spazi infiniti».

Il colonialismo fu un fenomeno brutale, ha scritto sul «Sole 24 Ore» Ugo Tramballi, «con molti elementi negativi ma anche qualche raro risultato. In Africa, tuttavia, fu esclusivamente un saccheggio mirato e incredibilmente breve. Era il 1871 quando David Livingstone andava ancora alla ricerca delle fonti del Nilo, lungo il lago Tanganica. Circa 74 anni più tardi, nel 1945 incominciava già la fase di decolonizzazione che si sarebbe esaurita in un ventennio. In pochi anni le potenze europee hanno dato prova di una rapacità ineguagliabile: hanno spogliato delle loro ricchezze regioni intere, denudato della loro cultura popoli interi. Quando se ne andarono da Luanda, gli ultimi portoghesi non lasciarono nemmeno le lampadine e le assi dei gabinetti».

Cosa significò quel saccheggio lo avrebbe spiegato nel 1992 *The Scramble for Africa* (La mischia per l'Africa) di Thomas Pakenham: senza le ricchezze del continente nero, dalla tratta degli schiavi fino alla razzia dell'uranio indispensabile per costruire l'atomica, l'Occidente non sarebbe quello che è oggi. Un esempio lo racconta, nel saggio citato, Walter Rodney: «Nel 1926 la Firestone Rubber Company statunitense riuscì ad acquisire un milione di acri di foresta in Liberia al costo di 6 cent per acro e 1% del valore della gomma esportata». Un affarone che l'avrebbe fatta diventare un gigante industriale mondiale.

Il danno più grave causato agli africani, però, è stato il furto della memoria. Spiega Barbara Spinelli: «Lo stereotipo più resistente è quello secondo cui l'Africa è senza storia, in fondo maledetta. Lo ha formulato Hegel all'inizio dell'Ottocento, nella *Filosofia della Storia Universale*: "L'Africa non è un continente storico, non ha movimento né sviluppo". Ancora nel 1963, in una conferenza a Oxford, lo storico Trevor-Roper ne ripete la stupida arroganza: "Forse in futuro ci sarà una storia africana. Ma al momento non ce n'è: esiste solo una storia degli europei in Africa. Il resto è tenebra, e la tenebra non è soggetto di storia"». Quello che ripete oggi, anche se dà il capogiro accostarlo a Hegel sia pure ironicamente, il leghista Giancarlo Gentilini quando barrisce contro la «civiltà della savana».

Non è così. Lo dimostra, per esempio, il *Libro delle strade e dei regni* scritto nel 1068 da Al-Bakri, uno storico di Cordova:

«Ghana... è il titolo che viene dato ai loro re. Il nome della regione è Awkar, e il loro attuale sovrano (che salì al trono nel 1063) è il Tunka Manin. Governa un regno immenso ed ha grande potere... Quando chiama a raccolta il suo esercito, può mettere in campo 200.000 uomini di cui più di 40.000 sono arcieri. (...) Quando il re concede un'udienza, o quando ascolta le lamentele contro i suoi funzionari, egli siede in un padiglione dorato attorno al quale stanno dieci cavalli coperti con paramenti intessuti d'oro; e alla sua destra vi sono i figli dei re vassalli che indossano magnifici vestiti con acconciature d'oro fra i capelli. Sulla porta del padiglione stanno cani di razza pura che quasi mai si allontanano dal posto dove si trova il re. Attorno al collo, i cani hanno collari d'oro e d'argento».

I re swahili, scrive Basil Davidson, «scambiavano gli ambasciatori con i titolari di monarchie lontane e inviavano loro doni prestigiosi. Nel 1414 la città di Malindi arrivò addirittura a regalare una giraffa all'imperatore della Cina, nonostante gli immensi problemi dovuti al trasporto di un animale così alto e lungo, e al suo mantenimento in vita durante un faticoso e prolungato viaggio per mare. (...) Nel 1417 l'ammiraglio cinese Cheng Ho iniziò una serie di viaggi in Occidente che quell'anno lo portarono fino a Malindi; in una seconda occasione, qualche anno dopo, visitò altri porti swahili. Deve essersi trattato di una visita assai importante perché, come disse un commentatore cinese: "Le navi che fanno vela nei mari del sud sono come case. Le loro vele pienamente spiegate sono come grandi nuvole nel cielo. I loro timoni sono lunghi parecchi metri. Una sola nave porta varie centinaia di uomini e provviste di grano per un anno"».

Le «Città di corallo» sulla costa orientale, insiste nella sua *Storia dell'Africa* lo storico inglese, «continuarono a fiorire fino ai primi del XVI secolo, quando furono colpite da un disastro. Alcuni viaggiatori portoghesi fecero comunque in tempo a descrivere, prima che scomparissero, il benessere e il conforto materiale di queste città. Duarte Barbosa scrisse che i re di Mafia, Zanzibar e Pemba "(...) vivono nel lusso più grande. Indossano abiti pregiati di seta e di cotone comprati a Mombasa dai mercanti (indiani) del Cambay. Anche le loro donne sono assai ben vestite e portano raffinati gioielli d'oro di Sofala, molti altri d'argento, insieme ad orecchini, collane, bracciali da caviglia e da polso. Anche le loro vesti sono di buona seta. Le città più grandi hanno case a molti piani che salgono, di piano in piano, in armonia col terreno che si innalza dalla spiaggia verso l'interno"».

Era così ricca, l'Africa, che il grandioso pellegrinaggio alla Mecca dell'imperatore del Mali Mansa Musa, dal 1324 al 1326, entrò nella leggenda. Il funzionario che aveva assistito l'imperatore in Egitto, Amir Hajib, raccontò allo scrittore Ibn al-Fadlullah Umari: «Quest'uomo ha sommerso il Cairo con la sua beneficenza. Non ha lasciato un solo cortigiano, nessun funzionario reale, senza il dono di un pezzo d'oro. I Cairoti fecero profitti incalcolabili con lui e il suo seguito, comprando e vendendo, dando e prendendo. Scambiarono oro fino ad abbassarne il valore in Egitto e provocando così una caduta generale del suo prezzo».

Quanto oro spese in quel suo viaggio Mansa Musa non si sa: tantissimo. Ci sono invece qua e là tracce che fanno capire quanto ne arraffarono gli europei che a partire dal Cinquecento riportavano a casa «caravelle tutte d'oro», spiega ancora Davidson, così cariche che «potevano superare per valore anche i grandi "galeoni d'argento" che venivano dalle due Americhe. Nel 1540 gli Inglesi a loro volta intervennero con un viaggio inaugurale che portò in patria pepe e avorio. Poi, nel 1553, il capitano Wyndham ritornò con non meno di 68 kg. d'oro, anche se egli morì prima di raggiungere l'Inghilterra. Un anno dopo, il capitano Lok rientrò con 182 kg. d'oro, e qualche anno più tardi il capitano Towerson predò 23 kg. d'oro da una nave francese sulla costa. Egli riferì che, con suo grande disappunto, altre navi francesi erano scappate con 318 kg. d'oro».

Non si saprà mai se fra quegli oggetti preziosi ci fossero capolavori come quelli trovati in Perú nella tomba del Signore di Sipan o in Egitto in quella di Tutankhamon. Furono tutti fusi. Del resto, pareva così impossibile che i negri fossero in grado di costruire civiltà «loro» di qualche pregio artistico o culturale che quando emersero le maestose rovine del Grande Zimbabwe (l'antica città da cui prende il nome lo stato) i coloni eu-

ropei cercarono di «attribuire tutti i segni di ogni civiltà precedente a "qualche razza misteriosa che era arrivata da oltre i mari"», scrive lo storico britannico. «Si disse che questa regione a
nord del fiume Limpopo, tanto evidentemente ricca d'oro, era
stata il paese della regina di Saba, circa 3000 anni prima, oppure la terra dove si trovavano le miniere d'oro di re Salomone».

Tanta era la ricchezza del posto, continua, che si precipitarono «alcuni antiquari dilettanti che procedevano tutti sulla base dell'ipotesi secondo cui gli Africani locali non avrebbero mai
potuto essere i costruttori e neppure gli abitanti di quei palazzi
e di quelle città. Il primo fu un religioso inglese, il reverendo
Theodore Bent, che arrivò coi carri trainati dai buoi, insieme a
sua moglie, nel 1891. Dopo aver scorrazzato intorno al Grande
Zimbabwe per un mese, Bent decise che le rovine non potevano essere attribuite alla regina di Saba e assai meno al re Salomone di Israele ma decise piuttosto di chiamare in causa la pa-
ternità dei Fenici».

Tutto cancellato, rimosso, distrutto. Come le splendide
memorie della Nubia cristiana a Faras finite in parte, dopo la
costruzione della diga di Assuan, sul fondo del lago Nasser. Gli
archeologi polacchi di Kazimierz Michałowski, chiamati a salvare in fretta quanto era possibile mentre i lavori della diga andavano avanti febbrili, riuscirono a portare al sicuro solo gli affreschi eleganti di una cattedrale che era stata per almeno cinque secoli il centro di una civiltà cristiana nel Sudan.

Tutto annientato come la bella Kilwa, saccheggiata dai portoghesi nel 1505 mentre i frati francescani cantavano il *Te
deum*. O Mombasa, la cui sorte fu raccontata da Hans Mayr, un
tedesco imbarcato sulla nave di Francisco de Almeida: «L'ammiraglio ordinò che Mombasa fosse messa al sacco e che ciascuno degli assalitori portasse alla sua nave qualunque cosa
avesse trovato così che, alla fine, potesse esserci una divisione
del bottino. Subito dopo, tutti cominciarono a saccheggiare la
città (impossessandosi) di una gran quantità di sete pregiate e
di vestiti ricamati in oro, oltre ad una gran quantità di tappeti.
Uno di questi, di bellezza impareggiabile, venne inviato al re
del Portogallo insieme ad altri oggetti preziosi. Il saccheggio

della città venne ripetuto una seconda volta il giorno dopo». Quando tornarono gli abitanti che erano riusciti a fuggire nei dintorni, avrebbe scritto il re di Mombasa, non trovarono «nessuno che fosse rimasto in vita, uomo o donna, giovane, vecchio o bambino. Tutti coloro che non erano riusciti a mettersi in salvo erano stati uccisi e bruciati».

Va da sé che, cancellata ogni testimonianza che potesse insinuare il dubbio che i neri avessero seguito percorsi storici diversi su tempi storici diversi ma non fossero affatto «geneticamente incapaci» di costruire qualcosa che andasse oltre il tukul, fu più facile per quelli come Cecil Rhodes, l'insaziabile uomo d'affari che avrebbe dato il nome alla Rhodesia e che teorizzava il sogno «se potessi annetterei altri pianeti», dare sfogo al suo razzismo: «Io sono convinto che noi siamo la migliore razza del mondo e che più terre occupiamo tanto meglio sarà per l'umanità. Pensate a quelle zone che sono abitate dalle peggiori specie umane: che cambiamento si avrebbe se fossero sotto l'influenza anglosassone...».

In realtà, spiega nella sua storia del razzismo Fredrickson, «la più denigrata di tutte le razze incontrate dagli europei prima del XVIII secolo – i khoikhoi o "ottentotti" – dell'Africa del Sud non avevano una pigmentazione nera o bruna ma di un giallastro scuro. Venivano considerati i più infimi degli infimi sia perché il loro stile di vita nomade e non agricolo era ritenuto antitetico alla civiltà, sia perché nel fisico e nella fisionomia venivano percepiti come devianti dal modello somatico europeo più di altri africani (magari molto più scuri di pelle)».

Sempre quello era il nodo: la tesi cara tra gli altri al francese Victor Courtet de l'Isle, un teorico della gerarchia delle razze, secondo cui queste potevano essere distinte osservando quanto gli uomini si avvicinassero ai canoni della scultura greca e in particolare alle statue di Apollo. Più i volti e i corpi erano «belli», più doveva essere viva l'intelligenza e buona l'anima. Più erano «brutti», più valeva l'opposto. Fino all'estremizzazione di qualche sostenitore della schiavitù come Jean-Joseph Virey, convinto che gli africani si accoppiassero con le scimmie e perciò avessero neri anche il sangue e il cervello.

Il concetto dell'uomo-bestia radicato nelle leggende dei secoli bui, spiega George L. Mosse, si protrasse a lungo in Occidente «dove era diffusa la credenza che le scimmie fossero effettivamente non un genere totalmente differente, ma una specie inferiore di uomo, che si rifiutava di parlare per non essere ridotta in schiavitù». Agli sgoccioli del Seicento, per esempio, prosegue l'autore de *Il razzismo in Europa*, lo scienziato e medico britannico Edward Tyson pensava che «i pigmei erano delle scimmie perché avevano i nasi schiacciati e una statura piccola». Quanto all'olandese Peter Camper e al francese Georges-Louis Leclerc conte di Buffon, «tentarono di dimostrare che le scimmie erano una specie diversa dall'uomo. Malgrado però le differenze fondamentali tra l'uomo e la scimmia, Camper era ancora convinto che il negro fosse più vicino alle scimmie del resto della razza umana e citava a sua giustificazione le sembianze del negro e le misure del suo cranio».

L'esploratore inglese sir Samuel Baker, tenendo una conferenza ai membri della Società Etnografica di Londra nel 1865 fu netto: i dinka visti lungo le rive del Nilo bianco avevano una natura non «paragonabile neanche alla nobile indole del cane». «Non si fa certo un favore al cane, la cui coda dev'essere tagliata, quando gliela si taglia gradualmente, centimetro per centimetro; altrettanto poco umano è prolungare artificialmente la lotta contro la morte dei selvaggi che si trovano sull'orlo dell'estinzione... Il vero filantropo non può altro che desiderare un'accelerazione dell'estinzione dei popoli selvaggi, e prodigarsi per questo scopo», scrisse nella sua *Philosophie und Unbewussten*, il filosofo tedesco Eduard von Hartmann. E il filosofo inglese Herbert Spencer, nei *Principi di sociologia*, teorizzando che il colonialismo era al servizio della civilizzazione, concordava: «Le forze che stanno elaborando il grande schema della felicità perfetta, non tenendo conto della sofferenza incidentale, sterminano quei settori del genere umano che intralciano la loro strada... Siano esseri umani oppure bestie l'ostacolo deve essere rimosso». La sintesi non poteva che essere la celeberrima frase che Joseph Conrad nel capolavoro *Cuore di tenebra* in cui racconta la ferocia dell'occupazione del Congo, attribuisce a Mister Kurtz: «Sterminate tutte quelle bestie!».

Definita l'inferiorità dei negri, come andavano valutati i meticci, numerosi in aree in cui mancavano le donne bianche come ai Caraibi? C'è chi si prese la briga di comporre un vero e proprio dizionario. Era un avvocato francese della Martinica, si chiamava Moreau de Saint-Méry e mise a punto un complicatissimo sistema di incroci di padri e nonni e bisnonni fino a stabilire 128 gradazioni diverse in base al quale, per esempio, il «sang-melé» aveva 126 parti di sangue bianco e due sole di sangue nero e via via che queste parti aumentavano un mulatto doveva essere classificato «quarteron» e poi «marabou» e poi «griffe»... Ma ne parliamo nello «stupidario» finale.

Tutto questo un senso l'aveva: se i negri erano animali, non avevano l'anima, se non avevano l'anima potevano essere ridotti in schiavitù. Cosa questo significasse, lo abbiamo già accennato. Vale la pena tuttavia, senza addentrarci in una materia troppo vasta, di aggiungere almeno due testimonianze. La prima è di Olaudah Equiano, un nigeriano che, comprato da un padrone liberale, imparò in America a leggere e a scrivere, acquistò la propria libertà e descrisse nell'autobiografia, del 1789, i ricordi della nave negriera: «Un grande calderone di rame in ebollizione e una multitudine di persone nere di ogni tipo incatenate le une alle altre con una grande varietà di espressioni di dolore e di disperazione. A quel punto non avevo più dubbio sul mio destino. Quando mi ripresi un po', vidi intorno a me alcuni negri che, pensai, erano fra coloro che mi avevano portato a bordo e che per questo erano stati pagati. Mi parlavano per farmi stare più tranquillo ma era tutto invano. Chiesi loro se non fossimo destinati ad essere mangiati da quegli uomini bianchi con le loro espressioni orribili, le facce rosse, e i capelli sciolti. (...) I sani e i validi erano marchiati sul petto con un ferro rosso di fuoco che stampava il segno delle compagnie francesi, inglesi o olandesi, così che ciascun acquirente potesse distinguere il suo schiavo e così da impedire che potessero essere sostituiti dal venditore con altri di qualità inferiore».

La seconda testimonianza è di Charles Dickens che, in

America del 1842 annotò un po' di annunci «pubblicati ogni giorno, a mucchi», sui quotidiani locali. «Fuggitiva, negra Caroline. Ha un collare con un dente girato verso il basso. (...) Fuggitivo, negro Manuel. Ha molti marchi fatti col ferro rovente. (...) Fuggitivo, ragazzo negro di circa 12 anni. Attorno al collo ha un collare per cani con inciso "De Lampert". (...) Fuggitiva, una donna negra e due bambini. Alcuni giorni prima della sua fuga, con un ferro rovente le ho bruciato la guancia sinistra. Cercavo di scrivere la lettera M. (...) Fuggitivo, negro di nome Henry; non ha più l'occhio sinistro, alcune cicatrici da coltello sopra e sotto il braccio sinistro, e molte cicatrici da frusta.»

Molti, scrive Massimiliano Santoro ne *Il tempo dei padroni*, dove ricostruisce lo schiavismo ad Haiti, non vedevano altra scelta che uccidersi. Un gesto che «viene praticato dai neri di tutte le piantagioni. (...) Alcune madri uccidono i figli, rompendo loro la mascella e impedendo così l'assunzione di cibo, gli amici si avvelenano a vicenda, gli amanti si tuffano in mare, annegando». Il missionario domenicano Jean-Baptiste Labat, che trattò il tema nel suo *Voyages* del 1722, non capiva: «I negri della costa della Mina ne vanno molto soggetti, si impiccano e si tagliano la gola, come se niente fosse, per i più futili motivi, il più delle volte per far compassione ai propri padroni, convinti come sono di ritornare, dopo la morte, nel paese d'origine; e sono talmente presi da questa folle ossessione che è impossibile levarla loro dalla mente». Futili motivi...

E cosa facevano i padroni se un poveretto si ammazzava per tornare almeno con lo spirito in Africa? Cercavano di scoraggiare gli altri, risponde Moreau de Saint-Méry, spaventandoli all'idea che a casa non sarebbero tornati interi: «Si fa tagliare la testa del primo schiavo che si uccide, o solo il suo naso e le sue orecchie che vengono conservate sopra un palo in modo che gli altri, convinti che il malcapitato non oserà mai ricomparire nella sua terra natale così disonorato nella considerazione dei compatrioti, rinunciano a questo spaventoso disegno di emigrazione».

Ci hanno messo un sacco di tempo, i bianchi, a chiedere

perdono ai neri per questi secoli di ferocia. Pare impossibile ma solo alla fine di luglio del 2008 il Congresso degli Stati Uniti ha chiesto ufficilmente scusa agli afroamericani per «le ingiustizie, la crudeltà, la brutalità e l'inumanità» subite fino al 1965, quando vennero abolite le famigerate «leggi Jim Crow». Pare impossibile ma solo il 13 giugno 2005 il senato Usa aveva approvato una mozione di scuse formali ai discendenti dei 4743 immigrati cinesi, italiani, slavi ma soprattutto americani di colore assassinati in pubblici linciaggi documentati tra il 1882 e il 1968. Sette presidenti americani ci avevano provato inutilmente, a spingere a quel passo la camera alta. E per oltre 200 volte, tra il 1880 e il 1960, erano state respinte le proposte di legge anti-linciaggio, che del resto soltanto in tre casi erano riuscite a superare lo scoglio della camera, a causa del boicottaggio dei parlamentari del Sud.

Furono 3811 i neri linciati fra il 1889 e il 1941. Era una festa di paese, linciare un negro. Al punto che nel 2000 la New York Historical Society sarebbe stata in grado di organizzare una mostra, intitolata *Without Sanctuary*, centrata soprattutto su una collezione di cartoline con le immagini di uomini impiccati, bruciati, torturati, mutilati che venivano spedite («tutto bene, ciao, salutami tutti») dai mariti alle mogli e dai figli ai genitori. Immagini spaventose proprio per il contrasto tra l'orrore di quei corpi trucidati e le famigliole allegre che circondavano i patiboli, guardando sorridenti l'obiettivo del fotografo, tenendo per mano i bambini.

Erano mossi, quei «bravi cittadini yankee», da intellettuali che cavalcavano le paure come George Tayloe Winston che scrivevano cose così: «Quando una donna bianca sente bussare alla porta rabbrividisce davanti ad un pericolo che non ha un nome. Il negro-bruto, una terribile creatura guidata dal desiderio e dalla lussuria, si nasconde nel buio. La sua ferocia è quasi demoniaca. Un toro impazzito o addirittura una tigre non possono competere. I neri sono una comunità delirante e accecata dal desiderio di vendetta». I risultati di tanto odio si possono vedere al museo Jim Crow della Ferris State University: «Nel 1904, Luther Holbert e sua moglie furono bruciati

vivi. Legati a degli alberi, mentre venivano preparate le pire funerarie, furono costretti a mettere in mostra le loro mani. A questo punto fu tagliato loro un dito alla volta che venne poi regalato in giro come fosse un souvenir. Anche le orecchie furono mozzate...».

La domanda è: possiamo dimenticare tutto questo, nei nostri rapporti con l'Africa? Obama fa benissimo a spronare i ragazzi neri perché aspirino a diventare «non cestisti o rapper ma scienziati, ingegneri, dottori, insegnanti e presidenti degli Stati Uniti» e perché «non cerchino scuse»: è interesse loro non rivendicare crediti dal passato. Ma fino a che punto noi europei, noi Occidente, noi bianchi abbiamo il diritto di cancellare i nostri debiti nei confronti degli africani?

Non sono solo debiti vecchi. Dopo il saccheggio coloniale i paesi ricchi, come ha denunciato con parole durissime il sinodo dei vescovi dell'ottobre 2009, ne hanno accumulati di nuovi. Per esempio sul fronte ambientale. L'Africa, da anni, è diventata la pattumiera di rifiuti tossici, industriali, nucleari e ospedalieri del pianeta. Vi hanno buttato le loro scorie pericolose i francesi, come dimostrarono gli arresti in Costa d'Avorio dei manager di un'impresa accusata di avere scaricato alla periferia di Abidjan materiale che uccise sette persone. Vi hanno buttato le loro gli inglesi, come emerse da un'inchiesta congiunta del quotidiano «The Independent», di Sky News e di Greenpeace su una discarica di pattume tecnologico alla periferia di Accra, Ghana. Vi hanno buttato le loro i russi, che dopo avere rifilato alla Guinea degli spazzaneve al posto dei trattori per il movimento della terra, si sono liberati nello Zambia di carne radioattiva, presto disseppellita dalla gente, troppo affamata per farsi spaventare dalle contaminazioni. Un caso niente affatto isolato, secondo «missionline.org» che racconta come una partita di vecchi barattoli di carne contaminata cecoslovacca fosse finita qualche anno fa nello stesso Zambia. Scoperta la loro pericolosità, i 2880 barattoli furono seppelliti a tre metri e mezzo sottoterra e coperti con una colata di cemento nel villaggio di Chongwe, a est della capitale Lusaka: «Da allora, gli abitanti affamati hanno fatto di tutto pur di arrivare alla carne. Due anni dopo un giornale belga "Gazet van Antwerpen" rese noto che alla fine erano riusciti a riesumarla e l'avevano mangiata».

È un affarone razzista, buttare i rifiuti in Africa. Nei mari dei negri, sulle spiagge dei negri, nei villaggi dei negri. Lo dicono le inchieste di Riccardo Bocca su «L'espresso». Lo dice il contratto (trovato ed esibito da Greenpeace) col quale l'allora presidente somalo Ali Mahdi Mohamed accettava 10 milioni di tonnellate di rifiuti tossici in cambio di 80 milioni di dollari. Otto dollari la tonnellata. Contro un costo di riciclaggio e smaltimento che in Europa arrivava a mille.

Anche l'Italia ha accumulato debiti nuovi. «Noi non siamo razzisti. Per me tutti gli uomini sono uguali, hanno la medesima dignità. Il più nero dei neri ha gli stessi diritti del mio vicino di casa. Però a casa sua», spiega Umberto Bossi nel libro *Processo alla Lega* scritto dal suo biografo, Daniele Vimercati. Ecco il punto. Gli italiani non sono sempre rimasti a casa propria. Anzi. E dopo un periodo coloniale segnato dal lavoro di tanta brava gente ma anche da episodi non isolati di spaventosa ferocia repressiva, hanno continuato a «usare» l'Africa come una fonte di business.

Fecero ridere il mondo, gli scandali della nostra cooperazione internazionale. Come i 2360 silos della bresciana Calvisilos montati in Somalia e in Sudan senza basamenti di calcestruzzo o un minimo di accorgimenti per impedire al mastice delle giunture di sciogliersi al sole. O le 1725 tonnellate di buste di cibo liofilizzato, pagato 30 euro di oggi al chilo, mandate dove non avevano l'acqua per far rinvenire i minestroni disidratati. L'andazzo era tale che non solo Gianni De Michelis ammise che il 97% degli aiuti ai paesi poveri finiva in commesse a imprese italiane, ma un bel giorno il generale somalo Aidid, insieme a un compare di merende, arrivò a presentare al Tribunale di Milano una richiesta di risarcimento danni nei confronti di Bettino Craxi, Paolo Pillitteri e Pietro Bearzi lagnandosi che gli era stata pagata su un conto corrente elvetico solo una parte di una tangente concordata.

Per non dire dei nostri rifiuti tossici scaricati nel continente nero. Una pratica infame finita sotto i riflettori in almeno tre occasioni. Prima quando i nigeriani sequestrarono la nave *Piave* per costringerci a riprendere i veleni italiani abbandonati vicino a Port Koko. Poi quando la *Lynx*, carica di materiali pericolosi imbarcati a Massa Carrara venne bloccata e respinta mentre si dirigeva a Gibuti. La terza quando a Mogadiscio, nel '94, vennero uccisi l'inviata Rai Ilaria Alpi e il cameramen Miran Hrovatin. Assassinati quasi certamente perché indagavano su una delle triangolazioni maledette: soldi che arrivavano in Somalia per seppellire rifiuti tossici e tornavano indietro in cambio di fucili, mitra, bazooka, munizioni...

Aveva la voce rotta, Silvio Berlusconi, raccontando al G8 del bimbo africano morto di fame tra le braccia della madre: «Le disse di non preoccuparsi perché sarebbero arrivate le Nazioni Unite. Ma non sono arrivate mai». Bene: avanti così arriveranno ancora di meno. Ricordate il solenne giuramento al Vertice Fao del '96? «Entro il 2015 dimezzeremo il numero degli affamati.» Erano allora 800 milioni. Nel 2009 sono cresciuti di altri 220 milioni, fino a un miliardo e 20 milioni. Un essere umano su sei.

È lì la grande contraddizione occidentale, europea e italiana nei rapporti con l'Africa. Da una parte la giusta preoccupazione di un'ondata di immigrati così massiccia da essere impossibile da gestire, dall'altra l'ipocrisia di chi dice «aiutiamoli a casa loro» senza offrire alternativa. Peggio, sbarrando la strada a ogni possibile «rimonta» del continente nero. «I dazi imposti dai paesi industrializzati su alimenti base quali carne, zucchero e latticini sono circa cinque volte superiori ai dazi imposti sui manufatti», accusava nel 2001 Kofi Annan. «Le tariffe doganali dell'Ue sui prodotti della carne raggiungono punte pari all'826%.»

Nel 2006, lo United Nations Development Programme confermava: «Le tariffe commerciali più alte del mondo sono erette contro alcuni dei paesi più poveri. In media le barriere commerciali per i paesi in via di sviluppo che vogliono esportare verso i paesi ricchi sono da tre a quattro volte più alte di quelle in vigore tra i paesi ricchi». Per non dire degli aiuti agli agricoltori: un miliardo di dollari al giorno in sussidi per prodotti coi quali, a quel punto, i contadini dei paesi in via di sviluppo non possono sognarsi di competere. La direttrice del Programma alimentare mondiale Josette Sheeran non ha dubbi: «Milioni e milioni di persone disperate hanno solo tre scelte: la rivolta, l'emigrazione, la morte».

Un po' imbarazzati dalla cattiva coscienza e dai continui tagli agli aiuti che hanno visto l'Italia diventare lo stato più sparagnino del pianeta (con lo 0,11 reale del Pil contro un impegno dello 0,70) i paesi ricchi del G8 riuniti all'Aquila nel luglio 2009 hanno deciso di reagire aprendo i cordoni della borsa. Comunicando con toni trionfali di avere stanziato per le nazioni più miserabili del mondo 20 miliardi di dollari. Fatti i conti, un trentunesimo di quanto persero le sole Borse europee nella sola giornata nera del 21 gennaio 2009. O se volete lo 0,13 per mille dei soldi stanziati per arginare la crisi nei paesi ricchi dopo l'esplosione della bolla speculativa basata sui subprime.

Ammesso che finissero tutti nel continente nero: 5 euro e 18 centesimi l'anno per ogni africano. Cioè 43 centesimi al mese.

11

«Macché gas, Auschwitz aveva la piscina»

La cancellazione dell'Olocausto e la rinascita dell'antisemitismo

«Himmler Himmler Himmler addestrava le SS / grandi animatori di villaggi per le vacanze. / Era obbligatorio per gli ebrei di tutto il ghetto, / il problema era sempre quello: "Dove cazzo li metto?". / A Dachau, a Mauthausen, a Treblinka, / ti ho dato una spinta, / vai dentro la fossa, tua moglie la doccia, / tua figlia Rachele / la diamo a Mengele...»

Settimio Calò non avrebbe retto, fosse ancora vivo, ad ascoltare la canzone che i 99 Fosse, un gruppo nazi-rock da non confondere coi 99 Posse, hanno scritto sulle note di *Gianna* di Rino Gaetano e messo in internet finché finalmente una mano saggia non l'ha rimossa. La mattina del maledetto «sabato nero» del ghetto di Roma, il 16 ottobre 1943 uscì di casa all'alba per mettersi in coda davanti a una tabaccheria dove sperava di trovare delle sigarette. Nei letti, ancora addormentati, lasciò sua moglie Clelia Frascati, i loro nove figli (la maggiore poco più che ventenne, il più piccolo di quattro mesi) e un nipotino che era lì ospite, Settimio, figlio di una sorella.

«Stava ancora in fila a Monte Savello», ha scritto nel libro *I tedeschi in Italia* lo storico Silvio Bertoldi, «quando i tedeschi salirono le scale del numero 19 di Portico d'Ottavia, entrarono, portarono via tutta quella gente, sua moglie, i suoi figli, il nipote. Quando Calò fece ritorno, non c'erano che le stanze vuote. "Me parevo 'mpazzito, me parevo. Non c'era più nessuno, mi dissero che l'avevano portati via. Mi misi a correre, non sapevo dove andavo. Mi ritrovai alla Lungara, stavano tutti là quelli che avevano preso. Mi buttai avanti per andare a consegnarmi pure io. Mi ferma una sentinella italiana, mi prende per un braccio e dice: 'Vattene, a matto! Che non lo sai che ti pigliano anche te, se ti vedono?'. Io non capisco niente, me butto a spigne, quello me ributta. Mi siedo un poco più in là e piango."».

Vent'anni dopo, quando incontrò Bertoldi in un'osteria al Portico d'Ottavia, Calò cercava inutilmente di scaldarsi col vino: «Mia sorella Liliana andò il 19 mattina alla stazione Tiburtina a vederli partire. Era la madre di mio nipote Settimio. Il bambino si affacciò al finestrino del treno, scorse sua madre e gridò freddo: "A signo', e vada a casa, no? Vada a casa, che ci ha l'altri bambini da cresce'". Era la sua mamma, capisce, e lui je disse così, e lei se lo ricorda sempre adesso, da quel finestrino del treno, co' quelle parole, co' quelle parole... E io, nemmeno quelle, io».

Buttò giù un bicchiere: «Ho vissuto perché ho sempre sperato di riaverne almeno uno, uno solo, magari Samuele, che aveva quattro mesi... Il giorno della fine della guerra sono andato fino al Brennero, a cercarli. Niente. Non è tornato nessuno. Tutti morti. Tutti ammazzati. Erano nove e la loro mamma. E hanno ammazzato anche un bambino di quattro mesi. Che j'avemo fatto, noantri, a 'ste belve?».

Tolsero il fiato, a Fulvia Ripa di Meana che il 16 ottobre passava in via Fontanella Borghese, quei camion tedeschi carichi di bambini. «Ho letto nei loro occhi dilatati dal terrore, nei loro visetti pallidi di pena, nelle loro manine che si aggrappavano spasmodiche alla fiancata del camion, la paura folle che li invadeva, il terrore di quello che avevano visto e udito, l'ansia atroce dei loro cuoricini per quello che ancora li attendeva», avrebbe scritto in *Roma clandestina*: «Non piangevano neanche più quei bambini, lo spavento li aveva resi muti e aveva bruciato nei loro occhi le lacrime infantili. Solo in fondo al camion, buttati su un'asse di legno, alcuni neonati, affamati e intirizziti gemevano pietosamente».

Lidia Beccaria Rolfi e Bruno Maida hanno scritto un libro sconvolgente, *Il futuro spezzato. I nazisti contro i bambini*, su quei piccoli ebrei sequestrati e assassinati nei lager. Raccontando, per esempio, la storia dei sei fratellini Bondì: «Ad Auschwitz solo Fiorella si salva, passando la "selezione". Un anno dopo, nel novembre 1944, viene evacuata da questo campo e trasferita a Bergen-Belsen. Sarà l'unica bambina ebrea italiana a sopravvivere a 18 mesi nei campi di sterminio. Alla liberazione di Belsen, il 26 aprile 1945, un soldato alleato scatta una fotografia di Fiorella in mezzo a un gruppo di ex deportati, e questa immagine fa il giro del mondo dei giornali: a Roma anche il padre, Marco Anticoli, la vede e comincia a sperare. Purtroppo Fiorella, sfinita dai patimenti e dalla denutrizione, non riesce ad abbracciarlo e spira il 31 maggio 1945». Un mese dopo il suicidio di Hitler.

Bergen-Belsen: lo stesso lager in cui morì, uccisa insieme con la sorella Margot dalle privazioni e dal tifo, Anna Frank. Dovrebbe togliere il fiato per millenni, il nome di Bergen-Belsen. Invece su YouTube, fino al novembre 2008, c'era un video che faceva la parodia a una canzone di Nek: «Anna non c'è, è andata via / l'hanno trovata a casa sua, / nella soffitta di Amsterdam, / ora è sul treno per Buchenwald...».

Internet trabocca di immondizia del genere. E non solo nei siti nazisti. Nell'autunno 2009 «nonciclopedia.wikia.com», sito «cugino» che vorrebbe essere satirico della popolarissima Wikipedia di cui condivide la grafica, si leggeva: «Durante l'Olocausto era molto partecipato il tifo per la palla prigioniera. Anna Frank, mascotte e animatrice delle batterie di tifosi allo stadio di Bergen-Belsen, divenne molto famosa per la sua passione. (...) In punto di morte dichiarò: "Io e la mia famiglia abbiamo avuto tutto dall'Olocausto e io rimpiango solo di non aver mai imparato a leggere e a scrivere. Avrei tanto voluto scrivere un libro sulla mia esperienza di tifosa"».

Ditlieb Felderer, un austriaco di Innsbruck di famiglia ebraica che oggi vive alle Canarie, va oltre. E nel saggio *Il diario di Anna Frank: una frode* sostiene che sono tutte stupidaggini. Che per esempio l'alloggio segreto dei Frank descritto dalla bambina è «un misto di realtà e fantasia, più fantasia che realtà» diffuso dai «nostri corrotti mass-media per guadagnare alla causa del sionismo vasti strati della popolazione» e che insomma tutta la storia dell'Olocausto va riscritta perché ad Auschwitz c'erano addirittura un bordello e una piscina per i detenuti più sportivi.

Direte: come è possibile che qualcuno ci creda, nonostante

i filmati girati nei lager all'arrivo degli Alleati con quelle figure spettrali che si aggirano incapaci perfino di gioire? Nonostante i racconti del premio Nobel Elie Wiesel («L'angelo della morte ha attraversato troppo presto la mia infanzia marcandola con il suo sigillo») e altri sopravvissuti? Nonostante le centinaia di libri di memorie, tra i quali capolavori come quelli di Primo Levi? «Noi abbiamo viaggiato fin qui nei vagoni piombati; noi abbiamo visto partire verso il niente le nostre donne e i nostri bambini; noi fatti schiavi abbiamo marciato cento volte avanti e indietro alla fatica muta, spenti nell'anima prima che dalla morte anonima. Noi non ritorneremo.»

Possibile? Eppure è così: c'è chi ci crede, alla piscina di Auschwitz. Basta digitare su «Google» il nome di Felderer ed escono 18.200 risultati. Certo, il negazionismo non è un fenomeno degli ultimi anni. Come spiega Valentina Pisanty nel suo *L'irritante questione delle camere a gas*, i primi negazionisti spuntarono fuori subito dopo la guerra. Come Maurice Bardèche, un fascista francese che già nel '48 teorizzava che i campi di sterminio fossero un'invenzione della propaganda alleata. O Paul Rassinier, per il quale non solo i lager allestiti per lo sterminio erano soltanto una parte dei campi di prigionia tradizionali (ovvio) ma i numeri della Shoah erano stati gonfiati da russi e comunisti per nascondere, con quelle naziste, le colpe loro. O l'americano David Hoggan, che nel libro *The Myth of the Six Million* rifiutò le testimonianze di Kurt Gerstein (esperto di camere a gas) e dello stesso Rudolf Höss (il comandante SS di Auschwitz) perché «estorte» dagli inquisitori di Norimberga. Fino a quello che è considerato un po' il capofila dei negazionisti, Robert Faurisson, un sedicente socialista che nella seconda metà degli anni Settanta prese a tempestare di lettere i giornali francesi e in particolare «Le Monde» finché finalmente non ebbe lo spazio per dire la sua intorno alla «diceria delle camere a gas».

Fu lui, Faurisson, uno che vedeva ovunque complotti (letterari, allora) fin da quando faceva il critico per le pagini culturali, a mettere tra i primi in discussione i diari di Anna Frank. Esasperando ossessivamente, uno a uno, i rimaneggiamenti sui quaderni della ragazzina fatti dal padre, dai curatori redazionali, dai traduttori, per puntare a demolire l'intera opera. Convinto che l'insinuazione del dubbio sul documento-simbolo della Shoah potesse poi estendere la diffidenza a tutto il resto. A partire, ovvio, dalle camere a gas.

Quale sia il succo del negazionismo, da Faurisson a Felderer, da Hoggan a David Irving, lo storico inglese che dopo una condanna a tre anni di carcere in Austria fece atto di contrizione per poi tornare alle sue posizioni e mettersi addirittura a vendere in internet cimeli hitleriani (tra i quali una ciocca di capelli e dei frammenti ossei del Führer...) lo lasciamo riepilogare a Valentina Pisanty:

> a) Non vi è stato alcun genocidio programmato e le camere a gas non sono mai esistite (il gas Zyklon B serviva alla disinfestazione dai parassiti).
> b) La «soluzione finale» di cui parlano molti documenti nazisti non era che l'espulsione degli ebrei verso l'Est, dove erano state previste riserve in cui potessero vivere le minoranze etniche. (...)
> c) Il numero di ebrei uccisi dai nazisti è di gran lunga inferiore a quello ufficialmente dichiarato. Secondo Rassinier, esso non supera il milione, mentre Manfred Roeder parla addirittura di una cifra che si aggira attorno alle 200.000 vittime. (...) Inoltre, molte delle vittime sarebbero state uccise durante le incursioni aeree degli Alleati sui campi di concentramento.
> d) La Germania hitleriana non è la maggiore responsabile dello scoppio del conflitto.
> e) Il genocidio è un'invenzione della propaganda alleata, principalmente ebraica e particolarmente sionista. I motivi che hanno spinto molti dei sopravvissuti nazisti a mentire sono molteplici, ma quello principale è da ricercare nell'enorme truffa compiuta dal movimento sionista ai danni della Germania la quale è costretta pagare le riparazioni di guerra allo Stato di Israele.

Minimo minimo, sostengono quelli come Ernst Nolte, lo storico tedesco che sul «Corriere della Sera» bocciò con parole scandalizzate il libro di Daniel Goldhagen *I volenterosi carnefici di*

Hitler («incredibile che il libro di un autore che sollevava accuse durissime contro i padri e i nonni della maggioranza dei tedeschi viventi, sia diventato un best-seller non solo negli Usa, ma anche in Germania») le cose andarono diversamente: «Hitler fu il rappresentante di un'intenzione di annientamento anticomunista che si rivolgeva solo marginalmente contro gli ebrei».

Marginalmente. La tesi del francese Jean-Marie Le Pen: «Non dico che le camere a gas non siano mai esistite. Io non le ho viste. Non ho studiato la questione, ma penso che nella storia della Seconda guerra mondiale siano solo un dettaglio».

«Se a oltre cinquant'anni da Auschwitz si continua a scrivere per dire e commentare la tragedia è proprio perché la nostra civiltà non ne ha accettato appieno la proprietà, la responsabilità», denuncia in *L'esilio e la ferita della memoria* Dario Calimani.

Si sono incaponiti in tanti, negli anni, sul negazionismo. Indifferenti a tutti i documenti, le testimonianze, le foto. Come il presidente dell'Autorità palestinese Mahmoud Abbas, che si laureò negli anni Settanta a Mosca con una tesi dedicata alle «Relazioni segrete tra il nazismo e i capi del movimento sionista». O gli autori dei manuali scolastici egiziani negli anni di Nasser, «manuali sui quali, spiega Roberto Finzi nel suo libro *Antisemitismo. Dal pregiudizio contro gli ebrei ai campi di sterminio*, c'erano frasi come questa: «Al fine di risvegliare compassione, attirare denaro, dissimulare le loro mire espansioniste, gli ebrei hanno sempre fatto passare gli immigrati (in Israele) per dei perseguitati, mentre in realtà non lo sono mai stati».

Per non dire, più recentemente, dell'ex ministro della Cultura egiziano Farouk Hosni, che dopo aver ricevuto con tutti gli onori al Cairo quel Roger Garaudy processato in Francia per negazionismo e aver messo al bando («troppi morti») film sull'Olocausto come *Schindler's List* di Steven Spielberg, è stato solo all'ultimo istante scartato nell'autunno 2009 come direttore generale dell'Unesco tra le proteste («colpa della lobby ebraica!») del mondo arabo. O dei Comitati popolari per i rifugiati legati ad Hamas, che nell'estate 2009 hanno consegnato una lettera all'Unrwa, l'Agenzia dell'Onu che si occupa dei profughi, diffidando le Nazioni Unite dal distribuire nelle scuole della Striscia di Gaza manuali in cui, per la prima volta, c'era una citazione dell'Olocausto: «Non permetteremo che i nostri figli studino una menzogna inventata dai sionisti».

Insomma: sono decenni che una piccola ma callosa minoranza di storici, pseudo-storici, hitleriani e maneggioni vari si è accanita a mettere in forse la mattanza degli ebrei. Ma internet ha consentito che questi schizzi diventassero un melmoso acquazzone. Su molti siti neofascisti, per dare un'idea, c'è un articolo intitolato *La Dichiarazione di guerra ebraica alla Germania nazista*. Dove si legge che «molto prima che il governo-Hitler cominciasse a limitare i diritti degli ebrei, i capi delle comunità ebraiche mondiali dichiararono guerra alla nuova Germania» con varie ritorsioni economiche e che solo dopo una «imponente manifestazione di protesta antitedesca del 27 marzo 1933 a Madison Square Garden», manifestazione tenuta «nonostante gli sforzi del governo tedesco di smussare il clima di crescente tensione dovuto ad accuse e minacce da parte della dirigenza ebraica», il Führer «reagì all'embargo e alle minacce da parte ebrea in un discorso tenuto il 28 marzo – 4 giorni dopo la dichiarazione di guerra ebrea alla Germania – in cui disse: "I criminali comunisti e marxisti e i loro fomentatori giudei, che sono sfuggiti appena in tempo oltreconfine, adesso sviluppano da lì una campagna di agitazione proditoria e cieca contro l'intero popolo tedesco. (...) Menzogne e calunnie di una perversità da far rabbrividire vengono gettate sul popolo tedesco».

Eppure è lì, sotto gli occhi di tutti, cosa sia stata la Shoah. Basta rileggere le memorie *Comandante ad Auschwitz* di Rudolf Höss, dove parla dei deportati obbligati a collaborare: «Nell'estrarre i cadaveri da una camera a gas, improvvisamente uno del Sonderkommando si arrestò, rimase per un istante come fulminato, quindi riprese il lavoro con gli altri. Chiesi al kapo che cosa fosse successo: disse che l'ebreo aveva scoperto tra gli altri il cadavere della moglie. Continuai ancora ad osservarlo per un certo tempo, ma non riuscì a scorgere in lui nessun atteggiamento particolare. Continuava a trascinare i suoi cadaveri, come aveva fatto fino ad allora. Quando, dopo un poco, ritornai al comando, lo vidi seduto a mangiare in mezzo agli altri, come se nulla fosse accaduto. Possedeva una capacità sovraumana di celare le proprie emozioni, o era diventato talmente insensibile da non saper più reagire?».

«Mai dimenticherò quella notte, la prima notte nel campo, che ha fatto della mia vita una lunga notte e per sette volte sprangata. Mai dimenticherò quel fumo. Mai dimenticherò i piccoli volti dei bambini di cui avevo visto i corpi trasformarsi in volute di fumo sotto un cielo muto. Mai dimenticherò quelle fiamme che bruciarono per sempre la mia Fede», ha scritto Elie Wiesel ne *La notte*.

Il comandante di Mauthausen Franz Ziereis, ha documentato Silvio Bertoldi, era un ex commerciante di Monaco, «abitava in una villetta adiacente al campo, aveva una giovane moglie, la sera giocava con i suoi ragazzi. Quando il maggiore compì diciott'anni, fece allineare 40 ebrei e mise una pistola in mano al figlio. (...) Lo incitò a sparare, era arrivato il momento di diventare uomo. All'arrivo degli Alleati tentò di fuggire, rimase ferito, morì dopo un paio di giorni. Fece in tempo a confessare di avere ucciso di sua mano "non più" di 400 reclusi: 38 ne aveva ammazzato il 29 aprile 1945 mentre arrivavano gli Alleati. Ammise di non sapere nemmeno perché. Forse per abitudine. Forse perché uccidere era "normale"».

Le deportate che lavoravano al Revier, l'infermeria di Auschwitz, «sopprimevano i bambini con il veleno per salvare la vita alle madri», si legge nel saggio *Nei campi nazisti*, di Bruna Bianchi e Adriana Lotto, contenuto nell'opera collettiva *Deportazione e memorie femminili*. Lucie Adelsberger, che lì faceva il medico, avrebbe ricordato: «Tutto il veleno del campo fu usato per uccidere i neonati, e non era mai abbastanza. (...) Quando le compagne che aiutavano nel parto sopprimevano il bambino affogandolo in un secchio d'acqua, facevano credere alla madre che il piccolo era nato morto. (...) A partire dall'estate del 1944 molti bambini subirono una sorte ancora più atroce, gettati vivi nei crematori o nelle fosse comuni cui veniva appiccato il fuoco».

«Avevo appena partorito. Mengele mi fasciò il seno perché non allattassi», confermò alla cinepresa di un documentario sulla Shoah ripreso dalla «Repubblica» la signora Ruth Eliaz. «Voleva vedere quanto poteva resistere un neonato senza nutrimento. Passarono sette giorni e arrivò una dottoressa. Pensai: è tutto finito. Invece questa donna, che era ebrea, mi consegnò una siringa e mi disse: uccidi tu la tua bimba, lei comunque è destinata a morire ma tu così ti salvi. Lo feci, iniettai a mia figlia la morfina.»

«Ad Auschwitz uccidere le persone era assolutamente normale: ci si abitua presto, due o tre giorni al massimo», spiegò alla fine di settembre 1998, in un'intervista pubblicata da «Der Spiegel» il dottor Hans Münch, medico, braccio destro di Mengele all'Istituto di igiene di Auschwitz-Birkenau, dov'era andato volontario. «Ma non le pesa essere stato laggiù?», gli chiese inorridito il giornalista Bruno Schirra. E lui: «Naturalmente no, ho fatto un lavoro importante per la scienza, ho potuto condurre su esseri umani esperimenti che normalmente sono possibili solo sui conigli. (...) Le condizioni di lavoro erano ideali. Il mio compito era di analizzare il materiale umano che ci mandava Mengele: fegati, teste, midollo spinale. (...) Oppure iniettare ai prigionieri streptococchi nelle braccia o pus tra le gengive». Non aveva compassione per le persone? «Questa categoria non esisteva più. Io mi sono messo a posto con la coscienza evitando a un paio di prigionieri di finire nella camera a gas.»

«Mio Dio, come mi vergogno di essere tedesca», sospirò la moglie ascoltando le parole del marito. «Io no», ribatté lui. D'altra parte, insistette, occorreva capire: «Gli ebrei avevano largamente infettato molti settori, in particolare la medicina. (...) I peggiori di tutti erano gli ebrei dell'Est. Plebaglia terribile, così servile da non poter neppure essere definiti esseri umani».

«Ma lo sapete che il dottor Münch lavorava ad Auschwitz?», chiese il giornalista ai vicini di casa. E loro: «È successo così tanto tempo fa...». Se n'era quasi dimenticato lui, il pacifico aguzzino borghese che dava ora interviste sotto un crocifisso appeso al muro parlando di quel periodo come fosse la naja e ricordando Joseph Mengele come «un amico fra i più simpatici»: perché mai avrebbero dovuto ricordare quelle brutte cose i vicini?

E proprio questo è il punto. L'allontanarsi nel tempo dell'orrore, lo sbiadirsi delle fotografie, l'invecchiamento e la morte dei testimoni è naturale. Ovvio. Giusto. Non si può vivere di incubi.

«A signo', e vada a casa, no? Vada a casa, che ci ha l'altri bambini da cresce'», dice il piccolo Settimio alla mamma mentre il treno parte dalla stazione Tiburtina verso Auschwitz. È un imperativo: «Vivi! Vivi!». Ma un conto è la volontà di superare gli incubi, un altro è rimuovere tutto. Guardare all'Olocausto, come ha denunciato Tullia Zevi, la grande intellettuale ebrea che Indro Montanelli avrebbe voluto presidente della Repubblica, come una cosa lontana «quanto le guerre puniche». Abbassare la guardia senza più capire che «il male può tornare, che anche nella società più civile, in ogni momento, su ogni minoranza si possono scaricare le paure e le insicurezze dell'uomo, si può scivolare nell'abisso del genocidio». Insomma: «Come dice Brecht, il ventre che ha generato Auschwitz non è ancora sterile».

«Sciò sciò scioà», si chiama una rubrica del blogger Gianluca Freda, che magari non è parente dell'ideologo neonazista Franco Freda processato per la strage di Piazza Fontana ma certo ne condivide le idee. «Sciò sciò scioà.» Basta con la Shoah: *L'olocausto, una bufala di cui liberarsi*, titola un articolo. «Fredrick Töben, storico e studioso dell'Olocausto, è stato arrestato oggi all'aeroporto londinese di Heathrow, sulla base di un mandato di cattura europeo emesso su richiesta delle autorità tedesche. Si tratta dell'ennesimo caso di persecuzione del libero pensiero e della ricerca storica. Töben aveva osato non solo dire (che per i padroni dell'Occidente sarebbe poca cosa), ma, ahilui, dimostrare quella verità con cui ogni europeo dotato di senso critico in decenti condizioni ormai non può più fare a meno di confrontarsi: che l'Olocausto ebraico è stato una gigantesca bufala, inventata nel dopoguerra come mitologia su cui fondare l'ordine coloniale che dal 1945 vige in Europa.»

Isolati deliri neonazisti? Mica tanto isolati. La storia di Settimio Calò, l'uccisione di tutti i suoi figli, i lager, appaiono ormai così lontani che nel novembre 2009, sul già citato «nonciclopedia.wikia.com.» la voce «Olocausto» era vista così: «Indica un tentativo andato in fumo di mettere a valore la razza ebraica, facente parte di un più ampio progetto di riqualificazione dell'Europa, fortemente voluto dal compagno Adolf Hitler. La razza ebraica considera il termine "Olocausto" un po' caustico, in quanto oggi a molti ebrei brucia ancora il culo. Per questo, gli ebrei preferiscono il termine Shò, che in ebraico significa Sciò (vattene, *raus*, fuori dai coglioni), usato dagli ebrei per cacciare i tedeschi durante l'occupazione del ghetto di Varsavia, che fu trasformato in un gigantesco centro sociale di propaganda bolscevica».

In Giappone va a ruba la versione manga, cioè a fumetti, del *Mein Kampf*: «È un libro molto famoso, ma esistono ancora persone che non l'hanno letto», ha spiegato il giovane editor della East Press, Kosuke Maruo: «Penso sia materiale di studio per conoscere meglio Hitler, un uomo sinonimo del Male e di qualunque sorta di pensiero abbia creato quel livello di tragedia».

In America la memoria di Robert Jay Mathews, il fondatore dei Son of Liberty ucciso nel 1984 in una sparatoria con l'Fbi dopo che il suo gruppo Bruder Schweigen (nome preso dalle truppe d'assalto delle SS) aveva assassinato a Denver Alan Berg, un conduttore radiofonico ebreo che nelle sue trasmissioni metteva alla berlina i neonazisti, è venerata tra i razzisti che lo salutano on line come un «eroe della razza bianca».

In Italia la nazi-band Dente di lupo, apprezzatissima nei concerti organizzati dall'estrema destra, ha allagato internet con canzoni come *Terra maledetta*. Qualche strofa? «Quelle vecchie storie, / sui campi di sterminio / abbiamo prove certe / son false e non realtà. / Quindi questa farsa andrà cancellata / il prossimo obiettivo / sarà la verità! / Terra d'Israele, terra maledetta! / I popoli d'Europa, reclamano vendetta! / Terra d'Israele, terra maledetta! / I popoli d'Europa, reclamano vendetta! / Salteranno in aria le vostre sinagoghe, / uccideremo tutti i rabbini con le toghe...»

12

«Wojtyła giudeo», il Medioevo on line

Dalla peste nera alla crisi di Wall Street: sempre colpa degli ebrei

«Il sole ha un diametro di 2 metri, pesa 14 chili, gira a mille chilometri fissi dalla terra e ha un calore così strapotente che costringe i mari a svaporare come una pignatta bollente.» Quanto alla terra «è una piana infinitissima e ferma» perché se fosse tonda i cappelli degli australiani «cadrebbero nel vuoto».

Se qualcuno insistesse oggi a sostenere le teorie dello «scienziato ambulante» Giovanni Paneroni di Brescia, che un secolo fa girava i mercati della Bassa Padana spiegando che gli scienziati erano dei citrulli, non sarebbe preso sul serio neanche dai clienti creduloni di Vanna Marchi. Eppure ancora oggi, un secolo dopo l'inchiesta del «Times» del 1921 che dimostrò che si trattava di un documento falso frutto di varie scopiazzature e sfornato nei primi anni del Novecento dall'Okhrana, la polizia segreta zarista, i *Protocolli dei Savi di Sion*, il fantomatico piano segreto ordito dagli ebrei nel cimitero di Praga per impossessarsi di tutte le ricchezze planetarie e conquistare il mondo, trovano ancora chi li prende sul serio.

«È poco credibile, se non in un *roman-feuilleton*, che i cattivi esprimano in modo così scoperto e svergognato i loro malvagi progetti, che dichiarino, come i savi di Sion, di avere "un'ambizione sconfinata, una ingordigia divoratrice, un desiderio spietato di vendetta e un odio intenso"», scrive Umberto Eco nella prefazione a *Il complotto* di Will Eisner. «Ma quello che appare incredibile è che questo falso sia rinato dalle proprie ceneri (...) come se dopo Copernico, Galileo e Keplero, si continuassero a pubblicare manuali scolastici in cui si ripete che il sole gira intorno alla terra.» Con una differenza: sulle tesi di Paneroni si ride, su quelle dei *Protocolli*, che infestano internet, si continua a gonfiare l'odio contro gli ebrei.

C'è chi farà spallucce dicendo che il web è pieno di rivelazioni, retroscena, deliri complottardi di ogni genere. C'è chi giura che Paul McCartney sia morto nel 1969 e sia stato poi sostituito da un sosia, chi che Elvis Presley sia ancora vivo, chi che Lady Diana sia stata assassinata perché era incinta di un musulmano, chi che William Shakespeare fosse il diciassettesimo conte di Oxford o il sesto conte di Derby o Francis Bacon o una misteriosissima donna o ancora un iracheno di nome Sheikh Zubair.

C'è chi è pronto a dimostrare che l'uomo nel 1969 non arrivò affatto sulla luna e le scene dell'atterraggio dell'Apollo 11 furono girate in una località segreta e la famosa frase «questo è un piccolo passo per un uomo, ma un grande balzo per l'umanità» pronunciata da Neil Armstrong fu scritta da uno sceneggiatore. E c'è chi, infine, è sicuro che gli attentati dell'11 settembre non siano stati fatti da Al-Qaeda ma dal Mossad israeliano interessato a scatenare un'ondata di odio contro l'islam. Ma anche qui c'è una differenza: mentre tutto il resto va nello scaffale della «merce varia», questa tesi si piazza a pieno titolo nella scia dei secolari pregiudizi antisemiti.

Certo, non solo gli ebrei sono stati storicamente accusati d'aver ordito «complotti» per conquistare il mondo. «I complottardi sono legione», ha scritto lo stesso Eco su «L'espresso». «www.conspiration.cc/sujets/monde_malade.jesuites.html» accusa per esempio i gesuiti di una lista di nefandezze interminabile. Dall'affondamento del *Titanic* (voluto per far morire gli ebrei ricchissimi che erano a bordo e fondare la Federal Reserve Bank attraverso la mediazione dei cavalieri di Malta) alle due guerre mondiali e giù crimini fino all'assassinio di Kennedy.

Deliri. Solo che i deliri intorno al complotto dei Savi di Sion, come si diceva, contribuirono a imbastire l'odio contro gli ebrei che portò all'Olocausto. E non sono ancora domi. Lo dimostrano non solo certi siti internet neonazisti, ma anche alcuni casi di paranoia ipercattolica. Come quello di Maurizio Blondet, un ex giornalista dell'«Avvenire» che sul suo «effedieffe.com» pubblica a raffica articoli come *Gli ebrei e i traffici di organi* o *Rabbi Mengele abita a New York* e suggerisce libri quali *Omicidio rituale ebraico, I segreti della dottrina rabbinica. Le bestemmie del Talmud contro i cristiani, Dal Giudaismo rabbinico al giudeoamericanismo.*

Illuminante è il caso di Alberto Lembo, eletto anni fa alla camera con la Lega Nord, poi passato ad Alleanza nazionale e approdato infine a una delle minuscole varianti della Democrazia cristiana. «Il progetto mondialista (...) ipotizza un governo unico mondiale, che è anche l'obiettivo della massoneria e il sogno delle organizzazioni sioniste», scrive Lembo nell'aprile 1998 sulla «Padania», l'organo della Lega che ha come direttore politico Umberto Bossi. E per dimostrarlo cita una tesi presa, a suo dire, da «Jewish World, London, 9-2-1983». Questa: «Il grande ideale del giudaismo è che il mondo intero sia imbevuto degli insegnamenti ebraici e che una fraternità universale delle nazioni faccia scomparire tutte le separazioni di razza e di religione».

«Al vertice della piramide», scriveva lo stesso Lembo una settimana prima sul giornale leghista, c'è «il B'nai B'rith (in ebraico: "Figli dell'Alleanza"), che sorge a New York nel 1843: la più grande ed influente massoneria internazionale composta di soli ebrei influenti; segretissima, essa è presente in circa 50 nazioni con circa 2000 Logge e mezzo milione di affiliati. Dal B'nai B'rith dipendono tutte le associazioni ebraiche sparse per il mondo...»

Obiettivo? Lo spiega Michele Fabbri recensendo il libro di Lembo *Mondialismo e resistenza etnica* pubblicato dalla casa editrice Ar del neonazista Franco Freda: «Su istigazione del B'nai B'rith vengono approvate in tutti i paesi "democratici" le draconiane leggi contro il "razzismo", che servono a stroncare qualsiasi tentativo di opporsi a livello politico e istituzionale alla deriva della società multietnica. (...) L'indipendenza della Padania si pone, quindi, come traguardo irrinunciabile per i popoli che la abitano, pena la dissoluzione nel magma degradante della società multirazziale. La propaganda immigrazionista, padrona assoluta dei mass-media, cerca di inculcare l'idea che la società multietnica porterà un fantomatico arricchimento culturale, ma la realtà è ben diversa: la metastasi orrenda della società meticcia...».

Lo stesso Bossi, che sbuffa contro chi afferma che la Lega
è razzista, ha consegnato agli archivi pagine indimenticabili.
Prendiamo una fonte al di sopra di ogni sospetto: «la Padania».
Dove il Senatùr, il 21 febbraio 1999, tuona: «Il progetto mondialista americano è chiaro: vogliono importare in Europa 20
milioni di extracomunitari, vogliono distruggere l'idea stessa di
Europa garantendo i propri interessi attraverso l'economia
mondialista dei banchieri ebrei e la società multirazziale».
Certo, quando il deputato leghista Cesare Rizzi, alla Festa
del Carroccio di Valbrona, in provincia di Como, dice «vedo
Gad Lerner e capisco Hitler», il leader della Lega si precipita a
dettare alle agenzie le sue scuse al giornalista, allora direttore
del Tg1: «Certe affermazioni non si fanno neppure per scherzo, perché la Lega è innanzitutto amica degli ebrei». Tanto più
che «con battute del genere si corre sempre il rischio di trovare
lo stupido che le ripete». La tesi del complotto mondialista e
multirazziale ebraico, però, resta. Senza alcuna rettifica. Senza
scuse pubbliche. Senza ritrattazioni.
La chiesa sì, ha svoltato davvero. E la svolta, già netta
quando Giovanni XXIII fece togliere finalmente dalle preghiere l'«Oremus et pro perfidis judaeis», si è fatta vistosa soprattutto con gli ultimi due pontefici. «Nessun equilibrato osservatore ebreo potrebbe chiedere niente di più al papa di quanto
ha detto oggi», si è spinto ad affermare nel febbraio 2009 il rabbino David Rosen lodando, dopo qualche incomprensione iniziale, Benedetto XVI. L'accelerazione, però, va attribuita a Giovanni Paolo II.
Fu lui, che fin da ragazzino aveva avuto amici ebrei come
Jerzy Kluger (al quale nel 1989 fece leggere il suo ricordo della
sinagoga distrutta di Wadowice, la loro città natale: «Provo una
profonda venerazione per tutto ciò e per tutti coloro la cui memoria volete venerare») il primo papa a visitare una sinagoga nel
1986 a Roma (dove chiamò gli ebrei «fratelli maggiori»), il primo
a infilare un *fituch* (breve preghiera su un pezzo di carta) in una
fessura del Muro del Pianto «implorando il perdono di Dio dopo tutta l'ingiustizia che il popolo ebraico aveva dovuto subire»,
il primo a sentire la necessità che la chiesa chiedesse perdono.

Perfino a dispetto delle perplessità di un pezzo della chiesa stessa. Nel 1993, quando imboccò il percorso dei «mea culpa», spiega lo storico Alberto Melloni, «Giovanni Paolo II presentò un documento al concistoro dei cardinali. Questo documento aveva due formule: le colpe della chiesa, le colpe dei figli della chiesa. Tra i cardinali la reazione non fu affatto concorde. Alcuni, soprattutto il cardinale Biffi (che addirittura fece un libro contro Wojtyła intitolato *La sposa chiacchierata*) ma in parte anche Ratzinger sia pure per ragioni diverse, pensavano che quella formulazione delle colpe della chiesa fosse inaccettabile. Dicevano: se la chiesa ha avuto delle colpe come fa ad aver custodito la verità e insieme le colpe? Allora Wojtyła addolcì la formula, usando quella delle colpe dei figli della chiesa».

La sterzata radicale però fu la Giornata del perdono del 12 marzo 2000. Quando le massime autorità ecclesiastiche, a San Pietro, durante la celebrazione, vennero chiamate una a una a leggere la confessione delle colpe. A partire dai peccati contro «il popolo di Israele». Era una voce diversa, scrisse sul «Corriere» il grande intellettuale cattolico Carlo Bo: «La voce umile della chiesa sofferente, perdente, attenta alla miseria del popolo di Dio, del Dio manzoniano che patisce e così facendo perdona». Umile ma insieme possente, spiegò sullo stesso giornale Claudio Magris, perché quel gesto che poteva «irritare tremebondi gerarchi che si credono erroneamente custodi della tradizione», era una «espressione di ruvida forza, non di debolezza. Solo la forza consente di chiedere autenticamente perdono. (...) Giovanni Paolo II può permettersi questa coraggiosa umiltà che un pontefice più debole e irresoluto dinanzi alla complessità del mondo e della storia non potrebbe osare senza scatenare un processo di dissoluzione». Era il gesto di un «vecchio tremante per il morbo di Parkinson ma duro come un pugile o un pescatore di Hemingway».

C'era in lui, spiega Melloni, «un'intensità, una profondità, una sincerità del dire che veniva da un polacco che aveva visto la "sua" chiesa lasciar partire gli ebrei per Auschwitz e aveva visto i suoi connazionali collaborare a eccidi terribili di ebrei». Come quello di Jedwabne, un paese a duecento chilometri a nordest di Varsavia, dove nell'estate 1941 fu massacrata l'intera popolazione ebraica. Quanti furono i morti, esattamente, non si sa. Perché, come sottolineano i revisionisti, una parte della comunità era stata già deportata durante la breve occupazione sovietica o era già scappata oltre i confini dell'Urss. C'è chi dice 400, chi 1600. Certo è che solo grazie all'aiuto di Antonina Wyrzykowska, una delle piccole grandi figure cattoliche che riscattarono l'infamia di tanti cristiani, si salvarono in sette.

Lasciamo il riassunto al saggio *Fine della Polonia innocente. Analisi di un dibattito* della polacca Marta Petrusewicz, della City University of New York: «La mattina del 10 luglio 1941, alcuni uomini guidati dal sindaco Marian Karolak fecero radunare in piazza tutti gli ebrei del paese. Il pretesto fu quello di lavori di corvè, ma tirava già aria di pogrom: molti ebrei furono trascinati a forza, picchiati, le barbe degli anziani strappate e bruciate, mentre iniziavano i saccheggi. Le violenze si protrassero per ore, nella canicola di metà luglio. Infine gli aguzzini (...) li condussero prima al cimitero ebraico e poi al fienile (...) di Śleszyński, il più grande del paese.

«Due chilometri separano la piazza dal fienile di Śleszyński, ma la marcia fu lunga. In testa, tra la derisione generale, camminava l'anziano rabbino di Jedwabne, al quale (...) avevano messo in mano una bandiera rossa, dietro di lui i giovani con gli spezzoni del monumento di Lenin, e tutti scandivano "siamo noi i colpevoli della guerra". Ai lati del corteo, così chiaramente evocativo del Golgota, stava avvenendo il massacro. Alcuni uomini agguantarono, mentre cercava di fuggire, la bella quindicenne Ryfka Goldberg, la violentarono in un campo di mais e poi le segarono la testa – a fatica perché la sega era smussata – per giocarci a palla. Un certo Józef Kobrzeniecki si vantò, in seguito, di aver sgozzato diciotto ebrei, armato solo del suo coltello; ad Eliasz Krawiecki, dopo averlo accoltellato, tagliarono la lingua e cavarono gli occhi. Quando il corteo giunse finalmente al fienile, era già pronta la nafta, prelevata da Eugieniusz Kalinowski e Jerzy Niebrzydowski dal magazzino del paese. Gli ebrei furono pigiati con grande fatica all'interno del fienile, tra le urla e le implorazioni, e fu appiccato il fuoco».

«Assistei a una scena orribile», raccontò Szmul Wasersz-
tajn, uno dei testimoni della strage, nella deposizione conse-
gnata alla magistratura dall'Istituto storico ebraico polacco e ripresa riga per riga da Jan T. Gross, autore de *I carnefici della
porta accanto* che solo nel 2000 riuscì a rompere il muro del silenzio facendo di Jedwabne un caso mondiale: «Chaja Kubrzanska, ventotto anni, e Basia Binsztajn, ventisei, avevano in
braccio i loro bambini, nati da poco; e quando videro ciò che
stava accadendo, si precipitarono a uno stagno, decise ad affo-
gare se stesse e i loro bambini, piuttosto che cadere nelle mani
dei banditi. Misero i piccoli nell'acqua e li annegarono con le
loro mani. Poi Basia Binsztajn si tuffò e andò subito a fondo.
Chaja Kubrzanska, invece, annaspò per un paio d'ore. I farabutti accorsero a godersi lo spettacolo. Le gridavano che per
annegare più in fretta doveva mettere la testa sott'acqua...».

«Quando Gross studiava Jedwabne e poi la sequela di pogrom che insanguinò i villaggi polacchi anche all'indomani della guerra e di Auschwitz e del cambio di regime», ha scritto sulla «Repubblica» Adriano Sofri, «non si capacitava che si possa
sgozzare, "in un giorno normale", il proprio compagno di banco, la propria compagna di gita, il proprio barbiere, la propria
sarta.» Come è possibile? Come?

«Noi non c'entriamo, hanno fatto tutto i tedeschi», si affan-
narono a sostenere molti polacchi davanti alla scoperta di quelle
stragi che avevano cercato di rimuovere. E ancora oggi c'è chi
non perdona all'allora presidente della Repubblica Aleksander
Kwaśniewski e al cardinale Józef Glemp di avere chiesto scusa,
nel sessantesimo anniversario dell'eccidio, agli ebrei. Rompendo, come scrive la Petrusewicz, un tabù: quello della «Polonia
vittima innocente» ed eroica di due totalitarismi, di un paese
«travolto dalla guerra come nessun altro, che per sei anni oppo-
se una formidabile resistenza armata all'invasore e perse sei milioni di cittadini (di cui la metà ebrei), cioè un quinto della popolazione». Un paese dove «l'innocenza e il martirio sono i miti
fondativi della stessa identità storica» e dove i polacchi, a differenza dei tedeschi, degli italiani, dei francesi di Vichy o dei sovietici, non potevano neppure ipotizzare, come dimostrano ap-

punto le polemiche feroci contro il «traditore» Jan T. Gross, di essere vittime ma anche (un po') carnefici.

Adam Michnik, uno dei più noti dissidenti dei decenni comunisti, storico, fondatore della «Gazeta Wyborcza» e testardo ricercatore della verità sui crimini staliniani e in particolare del massacro di Katyń, la decimazione nel 1940 di migliaia di polacchi compiuta dai sovietici e per anni attribuita ai nazisti, lo ammise: «Per incapacità, vicissitudini dell'epoca, opportunismo, pigrizia intellettuale, non ho posto certe domande. (...) Mentre ero tra quelli che si sono impegnati perché venisse fuori la verità sui crimini di Katyń (...) non ho cercato la verità su Jedwabne». «Sono solo bugie», dichiarò invece il parroco del paese, don Edward Orlowski, rifiutando ogni responsabilità figlia dei pregiudizi cattolici: «Questa è una faccenda dell'Olocausto, non è affar mio. Qui a Jedwabne non c'è mai stato odio, lo sterminio fu pianificato dai tedeschi: i responsabili sono loro, quindi non vedo la ragione di fare ammenda».

Parole che contrastano con altri pogrom. Come quello di Kielce, una città a nord di Cracovia dove il 4 luglio 1946, cioè un anno e mezzo dopo la scoperta degli orrori di Auschwitz, centinaia di cristiani diedero vita a una sanguinaria caccia all'ebreo finita con un bilancio di 42 morti. La scintilla? La denuncia di un bambino di nove anni, Henryk Blaszczyk, che per coprire una fuga da casa s'inventò di essere stato tenuto prigioniero nel seminterrato di un palazzo da alcuni sconosciuti. «Antoni Pasowski gli chiese se per caso non fossero zingari o ebrei», avrebbe raccontato il padre Walentyn. «Mio figlio gli rispose che non parlavano polacco e quindi erano certamente ebrei.» Il palazzo in questione, l'ex sede della comunità ebraica dove si erano raggruppati i sopravvissuti dei lager visto che i compaesani avevano occupato le loro case convinti che non sarebbero tornati vivi, non aveva neppure lo scantinato. E cinquant'anni dopo il ragazzino, diventato adulto, avrebbe ammesso davanti alla cinepresa di Andrzej Miłosz, fratello di Czesław, premio Nobel per la Letteratura, d'essersi inventato tutto. Lo stesso Michnik avrebbe ricostruito nel libro *Il pogrom*, come in realtà «la sorgente principale dell'antisemitismo» dei promotori della caccia all'ebreo, «derivava dal fatto che la maggior parte di questi uomini miserabili viveva in case o in appartamenti che prima della guerra erano appartenuti a ebrei polacchi». Di più: avevano visto l'appoggio degli ebrei all'occupazione russa (ovvio, dopo le stragi naziste nell'indifferenza di troppi cattolici polacchi) come un tradimento. Fatto sta che il nuovo massacro fu motivato dalla solita storia: l'accusa agli ebrei di avere rapito il bambino per usare il suo sangue in qualche cerimonia.

Una leggenda vecchia di secoli. Che rari studiosi ebrei come Ariel Toaff (subito travolto da polemiche e spinto a puntigliose precisazioni) hanno cautamente ritenuto plausibile sia pur limitatamente a una setta estremista ashkenazita, ma che è in larga parte figlia della mitologia del sangue e del vampiro nella cultura tedesca e soprattutto dei pregiudizi nati dentro il Medioevo cristiano. «Forse la spiegazione in ultima analisi più tragicamente vera delle ragioni del sorgere, dell'affermarsi e del prosperare dell'accusa», scrive nel libro *L'accusa del sangue. Storia politica di un mito antisemita* lo storico Ruggero Taradel, della University of Washington, «si trova davvero nelle parole del *Liber Nizzachon Vetus*, che l'erudito protestante Cristoph Wagenseil pubblicò nel suo *Tela Ignea Satanae* nel 1681: "Voi ci accusate di questo crimine perché vi sia lecito spargere impunemente il nostro sangue".»

«La prima volta che gli ebrei furono accusati di aver crocifisso un bambino cristiano per scopi rituali fu in Inghilterra, intorno al 1150», scrive nella sua storia del razzismo Fredrickson. «Dopo che il dogma della transustanziazione divenne un articolo di fede nel 1215, sopraggiunse l'accusa più stravagante di tutte. A dispetto della tradizionale opinione che la colpa principale degli ebrei fosse la loro mancanza di fede nella divinità di Cristo, alcuni di loro vennero accusati di rubare l'ostia consacrata dalle chiese cristiane e oltraggiarla, replicando in tal modo il loro crimine originario di aver torturato e ucciso Gesù. (...) Sempre di più, nella mitologia popolare, nel folklore e nell'iconografia, si creò un'associazione tra gli ebrei e il diavolo, o tra gli ebrei e la stregoneria.»

«L'Anticristo nascerà dal popolo dei giudei», denuncia

apocalittico l'abate Adso di Montier-en-Der nella sua opera *Sulla nascita e i tempi dell'Anticristo* alla vigilia dell'anno Mille, «dall'unione di un padre e una madre come tutti gli uomini, e non, come si dice, da una vergine. (...) All'inizio del suo concepimento il diavolo entrerà nell'utero materno, per virtù del diavolo sarà nutrito nel ventre della madre, e la potenza del diavolo sarà sempre con lui...»

Cosa questa raffigurazione significasse lo si capisce leggendo l'opera *Sull'attività dei demoni* di Michele Psello, scritta poco dopo l'anno Mille: «A sera, quando si accendono i lumi e da noi si celebra la passione, conducono in una certa casa le fanciulle che hanno introdotto ai loro riti segreti, spengono le lampade perché non vogliono la luce a testimone delle sconcezze che avverranno, e sfogano la propria dissolutezza su chi gli capita, fossero pure sorella o figlia. Sono infatti convinti di fare così cosa grata ai demoni se violano le leggi divine che vietano il connubio con chi ha lo stesso sangue. Terminato il rito, se ne tornano a casa e attendono che siano passati i nove mesi: giunto il momento in cui dovrebbero nascere gli empi figli di un empio seme, si congregano di nuovo nello stesso luogo. Tre giorni dopo il parto, strappano i miseri figli alle loro madri, incidono con una lama affilata le loro tenere membra, raccolgono in coppe il sangue sgorgatone, bruciano i nuovi nati quando ancora respirano e li gettano su un rogo. Poi mescolano nelle coppe sangue e cenere ottenendone un orribile intruglio, con cui insudiciano cibi e bevande, di nascosto, come chi versi veleno nell'idromele. Tale è la loro comunione».

E come dimenticare il «Racconto della Madre Priora», la sedicesima novella di *I racconti di Canterbury* scritti agli sgoccioli del Trecento da Geoffrey Chaucer? «Quando attraversava andando e tornando il quartiere degli Ebrei, tutti lo sentivano sempre cantare allegramente. *O Alma Redemptoris Mater.* Ma quel serpe velenoso di Satana, il nostro primo nemico, che nel cuore dei Giudei ha nascosto il suo nido di vespe, si gonfiò di rabbia e disse: "O popolo d'Israele, è forse una cosa che ti fa onore, che un bambino abbia a passare a suo bell'agio in mezzo a voi cantando in questo modo, a dispetto vostro e contro le

213

vostre leggi?". Allora gli Ebrei si misero d'accordo per fare sparire il piccolo innocente dal mondo, e assoldarono un assassino che abitava in un vicolo nascosto. Infatti il Giudeo maledetto, un giorno che il fanciullo passava di là, lo afferrò e tenutolo fermo, gli segò la gola, e lo buttò dentro un pozzo. Dico che lo gettarono in un cesso dove quegli Ebrei vuotano i loro visceri. O razza maledetta! O Erodi novelli! Quale sarà il frutto del vostro malvagio talento? L'assassinio non si nasconde di certo, senza fallo e veramente la gloria di Dio si diffonderà: il sangue grida sul vostro capo vendetta. (...) Quella gemma di purezza, quello smeraldo prezioso, quel rubino fiammeggiante del martirio, era laggiù supino, e con la gola segata si mise a cantare, come prima, *Alma Redemptoris Mater*, così alto che ne risonò tutto il quartiere...»

La storia è piena zeppa di racconti di questo genere. Per lungo tempo presi per buoni dalla chiesa, come nei casi del beato tirolese Andrea Oxner da Rinn, di Lorenzino da Marostica o di Simonino da Trento, venerato come beato dai cattolici fino a quando il vescovo di Trento Alessandro Gottardi abolì ufficialmente il culto, d'accordo con la Santa Sede, il 28 ottobre 1965. Mentre l'America si preparava allo sbarco sulla luna.

E non si trattò affatto di rottami devozionali trascinatisi per inerzia lungo i secoli. Lo dice l'esempio di Lorenzino che, ucciso in circostanze misteriose nel 1495 (la morte portò all'espulsione degli ebrei dal territorio vicentino per decreto del doge Marco Barbarigo) venne celebrato dalla ristampa col beneplacito della curia di un libriccino del 1885 di un certo monsignor G. Ronconi, *Il Beato Lorenzino da Marostica nella Storia e nel Culto*, addirittura nel 1954. Il tono dice tutto: «La tenera età, le lacrime, i gemiti, lo spasimo di tutte le membra, non valsero a placare quei discendenti dei crocifissori di Cristo, che inveirono ancor più verso il piccino, finché questi, mancandogli le forze, con il pallore mortale sul volto, piegò la dissanguata testa e morì. Allora, staccatolo dalla quercia lo seppellirono...».

Rottami medievali? Certo. Ma radicati ancora oggi nella testa di troppi cattolici integralisti, preconciliari e spesso filonazisti che rovesciano nei siti internet enormi quantità di libri, libretti, saggi e saggetti sul tema dell'«accusa del sangue» dai toni apocalittici come fossimo ancora in pieno Medioevo in un mondo popolato di streghe assatanate e diavoli negri col naso adunco e impavidi cavalieri armati di durlindana contro draghi mostruosi e perfidi giudei.

Gli stessi giudei contro i quali si è spesso scatenata Radio Maryja, la potentissima emittente polacca in grado di far eleggere e poi tenere sotto scopa i gemelli Kaczyński. Come quando il fondatore padre Tadeusz Rydzyk, ignaro di essere registrato, attaccò il presidente Lech Kaczyński per la donazione di un terreno dove doveva sorgere un museo ebraico a Varsavia: «È un ciarlatano amico delle lobby giudaiche. Sua moglie Maria è una strega, dovrebbe praticare su di sé l'eutanasia». Per non dire di quando, proprio il giorno del ricordo ad Auschwitz (che già era stato definito a Radio Maryja «un campo dove si lavorava duramente»), l'editorialista Stanisław Michalkiewicz affermò che «gli ebrei umiliano la Polonia sulla scena internazionale chiedendo soldi per i beni lasciati nel Paese. Approfittano dell'Olocausto per fare soldi e hanno fatto della Shoah una sorta d'impresa».

Quanto al coraggioso percorso di Giovanni Paolo II, c'è chi come il già citato Maurizio Blondet dice di avere una spiegazione: Wojtyła era ebreo. Da dove nasce un'idea simile? Dagli studi, scrive, di «Yaakov Wise, uno studioso di genealogie ebraiche che abita a Manchester» e che sostiene di avere accesso «a informazioni che sono chiuse ad altri storici». Sintesi: «La mamma di Karol, che morì quando lui era lattante, aveva sposato un polacco cattolico; ma il suo nome, Emilia Kaczorowska è apparso a Wise un adattamento polacco di un nome ebraico molto comune nel mondo yiddish: Katz. La nonna si chiamava Marianna Scholz, altro nome ebraico (Schulze, Schultz). E la bisnonna, Zuzanna Rybicka, altro nome di suono ebraico». Tutte cose, sostiene Blondet, che «gettano una nuova luce» su tutto ciò che ha fatto il papa. Il quale sarebbe stato, in sostanza, un infiltrato più o meno inconsapevole ai vertici della chiesa per stravolgerne l'anima. In nome di chi? Dei «frankisti», gli appartenenti alla setta fondata da Jacob Frank, «un israelita che si proclamò messia» e raccomandava ai suoi di fingere la conversione al cristianesimo «mantenendo però in segreto i loro culti ebraici eretici spesso licenziosi» senza mai «prendere "in moglie nessuna delle loro puttane" cattoliche». Antisemitismo medieval-digitale.

Come quello di siti internet quali «www.holywar.org» che nel novembre 2009 aveva nella home page il seguente proclama: «Holy War ha scelto il 27 gennaio per ricordare l'olocausto comunista perpetrato dalla mafia razzista ebraica responsabile dello sterminio di 300 milioni di non ebrei». Una pagina a caso? «I razzisti ebraico-sionisti furono i fondatori del nazismo, e il nazismo ebraico fu il fondatore di Israele.» Un'altra? «L'omicidio rituale ebraico. Santi soppressi dalla mafia razzista ebraica.» Dove si riesumano le storie di Simonino o Lorenzino, più quella di san Domenico del Val, un chierichetto «crocifisso con chiodi alle mani e ai piedi» il giovedì santo del 1250 e si invita a ripetere la preghiera: «O Dio, per il cui disprezzo gli empi giudei inflissero un genere di crudelissima morte all'innocente fanciullo e martire Lorenzino...». E da dove attingono le loro certezze questi fanatici veterocattolici devoti alla Holy War, cioè alla Guerra Santa? Lo dicono alla prima riga: dalla rivista dei gesuiti «La Civiltà Cattolica».

Un gioco facile. Lo stesso usato dal quotidiano «Il regime fascista» il 30 agosto 1938. Torniamo a quei giorni. Pio XI, che l'anno precedente aveva duramente criticato il nazismo e la deificazione della razza nell'enciclica «Mit Brennender Sorge» (letta nelle chiese tedesche la domenica delle Palme e accolta dal giornale nazista «Völkischer Beobachter» con parole durissime rivolte al «Dio giudeo e al suo vicario a Roma») ha appena preso le distanze dall'«uomo della Provvidenza» e dalle leggi razziali in arrivo dicendo agli alunni del Pontificio collegio di Propaganda Fide che «il genere umano, tutto il genere umano, è una sola, grande, universale razza umana». Una posizione netta, che sarà ribadita (sia pure con qualche ambiguità, secondo Renzo De Felice) il 6 settembre, cioè il giorno dopo i «Provvedimenti per la difesa della razza nella scuola fascista», nell'udienza a un gruppo di pellegrini belgi: «L'antisemitismo è inammissibile, noi siamo spiritualmente dei semiti». Di più, agli studenti del Pontificio collegio ha detto che «ci si poteva chiedere come mai, disgraziatamente, l'Italia avesse sentito bisogno d'andare a imitare la Germania».

La risposta di Mussolini, il giorno dopo, è durissima: «Ognuno sappia che anche nella questione della razza noi ritireremo diritto. Dire che il fascismo ha imitato qualcuno o qualcosa è semplicemente assurdo». Ma la sua rabbia, anziché sbollire, monterà col tempo fino a fargli urlare il 19 settembre a Trieste: «Coloro i quali fanno credere che noi abbiamo obbedito a imitazioni o peggio a suggestioni sono dei poveri deficienti ai quali non sappiamo se dirigere il nostro disprezzo o la nostra pietà».

La risposta de «Il regime fascista» invece, come dicevamo, è perfida: «Il problema non è religioso ma politico. E nelle cose politiche siamo obbedienti al Duce che ha l'incondizionata autorità e responsabilità che gli altri non hanno. Ma, dato e non concesso che quello fosse un problema religioso, la nostra mentalità non è disforme da quella della "Civiltà Cattolica", che circa cinquant'anni fa ci ha preceduti nella questione del giudaismo».

Una tesi, per i cristiani, difficile da contestare. La raccolta della rivista dei gesuiti, esaminata numero dopo numero da Ruggero Taradel e Barbara Raggi nel libro *La segregazione amichevole*, è purtroppo lì a dimostrarlo. Decenni e decenni di antisemitismo. Alcuni esempi? Nel 1898, sul caso di Alfred Dreyfus, l'ufficiale francese vittima innocente di un infame processo per tradimento, si legge: «Che il giudeo, naturalizzato fin che si vuole, non possa mai cessare di essere prima giudeo, e poi cittadino del paese in cui è nato e che lo ha pareggiato ai nazionali, è oggi verità accolta come irrepugnabile postulato». Su «La questione giudaica in Europa» nell'ultimo quaderno del 1889: «La gran famiglia israelitica, disseminata tra le genti del globo, forma una nazione "straniera" nelle nazioni in cui dimora, e "nemica" giurata del loro benessere; cardine appunto del Talmudismo essendo l'oppressione e la spoliazione dei popoli, che ai suoi sagaci concedono ospitale soggiorno. (...) Che poi questo fior di dottrina morale, abbracciante altre turpitudini, nelle quali ci asteniamo di lordare la penna, non sia predicata a sordi, lo sperimentano tutte le popolazioni che dalla compagnia di questa razza sono infestate». Di più: «I "principi moderni", ossia i cosiddetti "diritti dell'uomo", furono inventati dai Giudei per fare che i popoli e i governi si disarmassero nella difesa contro il giudaismo, e moltiplicassero a vantaggio di questo le armi nella offesa».

E via così. Per decenni. E non si trattava, sventuratamente, delle posizioni isolate di un segmento della chiesa. Lo dice la contraddizione, difficile da capire non solo per i laici ma anche per tanti cattolici, con cui Pio XI da un lato prende le distanze dalle leggi razziali e dall'altro saluta il decennale del Concordato, negli auguri per il Natale 1938 al sacro collegio, con un omaggio stupefacente al duce: «Dopo che a Dio, la nostra riconoscenza e i nostri ringraziamenti vanno alle altissime persone, diciamo il nobilissimo Sovrano ed il suo incomparabile Ministro...». Lo confermano certi interventi di padre Agostino Gemelli come quando, commentando su «Vita e pensiero» il suicidio dello storico ebreo Felice Momigliano, scrive: «Se insieme con il positivismo, il socialismo, il libero pensiero e con Momigliano morissero tutti i giudei che continuano l'opera dei giudei che hanno crocifisso Nostro Signore non è vero che il mondo starebbe meglio? Sarebbe una liberazione».

Non basterebbe un libro, a elencare gli errori e gli orrori dei cristiani in questo rapporto secolare con i «fratelli maggiori». Il solo Riccardo Calimani (*Storia dell'ebreo errante*, *Passione e tragedia: la storia degli ebrei russi*, *Storia del ghetto di Venezia*, *Stella gialla: ebrei e pregiudizio*...) ne ha scritti almeno una dozzina. Non ne basterebbe uno per ricordare il peso avuto da uomini come Martin Lutero, autore della celebre invettiva *Contro gli ebrei* del 1544: «Cosa potremo fare noi cristiani con l'odioso e maledetto popolo dei giudei? (...) Prima di tutto, per spazzare via la loro blasfema dottrina, è cosa utile bruciare tutte le loro sinagoghe, e se qualche rovina viene risparmiata dall'incendio, bisogna coprirla di sabbia e fango, affinché nessuno possa vedere più neppure un sasso o una tegola di quelle costruzioni. (...) In secondo luogo, siano distrutte e devastate anche le loro case private. (...) In terzo luogo, siano privati di tutti i libri di preghiere e i testi talmudici, nei quali si insegnano idolatrie, menzogne, stupidaggini e bestemmie di tal fatta. In quarto luogo, sia tolto ai rabbini, sotto pena di morte, il compito di insegnare...».

E poi non basterebbe un solo libro per dare conto, come ha fatto Gadi Luzzatto Voghera in *Antisemitismo a sinistra*, della lunga storia di ostilità contro gli ebrei le cui radici affondano in un ebreo come Karl Marx: «Il denaro è il geloso Dio di Israele, di fronte al quale non può esistere nessun altro Dio. (...) Il Dio degli ebrei si è mondanizzato, è divenuto un Dio mondano. La cambiale è il Dio reale dell'ebreo. Il suo Dio è solo la cambiale illusoria. (...) L'emancipazione sociale dell'ebreo è l'emancipazione della società dall'ebraismo». E non ne basterebbe uno per racchiudere il dibattito sulle responsabilità dirette avute dalla chiesa nella creazione dell'odio verso il «popolo eletto», a partire dalla distinzione tra antigiudaismo e antisemitismo che la storica Lucetta Scaraffia riassume così: «Come ha detto Giovanni Paolo II chiedendo perdono, una diffidenza verso gli ebrei trasmessa nei secoli dall'antigiudaismo cristiano ha contribuito certamente all'affermazione dell'antisemitismo, creando un terreno favorevole alla sua accettazione da parte della cultura europea. Ma si trattava di una ostilità religiosa. Che arrivò ad essere anche feroce però non aveva niente a che fare con la razza. Tanto è vero che, almeno sulla carta, bastava la conversione a far cadere l'astio. L'antisemitismo è tutta un'altra storia. Una teoria "scientifica" fondata sull'idea che gli uomini non siano tutti uguali, ma che si possano distinguere le razze in base alla loro evoluzione. Quindi esistono razze inferiori e razze superiori e le razze superiori hanno il diritto, se non il dovere, di imporsi. Cosa che nessun papa ha mai osato dire e manco pensato. Infatti nei lager Hitler mandò a morire anche gli ebrei convertiti».

Insomma, il tema dei rapporti tra cristiani ed ebrei è così vasto che solo intorno alla figura centrale di Pio XII, a partire dal febbraio 1963 quando in un teatro di Berlino andò in scena l'ustionante *Der Stellvertreter* (Il vicario) sono stati scritti decine di libri. Da una parte c'è chi la pensa come Daniel Goldhagen, l'autore de *I volonterosi carnefici di Hitler*: «La chiesa dovrebbe cessare di perseguire la canonizzazione di Pio XII. Pio XII fu alla testa di una chiesa che diffuse un feroce antisemitismo proprio quando gli ebrei venivano sterminati. Che usò i suoi documenti per aiutare il regime nazista a stabilire chi era ebreo in modo da poterlo perseguitare. Che legittimò e partecipò alla deportazione ad Auschwitz degli ebrei slovacchi».

Dall'altra chi, come il rabbino americano David Dalin, autore de *La leggenda nera del papa di Hitler*, sostiene il contrario: «Sessant'anni dopo l'Olocausto sarebbe necessario riconoscere universalmente che Pio XII fu un vero amico del popolo ebraico, e che ha salvato più vite di ebrei di quanto abbia fatto ogni altra persona, compresi Raoul Wallenberg e Oskar Schindler, uomini che sono spesso, e giustamente, considerati degli eroi per le loro imprese».

«Parlare di Shoah a proposito di Pio XII significa sostituire a colpe accertate, una colpa di omissione e silenzio indiscutibile, ma temperata da ciò che indubbiamente egli e la chiesa fecero per salvare molti ebrei. Chi scrive è qui perché suo padre fu nascosto a San Giovanni in Laterano, e non è il solo», ha scritto sul «Corriere» il matematico Giorgio Israel. «Un conto è accusare Pio XII di aver proseguito nella sciagurata prassi di accaparrarsi in ogni modo le anime ebraiche, altro conto è equiparare Pio XII a Eichmann.»

In mezzo stanno i dubbiosi. Che si chiedono: davvero papa Pacelli non poteva osare un po' di più nel messaggio radiofonico del Natale 1942 nel quale, dopo avere esordito con parole soavi («Con sempre nuova freschezza di letizia e di pietà...») accennò solo di passaggio a «centinaia di migliaia di persone, le quali, senza veruna colpa propria, talora solo per ragione di nazionalità o di stirpe, sono destinate alla morte o ad un progressivo deperimento»? Davvero, in circa seimilacinquecento parole, non poteva infilare la parola «ebrei»?

Non so, si è risposto lo storico cattolico John Cornwell. Anni fa credeva di averle trovate, le risposte. Tanto da dare al suo libro un titolo spietato: *Il papa di Hitler*. Poi, ha spiegato all'«Economist», ha cambiato idea: «Adesso sosterrei (...) che Pio XII aveva una libertà d'azione così limitata che è impossibile giudicare i motivi del suo silenzio durante la guerra, mentre Roma era sotto il tallone di Mussolini e più tardi occupata dai tedeschi».

L'incandescente «caso Pio XII» in realtà, al di là delle opinioni e dei documenti volta per volta portati a sostegno dell'una o dell'altra tesi, dimostra una cosa. Come abbia ragione Ernesto Galli della Loggia scrivendo che «non si può giudicare moralmente e storicamente il passato, anche il più prossimo, con il metro che adottiamo per giudicare il presente. Non solo per l'ovvia ragione che il metro di giudizio cambia moltissimo con il tempo, sicché a noi, per esempio, il fenomeno della schiavitù non può che suscitare oggi sentimenti ben diversi da quelli che suscitava in un abitante dell'antica Roma, ma anche perché il passato stesso e la sua immagine sono a loro volta una costruzione storica, qualcosa che non si costituisce immediatamente una volta per tutte ma si forma e si trasforma con il tempo».

Vale anche per l'Olocausto, dice. Spiegando che, come ricorda Raul Hilberg, autore del fondamentale *La distruzione degli ebrei d'Europa*, per diversi anni dopo la guerra la Shoah non aveva affatto il peso nella coscienza collettiva che ha oggi. Un solo esempio, illuminante: la scelta di Natalia Ginzburg di bocciare inizialmente la pubblicazione per Einaudi del capolavoro *Se questo è un uomo* di Primo Levi. È solo dagli anni Sessanta in avanti, dice Galli della Loggia, che la Shoah si afferma con una forza tale da modificare «anche il nostro criterio per stabilire ciò che è antisemitismo e insieme rendere assolutamente obbligatoria la sua condanna. Proprio per ciò trasporre nel passato tale criterio e scandalizzarsi per la mancata ripulsa settanta o ottanta anni fa da parte di uomini e organizzazioni di ciò che oggi definiamo antisemitismo costituisce una grave, indebita forzatura».

Giusto. Ciò che gela il sangue è che mezzo secolo dopo cresca in tutto l'Occidente non la volontà di capire meglio il passato ma di metterci una pietra sopra. E vengano riesumati stereotipi che parevano sepolti. Un esempio? L'invettiva di Ida

Magli intitolata *Il progetto ebraico* e dedicata alla crisi finanziaria esplosa nel 2008. Dove l'antropologa non solo addebita il crollo delle Borse ai soliti giudei («di fatto sono quasi tutti ebrei gli operatori della finanza») ma si lancia in un apocalittico rimpianto del tempo che fu: «L'Europa del nazismo, del fascismo, della persecuzione razzista doveva pagare, o meglio non aveva diritto a sopravvivere se non cancellando la sua storia, la sua identità, i suoi sentimenti, i suoi valori, perfino la sua configurazione geografica, per abbracciare totalmente il modello ebraico. È così che è nata l'Unione europea: eliminando la vecchia Europa».

Un rimpianto condiviso certamente da don Floriano Abrahamowicz, il prete lefebvriano di origine viennese ed ebraica secondo il quale quello della Shoah è un «problema secondario», il numero di sei milioni di morti è stato buttato lì subito dopo la liberazione «dal capo della comunità ebraica tedesca» che «nella foga ha sparato una cifra» e «l'unica cosa certa» sulle camere a gas «è che sono state usate per disinfettare». Di più: «L'islam è solo il mezzo usato dai poteri forti e dalla massoneria ebraica per mettere sotto scacco i valori cattolici e scardinare le tradizioni della nostra società». Di più ancora: «Il sionismo cerca di rimpiazzare l'unico vero e perfetto olocausto: quello di Nostro Signore Gesù Cristo sulla croce». Ucciso da chi? Ovvio: dagli ebrei.

Farneticazioni di una tonaca spretata isolata dal mondo? No. Lo dicono due fotografie. La prima è del dicembre 2007 e mostra don Floriano mentre benedice il presepe, su invito dell'eurodeputato leghista Mario Borghezio, alla sede di Bruxelles del parlamento europeo, dove il prete attacca senza nominarli i banchieri ebrei: «I nostri popoli lavorano, producono» ma «sono diventati gli schiavi di un grande brigantaggio, attuato da alcuni ladri, un pugno di uomini che – come disse papa Pio XI – detengono tutto il potere monetario nelle loro mani».

La seconda foto è di pochi mesi prima. Don Floriano, alla Fiera di Vicenza, benedice l'inaugurazione del «parlamento padano». Al suo fianco, in attesa di diventare il ministro degli Interni italiano, c'è Roberto Maroni.

13

Rom, la maledizione del quarto chiodo

Dopo i lager nazisti, torna la caccia allo zingaro dei secoli bui

«I nebbiosi inverni della Padania hanno fatto sempre amare i bruni zingari i cui visi sembrano bruciati da un sole antichissimo e parlano in nome di un misterioso oriente dal quale provengono con il passo furtivo che non lascia traccia. Nel riverbero dei loro fuochi di bivacco, fossero essi mercanti di cavalli o battitori di rami, si sono sempre illuminate le fantasie dei ragazzi di Padania.»

Sembra scritto dalla luna, a rileggerlo oggi, l'articolo che il leggendario Orio Vergani pubblicò sul «Corriere della Sera» la mattina dell'8 settembre 1953. «L'elogio della vita zingaresca non può essere cantato se non da chi non si stacca mai dal proprio focolare», spiegava quel giornalista conservatore certo non incline al sociologismo. E insisteva: «Probabilmente poteva nascere solo a Gonzaga l'idea di offrire i prati della propria fiera a un grande raduno di zingari. Gonzaga vanta come un titolo di nobiltà del suo lavoro agrario l'antichità della sua fiera, sorta appena si sperdeva il tenebrore del Medioevo italico». Certo, c'erano altre fiere antichissime, questa «vanta però un'esclusiva che pochi le contendono: quella di aver sempre attirato alla "Padusa", fin da quando esiste di essi memoria precisa, nugoli di zingari».

Come avrebbe mai potuto immaginare, Vergani, che la Padania, i longobardi, il Po e Mantova, eletta a sede del primo «parlamento padano», sarebbero diventati i luoghi del mito leghista? Mezzo secolo dopo, nel settembre 2008, i leghisti mantovani in trasferta a Venezia per la festa del Carroccio avrebbero sentito il trevisano Giancarlo Gentilini barrire al microfono parole diverse: «Voglio la pulizia dalle strade di tutte queste etnie che distruggono il nostro paese. Voglio la rivoluzione nei confronti dei nomadi, dei zingariiii. Ho distrutto due campi di nomadi e di zingari a Treviso. Non ci sono più zingari, a Treviso! Voglio eliminare i bambini dei zingari che vanno a rubare agli anzianiii! Voglio la tolleranza doppio zero! Maroni ha detto zero, io la voglio a doppio zero! Io voglio la rivoluzione nei confronti della televisione, della radio, dei giornali perché continuano a infangare la Lega. È tempo di zittirli. Dobbiamo mettergli dei turaccioli in bocca e su per il culo a quei giornalisti». Sullo stesso palco, i ministri leghisti sorridevano benedicenti.

Solo poche settimane prima Roberto Maroni, dalla sua scrivania al Viminale, aveva teorizzato di prendere le impronte ai bambini rom: «Per il loro bene. Per difenderli dagli sfruttatori». *Nati per rubare*, titolava «Panorama», sparando in copertina un bambino nomade sulla panca di una questura con addosso un'evocativa maglietta a strisce, che si copriva la faccia. Perfetto, aveva commentato sferzante lo storico ebreo Sergio Luzzatto sul «Corriere»: adesso «noi tutti potremo festeggiare degnamente il settantesimo anniversario del 14 luglio 1938, quando il "Giornale d'Italia" pubblicò il "Manifesto della razza"».

Ma no, è una scelta «umanitaria!», erano saltati su i leghisti difendendo il loro ministro messo nel mirino anche da una risoluzione votata al parlamento europeo secondo cui il censimento dei rom su base etnica avrebbe costituito «chiaramente un atto di discriminazione diretta fondata sulla razza e l'origine etnica, vietato dall'articolo 14 della Convenzione europea dei diritti dell'uomo». Un coro: i soliti cattocomunisti! Vogliono forse negare che i bambini rom rubano?

Maroni e i leghisti, gli replicò sulla «Repubblica» Francesco Merlo, «rispondono rinfacciandoci la paura della gente, agitano il valore della sicurezza, e ci eccitano perché vorrebbero che in risposta al loro razzismo scomposto noi santificassimo i rom, negassimo qualsiasi rapporto tra campi nomadi e criminalità, tra immigrazione e delitti. E invece non è in difesa dell'accattonaggio, né per esaltare la presunta bellezza esotica e imprendibile della zingara Esmeralda che protegge il povero gobbo di Notre Dame, non è insomma in nome della retorica rovesciata dei miserabili che noi diciamo a Maroni che prendere le impronte digitali a bimbi rom è un segno di inciviltà razzista». Il punto è, proseguiva, che «in questo governo c'è un'ossessione leghista per la sicurezza. Ma una cosa è il problema e un'altra l'ossessione. Ebbene, incapace di risolvere il problema che lo ossessiona, Maroni vorrebbe che, per reazione, noi negassimo il problema. Invece noi gli ricordiamo che già il suo predecessore, il mite Giuliano Amato, aveva segnalato che in tutte le comunità criminali sta crescendo, anche in Italia, l'uso orribile dei bambini. Ci sono, per esempio, le baby gang. E il libro *Gomorra* racconta di ragazzini utilizzati nelle vendette trasversali. E in Calabria sono in aumento gli omicidi compiuti da killer ragazzini pagati solo poche centinaia di euro. Ma che facciamo, ministro Maroni, schediamo tutti i bimbi calabresi?».

Una posizione analoga a quella di «Famiglia Cristiana». Che liquidando l'iniziativa come una «indecente proposta razzista» aveva ricordato che «a settant'anni dalle leggi razziali, l'Italia non ha ancora fatto i conti con le sue tragiche responsabilità» e «in particolare, quei conti non li ha fatti il centrodestra al governo, se un ministro propone il concetto di razza nell'ordinamento giuridico. Perché di questo si tratta. Come quando i bambini ebrei venivano identificati con la stella gialla al braccio, in segno di pubblico ludibrio».

«Avremmo dato credito al ministro se, assieme alla schedatura, avesse detto come portare i bimbi rom a scuola, togliendoli dagli spazi condivisi coi topi. Che aiuti ha previsto? Nulla» continuava il direttore don Antonio Sciortino. «Non stupisce, invece, il silenzio della nuova presidente della Commissione per l'infanzia, Alessandra Mussolini, (...) perché le schedature etniche e religiose fanno parte del Dna familiare e, finalmente, tornano a essere patrimonio di governo. Non sappiamo cosa ne pensi Berlusconi: permetterebbe che agenti di polizia prendessero le impronte dei suoi figli o dei suoi nipotini? Oggi, con le impronte digitali uno stato di polizia mostra il volto più feroce a piccoli rom, che pur sono cittadini italiani. Perché non c'è la stessa ostinazione nel combattere la criminalità vera in vaste aree del paese?»

Non se li ricorda quasi più nessuno, gli zingari di Gonzaga. La fiera millenaria è diventata una grossa esposizione di macchine agricole. Certo, c'è qualche giostra perché a nessuno viene in mente che i giostrai sono in gran parte di origine sinta. Lo spirito di un tempo, però, è irrimediabilmente perduto.

Peccato. Fecero addirittura un concorso giornalistico, in quel non lontano 1953, per premiare i reportage più interessanti sugli zingari. «Nella Bassa Padana», spiegava su «Il giornale d'Italia» Giannetto Bongiovanni, «l'innamorato dice alla sua bella: "La me sengra", nomignolo affettuoso e che esclude assolutamente qualsiasi ombra di irriverenza.» Gli avi dei Gonzaga, confermava su «L'Illustrazione italiana» Leone Lombardi, avevano imparato «l'utile che si poteva trarre dal proteggere i popoli nomadi e i popoli perseguitati. Atavicamente allenati al lavoro dei campi e a misurare i valori dei beni immobili, essi conobbero qui, dagli zingari antichissimi, il valore dei commerci dei beni mobili: proprio dagli zingari che vagavano di terra in terra lavorando il rame, battendo su piccole incudini monili d'oro e vendendo cavalli che andavano forse rubando pascolando qua e là nel loro instancabile peregrinare. Protettori di zingari prima, e poi protettori di ebrei, come dovevano esserlo, a Ferrara, gli Estensi. Il mercato zingaresco di Gonzaga e il ghetto di Mantova sono stati (...) i due caposaldi, dopo quello terriero, della loro fortuna finanziaria».

L'abbinamento di zingari ed ebrei, del resto, è stato spesso naturale. Popoli erranti. Popoli misteriosi. Popoli con una loro lingua incomprensibile. Popoli dall'odore nauseante alle narici dei razzisti. Popoli finiti insieme nel calderone degli stessi pregiudizi. Insieme nelle camere a gas. «Parlando degli zingari, ammetto di avere anch'io, come ebreo, un pregiudizio (nel mio caso favorevole) nei loro confronti», ha scritto su «La Stampa» Arrigo Levi. «Non posso dimenticare che nei lager nazisti, con sei milioni di ebrei, furono sterminati anche centinaia di migliaia di zingari. Se gli zingari sono o furono nomadi, lo furono anche molti miei antenati per effetto delle persecuzioni subite in quanto "diversi". La cosa di cui non mi do ragione è che tanti italiani abbiano dimenticato le discriminazioni, le accuse di essere sporchi, ladri e criminali, di cui furono bersaglio tanti nostri compatrioti, costretti, tra l'Otto e il Novecento, a emigrare.»

Parole d'oro. «I nostri stracci, i nostri costumi di gente senza esigenze, di zingari che si contentano di rosicchiare porco salato, o peggio, formaggio, o peggio ancora, cipolla e pane, che si adattano a cacciarsi di notte in tre, in quattro, in dieci entro la medesima stamberga ci hanno procurato all'estero una triste nomea», spiegava a cavallo tra i due secoli l'opuscolo socialista «Raccomandazioni agli italiani che si recano in Isvizzera». Secondo il diplomatico Raniero Paulucci de Calboli erano soprattutto i musicanti, gli «orsanti» e gli «scimmianti» che giravano di fiera in fiera con orsi e scimmie ammaestrati partendo dall'Appennino ligure o parmense, la «piaga» che faceva vergognare l'Italia rappresentando «una classe che ha le stesse tendenze degli zingari e dei popoli selvaggi». Brutta gente, scriveva: «Da genitori deficienti di energia morale e fisica sono procreati degli infelici che succhiano col sangue la stessa ripugnanza alla fatica di un lavoro regolare».

Alla stazione ferroviaria di Basilea, alla fine dell'Ottocento, secondo «L'Avvenire del lavoratore», i nostri nonni «sono trattati peggio degli zingari e non li vogliono nemmeno nelle sale d'aspetto di terza classe». Il vescovo Geremia Bonomelli, grande protettore dei migranti italiani, racconterà di essere sceso, negli inferi spaventosi del sottoscala riservato agli italiani: «Uno stanzone tetro, buio, umido. Non riceve luce che da tre o quattro aperture a fior di terra, coperte da inferriate. Io scesi per la scala e mi trovai in una specie di bettola, direi quasi di caverna, ripiena di operai, in cui l'odore acre di liquore, di vino, di fumo, di tabacco e l'aria grave, nauseabonda, facevano sentire il bisogno di risalire subito. (...) "E i nostri operai stanno in questo androne, vi passano anche la notte aspettando i treni?" "Sì, sì, stanno qui", mi risposero a coro i vicini. "E gli svizzeri non rare volte vengono là sopra (e mi indicano le aperture della via), ci guardano, scuotono la testa e ridono. Sa cosa dicono? Dicono: ecco gli zingari d'Italia"».

Tutto dimenticato. Tutto rimosso. O come minimo, nelle lande padane, scaricato sull'emigrazione meridionale. Senza memoria di storie come quella di *Cuore* dove il «piccolo patriota padovano» scaglia le monetine («non accetto l'elemosina da chi insulta il mio paese!») contro i ricchi signori stranieri che gliele avevano donate. Racconta Edmondo De Amicis che era un bambino «di undici anni, mal vestito, solo, che se ne stava sempre in disparte, come un animale selvatico, guardando tutti con l'occhio torvo. E aveva ben ragione di guardare tutti con l'occhio torvo. Due anni prima, suo padre e sua madre, contadini nei dintorni di Padova, l'avevano venduto al capo d'una compagnia di saltimbanchi; il quale, dopo avergli insegnato a fare i giochi a furia di pugni, di calci e di digiuni, se l'era portato a traverso alla Francia e alla Spagna, picchiandolo sempre e non sfamandolo mai».

È cambiata, l'immagine degli italiani. È cambiata, sia pure con i paurosi rigurgiti che abbiamo visto, l'immagine degli ebrei. Non quella degli zingari. Anzi. «Che cosa fanno i politici della nuova destra? Vanno in visita ad Auschwitz, si mettono in testa lo zucchetto d'ordinanza, si fanno la foto e dicono: vedete? Sono qui, ad Auschwitz, a rendere omaggio ai martiri ebrei, non potete dire che sono razzista», accusa Moni Ovadia, attore, scrittore, intellettuale ebreo nato in Bulgaria e cresciuto in Italia. «Poi escono da quei luoghi di infinito dolore e dicono: mi sento israeliano. Non dicono "mi sento ebreo" perché la parola, sotto sotto, potrebbe alienargli una parte del loro elettorato. Come non gli passerebbe mai per la testa di dire mi sento rom, mi sento sinti, mi sento giostraio, omosessuale, immigrato, handicappato... No: "Mi sento israeliano". Detto questo, si sentono legittimati a essere razzisti con tutti gli altri. A partire, si capisce, dagli zingari.»

Peggio: gli ebrei possono essere usati come un sasso da tirare addosso agli zingari. Come nel caso di Radio Padania Libera dove, nel settembre 2007, il conduttore Leo Siegel imbastisce un filo diretto con gli ascoltatori che, attaccando il programma *L'Infedele* di Gad Lerner dedicato all'ostilità contro i rom trasmesso da La7, finisce dritto dritto in un processo per istigazione all'odio razziale.

La sbobinatura dell'aggressione radiofonica non lascia

dubbi. Bollata la trasmissione sui rom come «la beatificazione di una banda di ladri cioè i nomadi», Siegel spiega a un ascoltatore che lui proprio non la capisce «l'operazione più sconcia» di quel «nasone» di Lerner e cioè l'accostamento tra l'ostilità verso i rom e quella storica verso gli ebrei. Vabbè che anche degli ebrei una volta «dicevano questi sono usurai, questi taglieggiano... Non so... Comunque avevano un'attività, va bene!?... Comunque giuro che se fossi uno che frequenta la sinagoga ma io questo lo vado a prendere per il collo. (...) Ma tu mi puoi mettere sullo stesso piano l'Olocausto con questa banda di gente che va a rubare?».

«Sono lieto di dire che ci costituiremo parte civile contro questa persona», annuncia severo e solenne Roberto Maroni, dopo aver saputo della querela di Gad Lerner. E spiega a destra e a manca, in privato e in pubblico, quanto sia insopportabile per lui, come ministro degli Interni e come leghista, che proprio a Radio Padania Libera si dia del «nasone» a un ebreo e si dicano certe cose. È da tempo che Maroni batte e ribatte sullo stesso tema: «Sono anni che dicono che siamo razzisti. All'inizio mi dava fastidio. Ora non ci bado più. Lo vedo come uno stereotipo che non ha effetto nell'opinione pubblica che sa bene che non lo siamo». La decisione di schierarsi in tribunale con Lerner e contro il conduttore padano può essere un gesto di svolta. La prova provata che il ministro degli Interni usa il pugno duro non solo coi clandestini ma anche con gli xenofobi. Un gesto importante soprattutto in giorni in cui la linea durissima sul fronte degli immigrati, compresi coloro che avrebbero diritto all'asilo politico, rischia di essere come minimo «fraintesa».

Macché. L'ultimo giorno utile per la costituzione (forse sarebbe stata respinta, ma la semplice richiesta ai giudici poteva essere un gesto importante) scade a metà maggio del 2009. E l'epilogo viene raccontato dallo stesso Lerner in una lettera al presidente dell'Unione delle Comunità ebraiche, Renzo Gattegna: «Mi duole segnalarti che (...) né il Viminale né l'onorevole Maroni hanno presentato richiesta di costituzione come parte civile. E ciò nonostante mi fossi premurato di ricordare per tempo al suo staff che si trattava dell'ultima scadenza utile per mantenere quella promessa». Il processo va avanti senza Maroni, che già a Venezia non aveva sentito il bisogno di dissociarsi dalle invettive razziste, poi condannate dalla magistratura, di Gentilini. Di più: al fianco di Leo Siegel, in tribunale, c'è l'avvocato Matteo Brigandì. Deputato della Lega, difensore di Bossi e del partito. Un segnale inequivocabile.

«Ci sono ferite morali che lasciano il segno più di quelle fisiche», scrive Siegel in una lettera al «Corriere». «Per esempio l'accusa di razzismo, reato spregevole e, per quanto mi riguarda, incompatibile con l'educazione ricevuta dai miei genitori, cristiani praticanti, che con sacrifici mi fecero studiare all'Istituto Gonzaga dei Fratelli delle scuole cristiane. Anche qui mi inculcarono i valori di questa fede.»

Si vede che lui non aveva capito. Perché la chiesa verso i gitani ha avuto sì, in passato, rapporti difficili se è vero, come spiega Alexian Santino Spinelli, un rom plurilaureato chiamato dagli atenei di Trieste, Chieti e Torino a tenere corsi, che «dei 210 bandi antizigani emanati fra il 1483 e il 1785 sul suolo italico, oltre un terzo (per l'esattezza 79) furono emessi in nome del papa re, record mai eguagliato da nessun altro stato europeo». Ma da decenni usa parole del tutto diverse.

Cominciò nel 1965 Paolo VI, chiudendo il Concilio ecumenico vaticano II con l'esortazione ad aprirsi ai popoli viaggianti e andando a festeggiare il compleanno fra tremila rom, sinti, e kalé (una tripartizione più formale che sostanziale, spiega l'Opera Nomadi) accolti in una tenuta della Santa Sede vicino a Pomezia: «Qui trovate un posto, una stazione, un bivacco differente dagli accampamenti dove di solito fanno tappa le vostre carovane. Dovunque voi vi fermiate, siete considerati importuni ed estranei. E restate timidi e timorosi. Qui no. Qui siete bene accolti, siete attesi, salutati, festeggiati. Vi capita mai questa fortuna?».

L'accelerazione finale la diede, ancora una volta, papa Wojtyła. Beatificando nel 1997 il primo rom, Ceferino Giménez Malla detto «el Pelé», fucilato nel 1936 nella guerra civile spagnola. Poi ammonendo durante il Giubileo del 2000: «I cristiani facciano mea culpa anche per le colpe commesse contro gli zingari». Una tesi ribadita nel marzo 2006 da Benedetto XVI con gli «Orientamenti per una pastorale degli zingari». Una vera e propria guida ricca di indicazioni che tutti i cristiani (soprattutto quelli come Siegel...) dovrebbero seguire nei confronti di questa popolazione «da secoli presente in terra tradizionalmente cristiana ma spesso emarginata, segnata dalla sofferenza, dalla discriminazione e spesso anche dalla persecuzione».

I rom, spiega quel documento, «costituiscono una "popolazione in movimento", la cui visione del mondo ha le proprie origini nella civiltà nomade, che in una situazione di sedentarietà si ha difficoltà a comprendere. (...) Questo modo di vita, legittimo per natura, ha suscitato opposizione nella società di arrivo, che in molti paesi si traduce in una incomprensione tenace, alimentata anche dalla mancata conoscenza delle caratteristiche e della storia zingare. (...) Per essere visti da molti come stranieri nocivi e mendicanti insistenti, l'opinione pubblica in genere auspicò spesso l'interdizione del nomadismo e la sua messa al bando. Nel corso della storia ciò provocò anche persecuzioni che si giustificarono quasi come misura sanitaria. La storia di queste popolazioni è così tristemente scandita da punizioni corporali, prigioni, deportazioni, sedentarizzazione forzata, schiavitù, o altre misure atte a conseguire finalmente il suo annientamento».

Provenienti in tempi lontanissimi probabilmente dall'India, cosa che avrebbe disturbato i nazisti essendo impossibile negare che fossero ariani, gli zingari non hanno tradizioni scritte e la loro storia, come ricorda il *Il Porrajmos dimenticato* di Giorgio Bezzecchi, Maurizio Pagani, Erika Rossi, Francesco Scarpelli, Tommaso Vitale per l'Opera Nomadi, affonda nelle leggende. Come quella secondo cui «nel V secolo, il re persiano Bahram Gur chiese a un sovrano dell'India, Shan-Kal, l'invio di diecimila menestrelli per rallegrare il suo popolo durante le feste. Venivano da un paese meraviglioso, il cui nome era Sind, e giunsero guidati da tre fratelli, Mar Amengo, Romano e Singan, il primo dei quali era un grande re».

Il primo documento che parla di loro, prosegue l'opera

collettiva, sarebbe il diario, nel 1054, di un monaco del monte Athos, nella penisola calcidica, «che annotò il passaggio di una banda di nomadi, "maghi, indovini e incantatori di serpenti", denominati Atsingani (intoccabili). Era il nuovo nome degli zingari, derivante dal termine con cui si indicava una setta eretica diffusa nell'VIII secolo nell'Anatolia settentrionale. Quest'appellativo, naturalizzato, serve ancora a indicarli nei principali idiomi europei: zingari in italiano, *tsiganes* in francese, *zigeuner* in tedesco, *czigny* in ungherese, *cykan* in russo, *cyganis* in rumeno, *zigenare* in svedese». Una definizione controversa. Che parte dei rom e dei sinti vive come un insulto preferendo parole politicamente più pallide, parte rivendica con orgoglio proprio come sfida.

In Occidente, «poiché si presentavano come pellegrini o penitenti, gli zingari vennero in un primo momento accolti con favore e poterono godere della carità pubblica e privata», scrive nel saggio *La persecuzione nazista degli zingari* lo storico ebreo Guenter Lewy, dell'University of Massachusetts. «Ben presto, tuttavia, si svilupparono tensioni tra le popolazioni locali, sedentarie, e questi nomadi dalla carnagione olivastra e l'aspetto forestiero. Il fatto che stessero conducendo una vita di penitenza venne messo in dubbio, e anzi li si accusò spesso di essere pagani. Non essendo più ritenuti cristiani penitenti, la loro mendicità venne vista di mal occhio. In molti racconti si afferma che erano eccessivamente dediti alle ruberie. Li si accusa di stregoneria, magia, rapimento di bambini e spionaggio. (...) Si ripete che sono rumorosi, sporchi, immorali, disonesti e, in linea generale, asociali.»

Un'ambiguità non facile da risolvere nel rapporto tra due mondi molto diversi. E segnalata dalla doppiezza, diciamo così «scivolosa», di una delle leggende più note del mondo gitano, quella dei quattro chiodi. Leggenda forse inventata dai rom o forse no, che racconta di uno zingaro che, il giorno della crocifissione, rubò al centurione il quarto chiodo, destinato a essere conficcato nel sacro cuore di Gesù il quale, riconoscente, avrebbe dato agli zingari da quel momento la licenza divina a derubare i «gagiò», cioè tutti coloro che zingari non sono.

Erano «la più brutta gente che si vedesse mai (...) magri, negri et mangiavano come porci», riferiscono i cronisti medievali bolognesi del *Corpus Chronicorum Bononiensium*, spiegando che erano entrati in città mostrando un decreto del re d'Ungheria che li autorizzava a «rubare in ogni parte ch'elli andassero». Tutte queste cose si sarebbero cristallizzate alla fine dell'Ottocento, nel libro *L'uomo delinquente in rapporto all'antropologia, alla giurisprudenza ed alla psichiatria, cause e rimedi*, di Cesare Lombroso. Secondo il quale gli zingari «sono l'immagine viva di una razza intera di delinquenti, e ne riproducono tutte le passioni ed i vizi. (...) sopportano la fame e la miseria piuttosto che sottoporsi ad un piccolo lavoro continuato; vi attendono solo quanto basti per poter vivere; sono spergiuri anche tra loro; ingrati, vili, e nello stesso tempo crudeli, per cui in Transilvania corre il proverbio, che cinquanta zingari possono esser fugati da un cencio bagnato; incorporati nell'esercito austriaco, vi fecero pessima prova».

E non è finita: «Sono vendicativi all'estremo grado. (...) Dediti all'ira, nell'impeto della collera, furono veduti gettare i loro figli, quasi una pietra da fionda, contro l'avversario; e sono, appunto come i delinquenti, vanitosi, eppure senza alcuna paura dell'infamia. Consumano in alcool ed in vestiti quanto guadagnano; sicché se ne vedono camminare a piedi nudi, ma con abito gallonato od a colori, e senza calze, ma con stivaletti gialli. Hanno l'imprevidenza del selvaggio e del delinquente. (...) Senza morale eppure superstiziosi (...) si crederebbero dannati e disonorati se mangiassero anguille o scoiattoli, eppure mangiano (...) carogne quasi putrefatte. Amanti dell'orgia, del rumore, nei mercati fanno grandi schiamazzi; feroci, assassinano senza rimorso, a scopo di lucro; si sospettarono, anni sono, di cannibalismo. Le donne sono più abili al furto, e vi addestrano i loro bambini; avvelenano con polveri il bestiame, per darsi poi merito di guarirlo, o per averne a poco prezzo le carni; in Turchia si danno anche alla prostituzione. Tutte eccellono in certe truffe speciali, quali il cambio di monete buone contro le false, e nello spaccio di cavalli malati, raffazzonati per sani, sicché come fra noi "ebreo" era, un tempo, sinonimo di usuraio, così, in Spagna, "gitano" è sinonimo di truffatore nel commercio di bestiame».

Quanto fossero ambigue, se non addirittura del tutto false, molte di queste accuse e soprattutto l'ultima lo dimostra un reportage sul «Corriere della Sera» di un inviato non sinistrorso come il mitico Max David che in un servizio del 1953 dall'Andalusia descrive, non senza ammirazione, le capacità veterinarie degli zingari: «Conoscono il segreto che cambia il mantello dei cavalli; conoscono il segreto che nasconde certe malattie; conoscono il segreto che dà agli animali una particolare prestanza; conoscono il segreto che fa rizzare le orecchie ciondoloni e fa tremolare le froge dei buricchi come petali di rose; conoscono infine il segreto, affascinante, di far trottare diritte le bestie che marcano. La mula del Nino de la Chata trottava diritta ed era zoppa; quella mula aveva dieci anni ma ne dimostrava tre».

Certo è che, su queste accuse, sono state imbastite per secoli persecuzioni omicide. Interessato soprattutto all'Europa centrale, Guenter Lewy stila un elenco di pogrom che non finisce più, spiegando come la situazione dei nomadi precipiti dopo la Guerra dei Trent'anni quando il mondo tedesco è percorso da «orde vaganti di contadini diseredati e di soldati sbandati (che) battono il paese mendicando e rubando» ed evidentemente vengono accomunati agli zingari: «Nel 1652, l'elettore di Sassonia Giorgio I bandisce gli zingari dalle sue terre; nel 1711, Augusto I di Sassonia ordina che chi contravviene al bando venga fustigato, marchiato e, in caso di reiterazione del reato, messo a morte. Nel 1710, il principe Adolfo Federico di Meclemburgo-Strelitz ordina che tutti gli zingari catturati siano condannati ai lavori forzati a vita. (...) Nel 1714, l'arcivescovo di Magonza decreta che gli zingari e altri vagabondi dediti al furto vengano messi a morte. (...) Nel 1725, Federico Guglielmo I di Prussia ordina che gli zingari al di sopra dei 18 anni, sia maschi che femmine, devono essere impiccati senza processo. (...) Nel 1766, Carlo Teodoro, principe elettore del Palatinato e di Baviera, stabilisce che gli zingari e altri vagabondi del genere vengano arrestati e puniti, mentre quelli che si fanno pescare nel paese per la seconda volta saranno impiccati senza processo e i loro cadaveri verranno lasciati pendere dalla forca a monito di altri eventuali trasgressori».

Quanto fosse «normale» ammazzare un rom lo ricorda il diario di un signorotto danese citato nel libro *Non chiamarmi zingaro* di Pino Petruzzelli: «Durante l'odierna battuta di caccia sono stati ammazzati numero due cinghiali, numero tre fagiani e numero uno zingaro con relativo bambino».

In Spagna, nell'Archivio municipale di Medina-Sidonia, vicino a Cadice, Alessandro Stella dell'Ecole des hautes études en sciences sociales di Parigi ha trovato un'ordinanza del podestà della cittadina, don Ramón de Orea y Cano, in applicazione del decreto reale di Carlo III del 19 settembre 1783 per «castigare il vagabondaggio» dei gitani. Nell'ordinanza, il podestà dichiara di voler il «loro sterminio ed estinzione fino al nome con il quale si distinguevano dagli altri sudditi». Non lo sterminio fisico, lo sterminio culturale. Ordina infatti che tutti i gitani si trovino entro 90 giorni «un impiego fisso, onesto e utile» e si liberino una volta per tutte dell'«usanza che hanno fra di loro di lingua, indumenti, gergo e vita vagabonda» e si accasino in «villaggi eletti come domicilio (...) lasciando il vagabondaggio» e che «passati i 90 giorni si proceda contro i contravvenenti (...) arrestandoli e trattandoli come tali». Vale a dire mandandoli ai lavori forzati.

Di più: siccome il podestà sa «che in questa città ci sono individui che si chiamavano finora gitani che vivono qui da molti anni a questa parte, e certi sono nati qui, i quali si confondono in quanto alla vestimentaria con gli altri abitanti e non si distinguono né per la lingua né per il mestiere esercitato dagli altri abitanti, ma che sono volgarmente chiamati gitani perché il popolo li conosce per tali», ordina «che si faccia una lista di quelli che vivono in questa città, indicando il loro nome e cognome, e che gli si notifichi di comparire negli uffici governativi il giorno 30 del corrente mese...». Prova provata che il vagabondaggio non c'entra: è una schedatura razzista. Basata sulla stirpe. Sulla «limpieza de sangre». La limpidezza del sangue usata ferocemente anche contro i mori convertiti al cristianesimo.

Quanto alla penisola italiana, la Serenissima Repubblica di

Venezia stabilisce nel 1558 che chi consegni alle autorità uno zingaro riceva dieci ducati «possendo etiam li detti Cingani, così homini come femmine, che saranno ritrovati nei Territiri Nostri esser impune ammazati, si che gli interfettori (gli assassini, *ndr*) per tali homicidi non abbino ad incorrer in alcuna pena».

Qualche decennio dopo una grida della Repubblica di Genova del 1619 sancisce: «Essendo i Cingari una razza di gente dedita alli furti, ex inganni et di niuno profitto a buoni, per tanto il Serenissimo Duce, et Ecc.mi governatori della Serenissima Repubblica di Genova, volendo ovviare a che essi non commettano misfatti, né delitti nella loro Città, et Dominio, hanno ordinato che debbano essi fra giorni tre da seguire subito dopo la pubblicazione della presente grida, uscire dalla presente Città, et tutto 'l dominio, né vi debbano poi più ritornare, o altri che vi vogliano esservi ammessi, et questo per un anno prossimo, sotto pena a Loro Signorie Illustrissime arbitraria. Avvertano dunque a non disubbidire perché irremissibilmente saranno castigati».

Tra le più spietate, per lungo tempo, sono le autorità milanesi. Che il 13 dicembre 1506 mandano i banditori a diffondere la seguente ordinanza: «Si fa pubblica grida e comandamento che ogni oste, taverniere o ogni altra qualsiasi persona in città o nel ducato presuma di alloggiare o tenere in casa (...) tali accattoni, zingari» venga punito «anzi li caccino fuori dal dominio, né li lascino abitare in questo regale ducato, in modo che, al termine di quattro giorni, se ne siano andati sotto pena di essere fustigati e come meglio ci sembrerà». Un secolo e mezzo dopo, il 13 marzo 1663, una nuova grida, minacciando la forca a chi avesse varcato i confini del ducato, ribadisce: «Ogni cittadino è libero di ammazzare gli zingari impune, e di levar loro ogni sorta di robbe, di bestiame e denari che gli trovasse».

«Per tutto l'Ancien Régime, degli zingari si è detto che erano della stirpe di Caino o, più spesso, della stirpe di Cam. Si trattava di due stirpi maledette: la prima condannata a girovagare per il mondo a causa del fratricidio del progenitore, la seconda a essere fatta schiava a causa del peccato di Cam, che aveva visto nudo il proprio padre Noè», spiega Leonardo Piasere nel suo *I rom d'Europa*. Finché non subentra il razzismo «scientifico». Antropologico. Lombrosiano. Ed ecco che «le polizie si organizzano: in Germania a fine Ottocento viene creato un ufficio apposito "contro la piaga zingara", informato a teorie lucidamente razziste. In Francia, a inizio Novecento, si instaura una modalità di controllo del nomadismo basata su indicazioni antropometriche da registrare in una carta individuale».

In Italia, l'8 agosto 1926 il ministero degli Interni diffonde una circolare: occorre «epurare il territorio nazionale della presenza di carovane di zingari, di cui è superfluo ricordare la pericolosità nei riguardi della sicurezza e dell'igiene pubblica per le caratteristiche abituali di vita: il vagabondaggio e l'oziosità, che fomentano e agevolano l'accattonaggio e la perpetrazione di vari reati». Mancano ancora dodici anni al Manifesto della razza del 1938: «epurare».

Va da sé che quando in Germania vanno al potere i nazisti, il terreno del più feroce antigitanismo è già stato fecondato. E non solo da despoti fanatici e xenofobi ma anche da uomini come Immanuel Kant, che sui nomadi ha lasciato ai posteri parole tombali: «L'uomo del non luogo è criminale in potenza». Certo, come dicevamo, i razzisti hitleriani hanno un problema: se gli zingari sono di origine indiana come gli ariani tedeschi e parlano una lingua erede dell'antico sanscrito, come si possono definire razzialmente impuri?

Ma non è tema su cui perdere troppo tempo, spiega Piasere: «Se gli zingari erano pur sempre di origine ariana, come si riconosceva, essi erano talmente degenerati dopo gli incroci con gli asociali europei da essere diventati essi stessi degli asociali da estirpare. È stato calcolato che tra il 1942 e il 1945 furono uccisi nei campi di sterminio dai duecento ai cinquecentomila rom, ma anche questi dati sono contestati: alcuni tendono al rialzo, altri al ribasso. Il Baro Porrajmos, il "Grande Divoramento", come ha proposto di chiamarlo Ian Hancock, uno dei maggiori studiosi rom, non rappresenta altro che un momento del "modello occidentale", forse il suo culmine, per la sua intensità nel rapporto anni/vittime. Ma Hitler non ha fatto altro che attuare in pochi anni quanto in Europa occidentale si tentava di fare da secoli e per i motivi che la razziologia "scientifica" ora indicava: liquidare completamente gli zingari (oltre ad altri, certo), per il bene dell'Europa».

Non hanno avuto, gli zingari, un Primo Levi capace di fermare il respiro al mondo col Grande Divoramento. Non hanno avuto un Elie Wiesel. Non hanno avuto registi come Claude Lanzmann di *Shoah*, Andrzej Munk de *La passeggera* o Stanley Kramer di *Vincitori e Vinti* con quella scena portentosa in cui Burt Lancaster, vestendo gli abiti severi del giudice nazista Ernst Janning processato a Norimberga, accusa i tedeschi zittendo l'avvocato difensore: «Non sapevamo? (...) E dove eravamo? Dove eravamo quando Hitler cominciò a urlare il suo odio nel Reichstag? Quando i nostri vicini venivano trascinati nel cuore della notte a Dachau? Quando ogni paese della Germania aveva un binario morto dove i carri bestiame erano riempiti di bambini che venivano portati allo sterminio? Dove eravamo quando i bambini gridavano nella notte? Eravamo sordi? Ciechi? Muti?».

Questa è stata la «colpa» supplementare dei rom: non essere riusciti a condividere con «gli altri», toccandone il cuore, la loro tragedia. Il loro Baro Porrajmos. Eppure le testimonianze del loro calvario nei lager nazisti sono tremende. «Ogni mattina andando al lavoro passavano accanto al campo degli zingari. Li vedevo. Vedevo le donne che si pettinavano (a loro non erano stati tagliati i capelli come a noi), oppure camminavano avanti e indietro. Furono uccisi tutti», ha raccontato la scrittrice Liana Millu, reduce da Auschwitz-Birkenau. «Li bruciarono la notte del 25 luglio 1944. Quella notte il cielo era un mare di fuoco: non si era mai visto un chiarore così. La mattina dopo ripassammo. Zingari non ce n'erano più ma bastoni rotti e gonne lacerate. Venimmo a sapere che si erano difesi a morsi e calci. Combatterono accanitamente, tanto che dovettero intervenire anche le SS. Essi volevano far pagare la loro morte. Sono stati capaci di far pagare la loro morte.»

L'uccisione degli zingari, racconta Eugen Kogon nel libro di Christian Bernadac *L'Olocausto dimenticato*, cominciò a Buchenwald subito dopo l'apertura del lager: «Nella primavera del 1938 il comandante Kock fece rinchiudere uno zingaro, che

aveva tentato di fuggire, in una grande cassa con una faccia costituita da una larga rete di filo di ferro. Poi Koch fece piantare
nelle assi dei lunghi chiodi che, ad ogni movimento del prigioniero, gli penetravano nelle carni. Così ingabbiato, lo zingaro
venne esposto davanti a tutto il campo. Senza cibo, trascorse
due giorni e tre notti sullo spiazzo dell'appello; le sue urla non
avevano più nulla di umano. Al mattino del terzo giorno lo li-
berarono da quel supplizio facendogli una iniezione di veleno».

«Non era solo la fame ad uccidere i bambini», ricorda Her-
mine Horwath, prigioniera ad Auschwitz-Birkenau, nel libro
*Dalla ricerca razziale ai campi nazisti. Gli zingari nella Seconda
guerra mondiale* di Karola Fings, Herbert Heuss e Frank Spa-
ring. «Dovevamo stare in piedi per ore fuori al freddo, quasi
nudi sotto la pioggia e la neve, con i nostri bambini. Morivano
come mosche. Noi zingari dovevamo essere tutti distrutti. Ci
tormentavano. Spesso dovevamo saltare per ore, sdraiarci nelle
feci. (...) Per noi era molto duro dover stare nude davanti agli
uomini delle SS. Un SS-Oberscharführer si prendeva le donne
nel blocco 8, dove e quando voleva. I mariti e gli altri parenti
dovevano guardare da un'altra parte. Ricordo che un ufficiale
SS prendeva spesso con sé due bambini zingari, che erano molto dotati e ballavano bene. Poi ha sparato di propria mano ai
due bambini.»

«La sera dovevo tirare fuori i cadaveri da una capanna, dove
venivano ammucchiati, annotare il numero sul braccio e portar-
ne alcuni al dottor Mengele. Egli ne sezionava qualcuno. Sugli
scaffali c'erano dappertutto recipienti di vetro, che contenevano
organi: cuori, cervelli, occhi e altre parti del corpo umano», racconta nello stesso libro Helmut Clemens, che allora aveva diciott'anni e faceva il fattorino del blocco malati di Auschwitz-
Birkenau. «Ero con Mengele anche quando cercava gemelli per
gli esperimenti. Dovevo portarglieli e lui dava loro un numero
extra. Durante gli esperimenti non dovevo essere presente, mi
mandava sempre fuori. Una volta per caso ero là con lui e ho visto che iniettava un liquido nei loro occhi, che diventavano enormi. Pochi giorni dopo ho visto gli stessi ragazzi morti.»

Raffinato cultore di musica classica, Mengele era interessato soprattutto agli zingari che avevano un aspetto anomalo rispetto agli stereotipi razziali: quelli biondi, quelli con la pelle chiara, quelli con gli occhi azzurri. «Mia madre mi ha sempre detto: "Se vengono le SS, non aprire gli occhi, guarda sempre in basso!"», avrebbe raccontato Ceija Stojka, finita ad Auschwitz quando aveva dieci anni. «Mia madre aveva gli occhi di un azzurro intenso e io li ho verdi. Che cosa sarebbe stato per loro! Come, una zingara con gli occhi verdi? La mamma mi ha detto: "Devi sempre guardare giù e soprattutto nasconditi! È la cosa migliore". È stato un bene, altrimenti non sarei qua.»

Nell'udienza del 17 dicembre 1946 a Norimberga, scrive ancora Bernadac, Walter Neff ricordò gli esperimenti sul freddo condotti da vari medici a Dachau, raccontando che ci avevano lasciato la vita una quindicina di rom: «La vasca veniva riempita d'acqua e poi si aggiungeva del ghiaccio fino ad una temperatura di tre gradi. I soggetti venivano allora immersi nell'acqua, ricoperti da una tuta da aviatore o completamente nudi. Finché Holzlöhner e Finke parteciparono agli esperimenti, la maggior parte di essi fu effettuata sotto anestesia, mentre durante il periodo di Rascher costui non la utilizzò mai; affermava che con l'anestesia non si poteva conoscere la condizione esatta del sangue e che la volontà del soggetto risultava esclusa. Passava sempre un certo tempo prima della perdita di conoscenza. La temperatura veniva misurata nel retto e nello stomaco. L'abbassamento della temperatura corporea a 32° costituiva una prova terribile per il soggetto; a 32° perdeva conoscenza. I soggetti furono refrigerati fino ad una temperatura corporea di 25°. (...) La temperatura continuava a diminuire e provocava un'insufficienza cardiaca acuta parimenti favorita dall'insufficienza terapeutica».

«Le orchestre zingare, volute dalle SS, accompagnano i deportati al lavoro o alle camere a gas», ha scritto Pino Petruzzelli. «La loro musica allegra serve anche a rendere meno dura la prigionia ai deportati che pagano con piccole razioni di cibo quella distrazione.»

Mentre faticosamente ritornava da Auschwitz, in quel viaggio che sarebbe durato un'infinità, Primo Levi incrociò un gruppo di rom: «Erano più famiglie, una ventina di persone, e la loro casa era un carro enorme (...) trainato da quattro cavalloni pelosi che si vedevano pascolare poco oltre. (...) Chi erano, donde venivano e dove andavano? Non sapevamo: ma in quei giorni li sentivamo singolarmente vicini a noi, come noi trascinati dal vento, come noi affidati alla mutabilità di un arbitrio lontano e sconosciuto, che trovava simbolo nelle ruote che trasportavano noi e loro, nella stupida perfezione del cerchio senza principio e senza fine».

E come un cerchio davvero senza fine, nel dopoguerra, ricomincia tutto come prima. Senza che alcuno avverta neppure la necessità di smaltire il senso di colpa per quel Porrajmos ignorato rispetto all'apocalisse ebraica. Tanto che Luigi Salerno, nella sua *Enciclopedia di polizia: ad uso dei funzionari e impiegati di P.S.*, ancora nel 1952 trova naturale richiamarsi, in quegli anni di riscoperta della democrazia, alle leggi della dittatura razzista fascista: «Nel 1940 tenendo presente la pericolosità degli zingari (...) fu disposto dal ministero dell'Interno il rastrellamento degli zingari di nazionalità italiana certa o presunta e il loro concentramento in località meglio adatta di ciascuna Provincia per essere più facilmente vigilati». Non è sfiorato dai dubbi, l'ineffabile Salerno: «Gli zingari, come è noto, vanno apparentemente spiegando sogni e pronosticando l'avvenire e facendo piccoli lavori; ma in realtà vivono con la questua, con il furto e con la frode; nelle città sono molesti, nelle campagne pericolosi, dovunque indecenti, non si può ammettere che la loro industria abbia qualche utilità e non presti facile adito alla frode...».

Tutte accuse infami, false, razziste e campate in aria? No, in ogni stereotipo c'è un pezzo di verità. Come gli ebrei costretti a essere erranti, cacciati da continui editti e spesso impossibilitati per legge a possedere beni immobili si sono nei secoli concentrati sul denaro fino a tirarsi addosso l'accusa di essere usurai, così molti rom, sinti e kalé si sono spesso arrangiati nella loro storia sul filo della legalità e oltre la legalità. Che «i gitani abbiano "sempre" rubato», però, spiega Tommaso Vitale, docente di Sociologia all'università di Milano Bicocca, è falso: «Dobbiamo fare un passo indietro, fino al disfacimento di Bisanzio, quando (a differenza delle grandi migrazioni del passato, dei Goti per esempio) cominciano ad arrivare in Europa questi gruppetti di venti o trenta persone che si aggregano alle corti periferiche, i castelli dei vari signorotti, come supporto ai loro eserciti perché sapevano fare due cose: la guerra e badare ai cavalli. Via via che si formavano gli stati centralizzati e si scioglievano questi piccoli eserciti, i gitani si sono trovati senza un ruolo. Allo sbando. Sfalsati rispetto alla cultura locale. A quel punto molti si sono riciclati come artisti del circo o assimilandosi nella nostra società al punto di essere oggi praticamente irriconoscibili come rom o sinti. Altri hanno cercato di sopravvivere con quello che sapevano fare. I maniscalchi, gli arrotini, gli artigiani dell'oro... L'idea che siano "geneticamente" portati a rubare è falsa. È un problema che si aggrava o si sdrammatizza a seconda delle fasi storiche e delle possibilità loro offerte di sopravvivere. I furti nelle case, per dire, hanno avuto delle ondate cicliche con l'arrivo in Europa di "nuovi" gruppi, come i koracanè bosniaci negli anni Sessanta o i profughi delle guerre jugoslave negli anni Novanta. Succede con tutti i gruppi sociali: più sei emarginato e costretto a vivere in condizioni subumane più sei spinto a reagire male. Insomma: se sei trattato come un animale, è più facile che la tua reazione sia animalesca. E infatti anche il modo in cui gli altri vedono i rom varia a seconda della fase storica».

«Tutto si basa sui concetti di susipé e mellipé, puro e impuro», ha spiegato Alexian Santino Spinelli a «il Giornale». «Sono mellipé la prostituzione, il turpiloquio, l'incesto, il sangue, la guerra, l'omicidio, l'aborto, il suicidio. Pur vivendo nelle discariche, i rom non si uccidono, il tasso di suicidio fra di noi è praticamente zero, perché la vita è susipé, pura, non va mai tolta, per nessun motivo. Invece un italiano preferirebbe spararsi piuttosto che vivere in un campo nomadi.» «Fra gli atti impuri non ha citato il furto», gli ha obiettato Stefano Lorenzetto che lo intervistava. «Non è mellipé. Gli zingari non derubano gli zingari. Fregano gli altri perché gli altri fregano loro. Il furto è la rivalsa sociale del rom sul gagiò che lo tiene segregato.»

Che sia anche (anche) una questione di prospettive, del re-

sto, lo dimostra una cosa: l'unico caso in cui nella nostra società occidentale il principio della proprietà privata non conta
assolutamente nulla è quello della proprietà dei rom. Non puoi
dare fuoco all'auto del vicino che ti impedisce di uscire dal ga-
rage. Neanche un sindaco, come ricorda il professor Vitale,
può mandare i vigili urbani a dare fuoco a un'auto che ingom-
bra una strada: «può farla rimuovere, non bruciare». Vale per il
sindaco, vale per il ministro degli Interni. È un principio cardine della nostra società: la proprietà privata non si tocca. Tranne
il caso delle proprietà private degli zingari.

Lo dimostrano decine di devastazioni in giro per l'Italia
compiute da ronde di «volonterosi» o da ruspe pubbliche. Come nel maggio 2008, quando una folla inferocita di napoletani
assaltò due campi nomadi a Ponticelli, con spranghe, mazze,
taniche di benzina, bottiglie molotov e diede fuoco a tutto. Le
fiamme divorarono le roulotte, i camper, i letti, i ricordi di famiglia, i vestiti, tutto ciò che quelle famiglie di nomadi posse-
devano.

Eppure neanche allo storico Adriano Prosperi, che sulla
«Repubblica» scrisse indignato che «da oggi la parola "pogrom" ha cessato di indicare solo tragedie di altri tempi e di altri popoli per diventare la definizione di atti compiuti da folle
di italiani», venne in mente questo dettaglio. È una cosa estra-
nea a tutti noi. Interessante quanto un'annotazione dell'Ansa,
che spiegava come l'assalto di Ponticelli fosse dovuto al «fermo
della sedicenne rom accusata di aver tentato di rapire una bimba di sei mesi».

Vero? Falso? Vero, avrebbe stabilito il tribunale dei minorenni, condannando sei mesi dopo a quasi quattro anni di carcere (senza una sola attenuante) la ragazzina al termine di un
processo incredibilmente rapido per la lentissima giustizia na-
poletana. «Ho l'impressione che si sia condannata un'innocente», commentò Enzo Esposito, segretario dell'Opera Nomadi
di Napoli, molto perplesso per troppe cose che non quadrava-
no nell'inchiesta.

Sia chiaro: la verità processuale è quella. E fino a sentenza
contraria le cose andarono come diceva l'accusa. Punto. Che

gli zingari rapiscano i bambini, però, è una diceria demolita dalla pignolissima ricerca di una docente fiorentina, Sabrina Tosi Cambini. La quale si è immersa nell'archivio dell'Ansa per studiare due decenni di notizie, dal 1986 al 2007. E ne ha ricavato un libro: *La zingara rapitrice*.

«In Italia è almeno dal 1545 che si dice che gli zingari rubino bambini, anno in cui esce la commedia di un veneto, Gigio Giancarli, in cui compare la prima zingara ladra di bambini che la storia "conosca"», scrive nella prefazione Leonardo Piasere. «Da allora la zingara rapitrice ha riempito le letterature europee, popolari e colte, è entrata nel melodramma, è trasmigrata nelle Americhe, è stata assunta da Walt Disney (che fra l'altro ha trasformato in zingaro il Mangiafuoco che rapisce Pinocchio), è entrata nel cinema (chi non ricorda *Noi siamo zingarelli* con Stanlio e Ollio?), nelle leggende metropolitane postmoderne... Insomma, ha fatto carriera! La cultura occidentale è impregnata della zingara ladra di bambini!»

Peccato che «al di fuori della fiction», in tutti i casi presi in esame uno a uno da Sabrina Tosi Cambini dal primo allarme fino alla conclusione dell'iter giudiziario nessun bambino gagiò scomparso sia mai stato ritrovato in un campo rom o sinti. Di più: per ben 37 volte su 40 casi registrati (tre sentenze piuttosto controverse hanno optato per la condanna per tentato sequestro o tentata sottrazione di minore) i giudici hanno preso atto che si era trattato di una bufala. Quasi sempre scatenata da una psicosi collettiva figlia solo ed esclusivamente del razzismo.

Certo, negli archivi qualche rarissimo ritaglio di giornale su bambini rubati c'è. Infinitamente meno di quelli su mamme italiane che sgozzano il figlioletto (senza che per questo dilaghi la diceria che «le mamme italiane sgozzano i figlioletti») ma c'è. Al centro documentazione del «Corriere della Sera», il più antico e il più ricco, ce ne sono due. Uno di un settimanale del 1952 e uno del «Corriere» del 27 gennaio 1953, dove si racconta di un papà e di una mamma torinesi che, disperati, avevano ritrovato tre giorni dopo il loro piccolo di due anni, sparito mentre giocava col fratellino in cortile, in un accampamento in Val di Susa.

I telegiornali di oggi ci farebbero l'apertura, i quotidiani il titolone e tre pagine interne. Il fatto finì allora su due colonnine. Segno inequivocabile che l'allarme sociale per i bambini rapiti dagli zingari era inesistente. Tanto è vero che i giornali di quell'Italia povera ma serena, dove gli innamorati cantavano «Suona suona per me / o violino zigano», sono colmi di articoli benevoli. Titoli come *Quindici giorni con gli zingari. Ho mescolato il mio sangue con quello della bella Marijuana* oppure *Mille poeti biondi tra pentole e chitarre*. Articoli che raccontano battesimi: «Poi c'è la jega vera e propria dei manush. La tribù presenta il nuovo nato alla Terra, alla Luna, al Sole. La cerimonia comincia la sera e finisce la mattina dopo e ripete tanti riti antichissimi». Reportage affascinanti come quello di Rino Albertarelli di «Settimo giorno»: «Esplose dall'organetto un grappolo di notte, come fuoco d'artificio, e la tensione si sciolse di colpo in un lento ondeggiare di vestine multicolori; tutte le bambine danzavano, ognuna a sé o per sé, con una serietà impressionante. Le più grandi assumevano espressioni intense, drammatiche, inframmezzati di sorrisi sfumati, di sguardi ora languidi, tra le palpebre socchiuse, ora lampeggianti...».

Altro che zingare rapitrici: semmai, concordano gli studiosi, è successo il contrario. Siamo stati noi, per molto tempo, a rubare i bambini alle zingare. Un esempio? Il programma di cancellazione in Svizzera, a partire dal 1926, degli jenische, una comunità nomade composta prevalentemente da artigiani, che allora contava circa trentamila persone. L'operazione, affidata al centro nazionale Pro Juventute e allo stimatissimo dottor Alfred Siegfried, fu chiamata Enfants de la grand route.

Mariella Mehr vive oggi in Toscana e fa la scrittrice: «Mi hanno portata via da mia madre poco dopo la mia nascita», ha raccontato a «Le Monde diplomatique». «I primi sei mesi di vita, li ho passati in un centro pediatrico per ritardati mentali. Lì ho vissuto le prime torture psichiatriche di un bambino jenische. Quando per la prima volta ho chiesto al mio tutore, il dottor Siegfried, chi fossero i miei genitori, mi ha detto (...) tua madre è una puttana, tuo padre un asociale. E questo, me lo sono portato dietro per dieci anni. Finché ho capito il significato di quelle parole: i miei genitori erano zingari.» Nel giugno 1998 Ruth Dreyfuss, allora consigliere federale poi presidente della Confederazione elvetica, lo ammise pubblicamente: «Le conclusioni degli storici non lasciano spazio al dubbio: l'Opera di soccorso Enfants de la grand route è un tragico esempio di discriminazione e persecuzione di una minoranza che non condivide il modello di vita della maggioranza».

Ma quanti sono, oggi, i nomadi? Risponde Leonardo Piasere che non è facile un censimento ma stando a un rapporto europeo sulla scolarizzazzione di Jean-Pierre Liégeois, «risulterebbe in Europa (compresa la Federazione Russa, la Turchia e Cipro) un totale di 6.750.600 zingari». Esistono, spiega lo studioso nel suo *I rom d'Europa*, tre Europe. Nella prima, carpatobalcanica, vive la grande maggioranza: il 61,5%, con punte in Macedonia, in Bulgaria e in Romania, dove abitano poco meno di due milioni di gitani pari a poco più di un terzo del totale. Nella seconda, cioè nella regione atlantica lungo l'asse dall'Irlanda alla penisola iberica, la presenza è «relativamente cospicua» soprattutto in Spagna, «l'unica nell'Europa non balcanica a presentare una percentuale di zingari superiore all'1%». Nella terza, la nostra, «la popolazione zingara può raggiungere al massimo il livello dello 0,2% rispetto alla popolazione».

Per capirci: secondo una stima della Commissione europea vivevano in Italia, nell'estate 2009, tra i 120 e i 160.000 rom. Più o meno un terzo rispetto alla Francia o alla Slovacchia, un quinto rispetto alla Spagna o all'Ungheria. Si tratterebbe, al massimo, di una percentuale dello 0,26%. E di questi «solo» 40.000 vivrebbero nei campi, allo sbando e spinti a cedere alla criminalità esattamente come i napoletani di Scampia o dei quartieri Spagnoli. Gli altri vivono in casa. Come tutti i cittadini «normali». In realtà, spiega il professor Tommaso Vitale, «si va sempre a spanne perché il "mondo rom" è fatto di mille mondi. Ci sono i cristiani e i musulmani, gli ortodossi e i battisti, quelli che mandano le donne a chiedere la carità e quelli che non lo farebbero manco morti, quelli la cui famiglia vive in Italia da sei secoli e quelli che sono stati costretti a lasciare le loro abitazioni nei Balcani e sopravvivono in condizioni di estremo disagio, rubacchiando, e quelli che in qualche modo sono riusciti a inserirsi e non lo fanno più. E poi quelli che sanno di essere rom e lo negano e quelli che non lo sanno neppure. Ci sono perfino i razzisti che si considerano superiori a quelli di altre comunità...».

I rom di Melfi, per esempio, vanno messi in conto o no? Si sono stabiliti lì da tempo immemorabile, hanno mandato i primi bambini a scuola nel 1905 (quando la percentuale italiana di analfabeti era al 56%), hanno festeggiato le prime lauree una trentina di anni fa e oggi esprimono un pezzo di classe dirigente della cittadina. E va messa o no nel conto Eva Rizzin, sinta, bionda e laureata con dottorato di ricerca in Geopolitica e Geostrategia presso l'università di Trieste? E Livio Togni, eletto senatore della Repubblica con Rifondazione comunista e poi candidatosi in Molise con il Movimento delle Autonomie alleato della Lega? E Serena Spada, che viene da una famiglia rom in Italia dal 1559 e s'è laureata in Svizzera alla European University di Montreux perché voleva fare la broker nella City di Londra? Loro sì, hanno fatto outing. Ma altre decine di architetti, ingegneri, medici, funzionari di polizia, infermieri, vigili del fuoco, docenti sparsi per l'Italia preferiscono tacere. Restarsene coperti.

Perché? Per capire, basta ricordare le sommosse quando il comune di Venezia decise di costruire dei prefabbricati decorosi (esattamente come fa l'edilizia pubblica con le case popolari a disposizione di tutti gli altri cittadini) per dei sinti che vivono da decenni nei dintorni di Venezia, sono cittadini veneziani da generazioni e portano a volte cognomi veneziani come Pietrobon, Brusadin, Pavan... O rileggere il volantino («invitiamo tutti i parrocchiani ad astenersi dalla carità alla chiesa operese: non un euro a chi antepone gli zingari») distribuito a Opera contro il parroco che durante la messa della vigilia di Natale, indignato per i toni della rivolta contro un campo nomadi, aveva invitato i fedeli a non scambiarsi il segno della pace visto che troppi «bravi cattolici» se ne infischiavano dei principi evangelici. O riflettere sul sondaggio Eurobarometro 2008 secondo il quale l'Italia, nonostante una percentuale bassissima di rom rispetto agli altri, è il paese con più antigitani d'Europa (71% contro il 37% della Spagna o il 51 della Germania) dopo la Repubblica ceca.

C'è un appello, su internet, di rom che invitavano il celeberrimo regista del Milan e della nazionale di calcio Andrea Pirlo a fare outing e rivendicare l'origine sinta. In fondo, spiega il sito «Famous Gypsies», sarebbe in buona compagnia: da Yul Brynner a Charlie Chaplin, da Michael Caine a Bob Hoskins, dal violinista Ion Voicu al direttore d'orchestra Sergiu Celibidache fino a Elvis Presley. Di più: sarebbe di origine rom anche un raffinatissimo direttore d'orchestra come Zubin Mehta. Reazioni? Parolacce. Minacce. Insulti. Invettive: zingaro, vattene dalla Nazionale. Gli stessi rovesciati contro altri «sospetti» come Cristian Chivu («In tutti gli stadi mi gridano: "Zingaro, vai a fare il muratore"»), Siniša Mihajlović, Ricardo Quaresma o Zlatan Ibrahimović. Era l'idolo degli interisti. Poi è passato al Barcellona. Commento on line di un tifoso: «Cosa vi aspettavate, da uno zingaro di merda?».

14

Riecco l'«Homo sapiens monstruosus»!

Disabili, mendicanti, clochard: un disprezzo antico e nuovissimo

L'«Homo sapiens monstruosus» (infelice e spaventosa creatura inventata da Carl von Linné, che gli italiani chiamano Linneo, e sepolta sotto un paio di secoli di studi scientifici) riemerse inaspettato nel Terzo Millennio su una scrivania di Vicenza. Quella del sindaco berlusconiano Enrico Hüllweck. Che firmò un'ordinanza per proibire su tutto il territorio comunale «la mendicità invasiva ovvero aggravata mostrando nudità, piaghe, amputazioni o deformità ributtanti o nella quale si faccia impiego di mezzi fraudolenti per destare l'altrui pietà o si assumano posizioni tali da suscitare disagio nei passanti».

Quella puntualizzazione sulle «deformità ributtanti» era una cosa davvero speciale. Andava infatti a riesumare un'idea dell'handicap che sembrava ormai inghiottita dal passato. Un passato buio. Cupo. Terrorizzante. Dove le creature più «strane» e sfortunate erano viste come plasmate o possedute da Satana in persona. «E quale è quel che cade, e non sa como, / per forza di demon ch'a terra il tira, / o d'altra oppilazion che lega l'omo, / quando si leva, che intorno si mira / tutto smarrito de la grand'angoscia / ch'elli ha sofferta, e guardando sospira»: ecco l'epilettico di Dante nella *Divina Commedia*.

Certo, quelle regole sull'accattonaggio che stabilivano come ogni medicante dovesse lasciare «uno spazio libero per il transito dei pedoni di almeno un metro» o che tra l'uno e l'altro dovesse «esservi una distanza non inferiore a metri 200», si proponevano di affrontare un problema vero. L'assedio di questuanti spesso invadenti e in pugno a racket criminali che per impietosire la gente non si sono mai fatti scrupolo di usare, dai tempi remoti a oggi, come ricorda il film *Millionaire* con la scena del bambino ubriacato e poi accecato con l'olio bollente, non solo disabili «naturali», diciamo così, ma ferocemente «prodotti» con mutilazioni varie. Che lo sfruttamento di tanti bambini e tanti storpi sia pianificato da bande infami è sotto gli occhi di tutti. Ma la delicatezza del tema è tale da obbligare ogni persona a pesare le parole. E in quella ordinanza, come in tante altre, non furono pesate.

Forse Hüllweck voleva mettere in guardia i truffatori che ostentano menomazioni false. E nessuno avrebbe avuto da ridire: le gambe mozze che mozze non sono o gli occhi vitrei che vitrei non sono, rappresentano un insulto ai disabili veri. Ma lì non si vietavano solo l'imbroglio o l'ostentazione esibizionistica, da colpire con la massima severità. Si andava oltre. Possono una piaga, un'amputazione o una deformità, chiunque ne sia il portatore, essere definite oggi «ributtanti» come ai tempi in cui la madre e la sorella infette di Ben Hur andavano a ficcarsi in fondo a una caverna del lazzaretto per celarsi agli occhi del mondo? Possibile che non sia cambiato niente dai tempi in cui Ambroise Paré, uno dei fondatori della chirurgia moderna, venne accusato di pubblicazioni «indecenti» per avere osato inserire nei suoi libri di medicina illustrazioni esplicite di piaghe purulente, facce sconvolte dalla lebbra, gambe mozze e malformazioni varie?

Eppure il concetto antico e odioso di «deformità ributtante», così osceno e offensivo per ogni disabile, è rimasto appeso come un refuso in decine e decine di regolamenti comunali italiani dove ogni impiegato, per fare prima, ha copiato il regolamento di altri. Che poi ogni sindaco ha firmato senza dare peso alcuno alla carica insultante di certe parole. E puoi trovarlo nei «decaloghi» di grandi città come Milano e di paesi come Solaro, di città amministrate dalla destra come Trieste o dalla sinistra come La Spezia. E nelle stesse pagine, dalla piemontese Galliate all'umbra Narni, puoi scovare il divieto di lasciar circolare liberamente i «deficienti». Vale a dire i disabili mentali nel linguaggio sbirresco e raggelante di un tempo. Certo, si tratta di rottami burocratici. Ma chi amministra non potrebbe preoccuparsi di dare una ripulita, oltre ai parchi, anche a certe leggi comunali spesso più indecorose di un giardino trascurato? «È una vergogna: il sindaco di Vicenza e tutti gli altri dovrebbero usare meglio le parole, che mai come in questi casi sono pietre», si ribellò quel giorno Pietro Barbieri, presidente della Fish, la Federazione italiana per il superamento dell'handicap che raggruppa una trentina di associazioni. «Non esistono malattie "ributtanti". È un concetto vergognoso. Un conto è colpire chi sfrutta il portatore di handicap sui marciapiedi, un altro usare parole così. Si vergognino, lui e gli altri. E il vecchio che sbava? E il bimbo down? Turbano anche loro il decoro cittadino? C'è dietro un'idea della "normalità" che mette spavento. Di questo passo si torna alla Rupe Tarpea...»

Cioè ai tempi in cui, secondo una leggenda messa in dubbio dagli storici, i bimbi «difettosi» venivano gettati dai romani dalla parete sul lato sud del Campidoglio come già avevano fatto gli spartani dal monte Taigeto. Una filosofia diffusa. Platone, nella sua *Repubblica*, consiglia i governanti di curare tra i cittadini «quelli che siano naturalmente sani di corpo e d'anima. Quanto a quelli che non lo siano, i medici lasceranno morire chi è fisicamente malato, i giudici faranno uccidere chi ha l'anima naturalmente cattiva e inguaribile».

È antichissima, questa idea dell'anima brutta dentro il corpo brutto. Deforme nel corpo deforme nell'anima. L'idea dell'handicap come «scherzo mostruoso della natura», frutto d'una punizione dei peccatori. Scrive Luca Landucci nel *Diario Fiorentino* del 1512 che «a Ravenna era nato d'una donna un mostro» il quale aveva in testa «un corno ritto in su che pareva una spada, e in iscambio di braccia avea due ali a modo di pipistrello, e dove sono le poppe, avea dal lato ritto un fio, e dall'altro aveva una croce, e più giù, nella cintola, due serpe, e dove è la natura era di femmina e di maschio; di femmina era di sopra nel corpo, e maschio di sotto». Uno scherzo del diavolo, sicuramente.

«Esistono svariate cause che danno origine ai mostri», spiega Ambroise Paré nel saggio *Sui mostri e sui prodigi* nel 1573. Per la precisione tredici. «La prima è la gloria di Dio. La seconda è la sua ira. La terza, una sovrabbondanza di seme. La quarta, una quantità insufficiente di esso. La quinta, l'immaginazione. La sesta, l'ipotrofia, ovvero le dimensioni ridotte dell'utero. La settima, il modo scorretto in cui sta seduta la madre, per esempio quando, incinta, resta troppo tempo a sedere con le gambe accavallate o raccolte contro il ventre. L'ottava, a causa di una caduta o per colpi inferti sul ventre della donna incinta. La nona, malattie ereditarie o accidentali. La decima, la putrefazione o corruzione del seme. L'undicesima, la commistione o mescolanza di seme. La dodicesima, l'inganno di cattivi pezzenti.» E la tredicesima? «Sono i demoni o diavoli.»

Negli anni passati, assicura Levino Lemnio nel *De gli occulti miracoli* a metà del Cinquecento, aveva medicato «una donna, la quale era stata ingravidata da un marinaio (...); essendo poi passato lo spazio di nove mesi (...), chiamata l'allevatrice, prima mandò fuori con grandissima fatica una massa di carne senza forma alcuna, la quale credo io che si generasse dopo il legittimo congiungimento. Solamente aveva di qua e di là due pezzi di carne lunghe a guisa di braccia e, palpitando, mostrava che in lei era un non so che di vita, non altrimenti che si voglia vedere nelle ortiche e nelle spugne marine di cui si vede la state gran copia andare a galla, e massimamente nel Oceano. (...) Dopo questo pezzo di carne ella partorì un mostro ch'aveva il collo lungo e tondo, il muso torto ed aduncо, gli occhi spaventevoli e lucidi, la coda aguzza e i piedi velocissimi. Come questo mostro uscì fuori e vide la luce, subito cominciò a stridere, e mandando fuori orribilissime voci cercava quivi per camera, correndo di qua e di là di nascondersi...».

Come poteva un'anima buona stare dentro un corpo cattivo? Certo, non tutti vedevano la deformità come un marchio malvagio. Ne *La città di Dio*, per esempio, sant'Agostino scrive che a Ippona c'è «un uomo che ha le piante dei piedi e le mani a forma di mezzaluna, con due dita soltanto; se esistesse un popolo di questi individui, verrebbe ad aggiungersi a quei fatti curiosi e mirabili. Sarebbe però questo un motivo valido per negare che quest'uomo discenda dal primo uomo, creato da Dio?». Quanto alla definizione di corpo brutto, c'è da andare cauti, ammonisce nella prima metà del Duecento (*Libri duo, quorum prior Orientalis, sive Hjyerosolimitanae, alter Occidentalis istoria*) Giacomo da Vitry, dato che «probabilmente i ciclopi, che hanno un solo occhio, si stupiscono di coloro che ne hanno due, come noi ci meravigliamo di coloro e di creature con tre occhi». Gli africani, poi! «Noi consideriamo brutti gli etiopi neri, ma tra di essi è il più nero che viene considerato come il più bello.»

Parole sagge. Che saranno raccolte secoli dopo, come ricorda Umberto Eco nella sua *Storia della bruttezza*, da Voltaire che nel *Dizionario filosofico* scriverà: «Chiedete a un rospo che cosa è la bellezza, il vero bello, il *to kalòn*. Vi risponderà che consiste nella sua femmina, coi suoi due begli occhioni rotondi che sporgono dalla piccola testa, la gola larga e piatta, il ventre giallo e il dorso bruno. Interrogate un negro della Guinea: il bello consiste per lui nella pelle nera e oleosa, gli occhi infossati, il naso schiacciato. Interrogate il diavolo: vi dirà che il bello è un paio di corna, quattro zampe a grinfia, e una coda».

Una prospettiva «relativista» che non poteva andar bene alla chiesa. Che per molto tempo, prima della *pietas* di oggi testimoniata dai documenti ecclesiali ma più ancora dalla straordinaria dedizione quotidiana di migliaia di preti, suore, missionari, ebbe con la «deformità» un rapporto molto difficile. Segnato anche da una serie di incomprensioni e ostilità che, rilette oggi, gelano il sangue. Intendiamoci: la storia registra grandi figure di santi quali Ermanno il Rattrappito, che era tutto storto, gobbo, incapace perfino di stare seduto ed era stato dai medici dell'epoca catalogato quasi come un demente, ma fu un formidabile esempio di santità. Ma in genere la deformità fu per secoli associata al male, al peccato, all'offesa a Dio.

E non si trattava solo di rappresentazioni iconografiche in cui Satana era storpio, orrendo, mostruoso. San Gregorio Magno, che aveva un'idea del corpo quale una specie di involucro ripugnante che ricopre l'essenza, era convinto che «un'anima sana non albergherà mai in una dimora malata». Le leggende medievali bollavano i deformi come frutti del peccato e il *Malleus Maleficarum*, una specie di manuale per la caccia alle streghe redatto nel 1486 dai domenicani Jacob Sprenger ed Heinrich Kramer, arrivò a ipotizzare che fossero concepiti in un rapporto carnale col demonio.

Certo, la *Taxa camarae* di Leone X, il tariffario delle indulgenze dove si legge che «i laici contraffatti o deformi che vogliano ricevere ordini sacri e possedere benefici, pagheranno alla cancelleria apostolica 58 libbre» e che «uguale somma pagherà il guercio dell'occhio destro, mentre il guercio dell'occhio sinistro pagherà al Papa 10 libbre», sarebbe un documento almeno parzialmente falso o comunque «aggiustato» per ragioni polemiche dai luterani. Ma è lo stesso Catechismo tridentino a disciplinare, a proposito dell'ordine sacerdotale, che «non devono essere promossi agli ordini i deformi per qualche grave vizio corporale e gli storpi» perché «la deformità ha qualcosa di ripugnante e questa menomazione può ostacolare l'amministrazione dei sacramenti». Obiezione ribadita perfino dai codici del 1917, dove si precisa che non possono dire messa «coloro che presentano un'imperfezione fisica per la quale non siano in grado di adempiere con sicurezza (a causa della loro infermità) o con l'opportuna decenza (a causa della loro deformità) al ministero dell'altare» anche se si precisa che «tuttavia, perché possa essere impedito l'esercizio di un ordine già legittimamente ricevuto, occorre che ci sia un difetto più grave». Ostacoli superati solo dal Vaticano II.

Quest'idea dell'interferenza del Male nella disabilità è rimasta conficcata a lungo, purtroppo, nella testa di tanti cristiani. Lo dice la delibera del IV Concilio Laterano dove si rileva che «l'infermità del corpo a volte proviene dal peccato». Lo conferma il saggio della enciclopedia Treccani su *Infirmitas, terapia spirituale e medicina* dove si spiega che la malattia è stata per molto tempo «uno dei "tria mala" che caratterizzano la natura e la storia dell'uomo da quando Adamo, con il peccato, ha perduto per sé e per la sua progenie anche l'integrità del corpo di cui godeva».

Per molto tempo «è l'operato diabolico che ingenera, favorisce e aggrava le malattie nervose, l'isteria, l'epilessia e la follia, ma, come l'acqua santa del battesimo scaccia il demonio e lo stesso elemento, spruzzato "sui frutti della terra, sulle viti e sugli alberi, sulle abitazioni dell'uomo, sulle stalle e sulle greggi" è "rimedio e soccorso contro i malefici di Satana"», scrive nel libro *Il corpo e l'acqua* lo storico Paolo Sorcinelli. «Ugualmente, nei casi delle malattie della psiche, insieme al medico va chiamato anche il sacerdote, e le medicine, prima di venir somministrate, devono essere benedette ed asperse con l'acqua santa.»

Tutto o quasi tutto nasce, spiega Umberto Eco in *Storia della bruttezza*, dal canone della bellezza: «Nel IV secolo a.C. Policleto aveva prodotto una statua, detta poi il Canone, in cui erano incarnate tutte le regole per una proporzione ideale e più tardi Vitruvio avrebbe dettato le giuste proporzioni corporali in frazioni della figura intera: la faccia doveva essere 1/10 della lunghezza totale, la testa 1/8, la lunghezza del torace 1/4, e così via. È naturale che, alla luce di questa idea di bellezza, fossero visti come brutti tutti gli esseri che non incarnavano tali proporzioni».

«La bellezza classica», scrive Mosse ne *Il razzismo in Europa*, «simboleggiava la perfetta forma umana entro cui un'anima ben equilibrata avrebbe dovuto trovare la sua sede. Anche secondo i *philosophes* queste leggi classiche della bellezza erano leggi naturali allo stesso titolo di quelle che governavano la natura e la moralità. (...) Bellezza e bruttezza divennero principi di classificazione umana alla stessa stregua di criteri concreti quali la misurazione, il clima e l'ambiente.» Il punto di arrivo non potevano che essere, semplificando, le pretese «scientifiche» della frenologia, cioè la lettura del cranio, e della fisiognomica, la lettura del volto. Anticipate da teorie di pensatori come Giambattista Della Porta, che già alla fine del Cinquecento, nel *De humana physiognomonia* sosteneva ci fosse un parallelo tra l'aria animalesca che ricordano certe persone e il loro carattere, col risultato che chi assomiglia vagamente a una pecora avrebbe anche gli istinti della pecora, chi ha l'aria del maiale gli istinti del maiale, chi del rospo gli istinti del rospo e così via. Fa ridere? Fatto sta che, chiude Mosse, «tali analogie con gli animali sarebbero diventate l'argomento principale del pensiero razzista».

Così come sarebbero stati usati dai razzisti gli studi, che oggi ci sembrano spesso strampalati, di Cesare Lombroso. Cosa c'entrano i cammelli coi camalli? Niente. Eppure, partendo anche dall'assonanza dei nomi, che verrebbero dall'arabo *hamal*, il padre dell'antropologia criminale si spinse nel 1891 a teorizzare che tra gli animali e gli scaricatori di porto ci fosse una sorta di parentela dovuta alla gibbosità. Al punto che con Filippo Cougnet firmò un saggio dal titolo irresistibile: *Studi sui segni professionali dei facchini e sui lipomi delle Ottentotte, cammelli e zebù.*

La folgorante idea, scrive Luigi Guarnieri nel suo irridente *L'atlante criminale. Vita scriteriata di Cesare Lombroso*, gli viene «esaminando un paziente, di professione brentatore, il quale ha sulle spalle, nel punto in cui appoggia il carico, una specie di cuscinetto adiposo. Vuoi vedere, almanacca prontamente Lombroso, che la gobba dei cammelli e dei dromedari ha la stessa origine del cuscinetto del brentatore? Subito esamina tutti i facchini di Torino e scrive a legioni di veterinari perché studino a fondo gli animali da soma, in special modo gli asini».

C'è da sorridere, adesso, a rileggere gran parte dell'opera lombrosiana. Basti ricordare, tra gli altri, lo studio su *La donna delinquente, la prostituta e la donna normale*, dove sosteneva in base all'esame delle foto degli schedari del capo della polizia parigina, Goron (il quale scoprì poi d'avere per sbaglio inviato al nostro non le immagini di peripatetiche ma di bottegaie in lista per una licenza...) che «le prostitute, come i delinquenti, presentano caratteri distintivi fisici, mentali e congeniti» e hanno l'alluce «prensile». O quello su *Il ciclismo nel delitto*, pubblicato su «Nuova Antologia», nel quale teorizzava che «la passione del pedalare trascina alla truffa, al furto, alla grassazione».

Non c'è opera lombrosiana in cui non sia possibile trovare oggi, a voler essere maliziosi, spunti di comicità. A partire da certi titoli: *Sul vermis ipertrofico, La ruga del cretino e l'anomalia del cuoio capelluto, Sulla cortezza dell'alluce negli epilettici e negli idioti, Rapina di un tenente dipsomane, Il cervello del brigante Tiburzio, Perché i preti si vestono da donna...* Nulla è più facile, un secolo dopo la sua morte, che ridurre l'antropologo veronese a una macchietta. Eppure, come scrisse Giorgio Ieranò su «il Giornale», andrebbe riscoperta «la complessità di una figura che, nel bene e nel male, ha lasciato un segno nella cultura italiana». Se non altro perché «c'era del metodo nella follia di Lombroso. C'era l'illusione di poter offrire di ogni aspetto, anche minuto, dell'universo una spiegazione scientifica, la ferma convinzione di poter misurare quantitativamente ogni fenomeno. Lombroso era un utopista che credeva nella missione redentrice della scienza».

Con Verdi e Garibaldi, fu probabilmente uno degli italiani più famosi del XIX secolo. Le sue opere erano tradotte e pubblicate in tutto il mondo, dall'Argentina (dove lo studioso lombrosiano Cornelio Moyano Gacitúa arrivò a rovesciare certe analisi contro i nostri immigrati: «La scienza ci insegna che insieme col carattere intraprendente, intelligente, libero, inventivo e artistico degli italiani c'è il residuo della sua alta criminalità di sangue») fino al Giappone. I convegni scientifici di tutto il pianeta se lo contendevano. Vittorio Emanuele III salutava in lui «l'onore d'Italia». Il governo francese gli consegnava la Legion d'Onore. Gli scienziati, i medici e i prefetti si facevano in quattro per arricchire la sua stupefacente collezione di crani, cervelli, maschere funerarie, foto segnaletiche, dettagli di tatuaggi di criminali e prostitute e deviati di ogni genere, oggi raccolti al Museo Lombroso di Torino. Lo scrittore Bram Stoker lo tirava in ballo scrivendo *Dracula*. Il filosofo Hippolyte Adolphe Taine gli si inchinava: «Il vostro metodo è l'unico che possa portare a nozioni precise e a conclusioni esatte».

E questo cercava Cesare Lombroso, misurando crani e confrontando orecchie e calcolando pelosità: l'esattezza. Capire il perché delle cose. Così da migliorare la società. «Il traguardo che spero di raggiungere completando le mie ricerche», dice in un'edizione de *L'uomo delinquente* del 1876, «è quello di dare ai giudici e ai periti legali il mezzo per prevenire i delitti, individuando i potenziali soggetti a rischio e le circostanze che ne scatenano l'animosità. Accertando rigorosamente fatti determinati, senza azzardare su di essi dei sentimenti personali che sarebbero ridicoli.»

Il guaio è che proprio quel «rigore scientifico» appare oggi sospeso tra il ridicolo e lo spaventoso. Il marchio sugli africani:

«Del tetro colore della pelle, il povero negro ne va tinto più o meno in tutta la superficie, e in certe provincie, anche interne, del corpo, come il cervello e il velo pendulo». La ricerca «sul cretinismo in Lombardia» dove descrive una «nuova specie di uomini bruti che barbugliano, grugniscono, s'accosciano su immondo strame gettato sul terreno». Le parole sull'anarchico Ravachol: «Ciò che ci colpisce nella fisionomia è la brutalità. La faccia si distingue per la esagerazione degli archi sopracciliari, pel naso deviato molto verso destra, le orecchie ad ansa...». La teoria che «il mancinismo e l'ambidestrismo sensorii sono un po' piu frequenti nei pazzi».

Quanto all'uomo predisposto alla delinquenza, per lui era bruttissimo: «Molti dei caratteri che presentano gli uomini selvaggi, le razze colorate, ricorrono spessissimo nei delinquenti nati. Tali sarebbero, p. es., la scarsezza dei peli, la poca capacità cranica, la fronte sfuggente, i seni frontali molto sviluppati, la frequenza maggiore dell'ossa wormiane, specie epactali, le sinostosi precoci, specialmente frontali, la salienza della linea arcuata del temporale, la semplicità delle suture, lo spessore maggiore dell'ossa craniche, lo sviluppo enorme delle mandibole e degli zigomi, il prognatismo, l'obliquità delle orbite, la pelle più scura, il più folto ed arricciato capillizio, le orecchie voluminose; si aggiungano l'appendice lemuriana, le anomalie dell'orecchio, l'aumento di volume delle ossa facciali, il diastema dentario, la grande agilità, l'ottusità tattile e dolorifica (...) la completa insensibilità morale, l'accidia, la mancanza di ogni rimorso, l'impulsività, l'eccitabilità fisico-psichica e soprattutto l'imprevidenza, che sembra alle volte coraggio, e il coraggio che si alterna alla viltà, la grande vanità, la passione del giuoco, degli alcoolici o dei loro surrogati, le passioni tanto fugaci quanto violente, la facile superstizione, la suscettibilità esagerata del proprio io e perfino il concetto relativo della divinità e della morale».

Certo, Lombroso avrebbe dovuto insospettirsi sulla «scientificità» delle sue teorie dal momento stesso in cui, stando ai suoi parametri, aveva classificato in base alla bruttezza Lev Nikolaevič Tolstoj «di aspetto cretinoso o degenerato». Un giudizio che sarebbe stato appiccicato, nell'antichità, allo stesso

Esopo che descriveva se stesso come un uomo «schifoso, pancione, con la testa sporgente, camuso, gibboso, olivastro, bassotto, con i piedi piatti, corto di braccia, storto, labbrone». Non bastasse, «menomazione ancora più grave della deformità, non aveva il dono della parola ed era anche balbuziente e del tutto impossibilitato a esprimersi».

In quale delle sue categorie lo avrebbe classificato il Linneo se non in quella dell'«Homo sapiens monstruosus»? E cosa avrebbe detto di Tolstoj e di Esopo uno dei padri della fisiognomica, Johann Kaspar Lavater? Era convinto, spiega Mosse, che «tutti gli uomini sono modellati dalla natura secondo un'unica norma fondamentale, passibile però di innumerevoli variazioni», ma, malgrado queste tracce residue di universalismo illuministico, permaneva ancora in lui la contrapposizione tra l'animo nobile, il Dio greco, e la faccia brutta, il corpo brutto e il criminale. Un solo lineamento sbagliato del volto avrebbe distrutto la bellezza e, data l'identità tra interiore ed esteriore, sarebbe diventato indizio di malvagità. Lavater esclamava: «Quanti crimini si potrebbero impedire solo se gli uomini potessero leggere il vizio sui volti!».

Era un illuminista, Lavater. Amico intimo di Goethe. E mai avrebbe immaginato che le sue teorie sarebbero state usate, con quelle di Lombroso e Linneo e altri ancora, inconsapevoli «cattivi maestri», dai nazisti. Che portarono fino in fondo le loro convinzioni che la società andasse «purificata» dalle «scorie». Prima con la sterilizzazione forzata, che nei dodici anni del Terzo Reich avrebbe colpito in tutto 400.000 persone. Poi con la soluzione finale. Una eutanasia di massa decisa da Hitler con un ordine scritto per il capo della Cancelleria privata del Führer Philipp Bouhler e il medico Karl Brandt datato 1° settembre 1939 e messo a disposizione on line dalla Fondazione Olokaustos di Venezia: «Il Reichsleiter Bouhler e il dottor Brandt sono incaricati, sotto la propria responsabilità, di estendere le competenze di alcuni medici da loro nominati, autorizzandoli a concedere la morte per grazia ai malati considerati incurabili secondo l'umano giudizio, previa valutazione critica del loro stato di malattia».

«La sede dell'organizzazione che avrebbe provveduto alla realizzazione del programma segreto» spiega Matteo Schianchi nel libro *La Terza nazione del mondo. I disabili tra pregiudizio e realtà*, dove spiega appunto che le persone afflitte da qualche handicap sono oggi sono 650 milioni, pari a un decimo della popolazione planetaria, «era una villa di Berlino espropriata a un ebreo; l'operazione si sarebbe chiamata "Aktion T4". Il programma di eliminazione era coperto da istituzioni fittizie, formalmente incaricate di "curare", "prestare assistenza", "trasportare" i soggetti malati. Nella villa berlinese, in realtà, venivano raccolti dati provenienti da ospedali e istituti di tutto il paese, relativi a molti degli adulti e bambini che poi sarebbero stati eliminati. (...) La Società di pubblica utilità per il trasporto degli ammalati», prosegue, «prelevava le persone che, caricate su pullman dai finestrini scuri, venivano trasportate in uno dei sei "istituti di cura" (Grafeneck, Bernburg, Sonnenstein, Hartheim, Brandenburg, Hadamar) dotati di camere a gas e forni crematori. Tra il 1940 e il 1941, il "Programma eutanasia" produce oltre 70.000 morti, ma una simile carneficina non poteva restare segreta a lungo. Gli abitanti delle cittadine dove sono situati gli "istituti" e le comunità religiose protestanti e cattoliche cominciano a mostrare segni di dissenso. Nell'agosto 1941, il programma è ufficialmente sospeso, ma prosegue in altro modo: tra i morti dello sterminio, nel maggio 1945, figurano circa 200.000 vittime di questo progetto "terapeutico".»

Pare impossibile, oggi. Come ci appaiono impossibili certe storie riassunte nel saggio *La figura del clown* da Vera Agosti, la quale racconta che «nei mercati romani, si vendevano mostri ed esseri deformi», che «nani correvano nudi nei saloni delle matrone» e che «questo apprezzamento per la deformità umana toccò il suo apice nel 1566, quando trentaquattro nani, quasi tutti deformi, servirono al banchetto dato a Roma dal cardinal Vitelli».

E toglie il fiato leggere, nella stessa opera, che nell'antica Grecia «i bambini venivano rinchiusi in ceste speciali, che li facevano restare nani, assicurando così una possibilità di guadagno. Queste pratiche continuarono a lungo in Europa. Si dice che Elettra di Brandeburgo e Caterina de' Medici avessero cercato di allevare nani e la "Miscellanea Curiosa Medica Physica", pubblicata a Leipzig nel 1670, descriveva una ricetta per il nanismo, agendo sulla colonna vertebrale con pinze e molle. L'aspetto grottesco di questi clown aveva un duplice carattere, negativo e positivo: erano ai margini della società, ma orribilmente affascinanti, e per questo erano allo stesso tempo avvicinati ed evitati».

Eppure, scrivendo nelle loro ordinanze di «deformità ributtanti» (attribuite soprattutto agli immigrati) Enrico Hüllweck e gli altri sindaci, di destra e di sinistra, sembrano ignorare che quel disprezzo per l'altro che chiede la carità perché zoppo, amputato, monco, paralizzato, distrutto dall'alcol, gobbo o afflitto dal petto carenato è figlio di questa storia lunga e brutta. E di una circolare fascista del 17 luglio 1929 nella quale il ministero degli Interni si preoccupava della «menomazione del decoro nazionale». Una posizione ignobile. Che anziché combattere fino in fondo la povertà la nascondeva come polvere sotto il tappeto. Rimuovendo la nostra storia.

Vogliamo rileggere tre documenti? Il primo è di Charles Dickens sulla bella, ricca ed elegante Pisa, allora descritta come una città di mendicanti dove ogni «sfortunato visitatore» era «circondato e assalito da mucchi di stracci e di corpi deformi». Il secondo della rivista americana «Leslie's Illustrated» del 1901: «C'è una gran quantità di malattie organiche in Italia e molte deformazioni, molti zoppi e ciechi, molti con gli occhi malati. Questi, da bambini, prima di essere abbastanza vecchi da barattare le proprie afflizioni, vengono esibiti dai loro genitori o parenti per attirare la pietà e l'elemosina dei passanti». Il terzo è del «New York Times» del 1879: «Tra i passeggeri di terza classe del *Vatorland* c'erano ieri 200 italiani, che il sovrintendente Jackson definì la parte più lurida e miserabile di esseri umani mai sbarcati a Castle Garden. Mentre sfilavano a terra il personale rabbrividiva alla vista di un oggetto spaventosamente deforme che zoppicava su tutti e quattro gli arti come un cane. Le dita di entrambe le mani erano contorte in modo impressionante ed erano coperte di bitorzoli. Le gambe erano senza forma e corte in maniera anormale, una più lunga dell'altra e una era interamente paralizzata».

Dava «fastidio» agli occhi degli americani, quel disabile che era sbarcato in America, si sarebbe saputo poi, per raggiungere la sorella. Come danno «fastidio» i disabili («per di più foresti!») agli occhi di tanti cittadini italiani. «Non stupisce che qualcuno tenti di nascondere agli occhi del paese una parte di realtà che non piace ma che continua ad esistere», ha scritto Paolo Viana, presidente del Movimento cristiano dei lavoratori sull'«Avvenire», alla fine di luglio del 2008, dopo una delle tante ordinanze contro l'accattonaggio che sembrano richiamarsi alla «menomazione del decoro cittadino». Ma a colpire di più, aggiungeva, «è stato il carosello di cittadini interpellati dalle tv che senza alcun imbarazzo parevano unanimi nel bollare i mendicanti come un "fastidio". E infatti fastidio è stata la parola più gettonata, quasi fosse un termine neutrale o del galateo, e non contenesse invece una sottile e inconfessabile carica di violenza. (...) Stupisce anche l'enfasi con cui tale "novità" è stata in questa occasione cucinata e servita agli italiani dai telegiornali; senza esitazioni, senza incertezze, senza posare lo sguardo sulla sofferenza di chi tende la mano ma evita gli sguardi dei passanti» quasi che «la povertà fosse sanzionata come un problema di "viabilità"».

Il giorno dopo, il quotidiano dei vescovi rincarava la dose con un editoriale di Davide Rondoni che, liquidato il buonismo utopista sinistrorso, denunciava quanti a destra «pensano di placare il disagio lasciando fuori il problema, chiudendo le porte, opponendo una cosa giusta – la sicurezza e il benessere – a un'altra cosa giusta, il soccorso del povero». Il cuore di tutto era il titolo: *La presunzione di vincere la povertà togliendo i poveri d'attorno*.

C'è una insofferenza montante, contro gli «ultimi tra gli ultimi». Di sedicenti cattolici indifferenti al Vangelo di Matteo: «Le volpi hanno le loro tane e gli uccelli del cielo i loro nidi, ma il Figlio dell'uomo non ha dove posare il capo». Di poliziotti che danno l'altolà ai volontari che portavano tè caldo ai clochard rifugiati nella stazione di Mestre nelle notti di freddo polare del febbraio 2009: «Non avete l'autorizzazione». Di «ronde igieniche» che alla vigilia di Natale buttano via le coperte «sporche» regalate ai senzatetto dalla Caritas sotto i portici del Teatro Carlo Felice di Genova lasciando al gelo i clochard come «Babu», che sarà trovato morto per congelamento. Di agenti che a Firenze danno una multa di 160 euro a poveracci che passavano la notte all'addiaccio mettendo a rapporto una motivazione surreale: «Dormiva in modo palesemente indecente». Di vigili che a Cittadella, come ha denunciato una lettera al «Mattino di Padova» nell'ottobre 2009, minacciano la multa ai passanti se allungano una moneta a un povero come suggerisce la parabola del buon samaritano.

C'è poi da stupirsi se qualcuno, con l'aria che tira, cerca di togliere d'attorno i disabili, i poveri o i clochard (figure che quasi sempre coincidono) non con le ordinanze ma con i pestaggi, gli insulti, le fiamme? La cronaca nera trabocca, negli ultimi anni, di episodi da spavento che spesso non finiscono neppure sulle prime pagine. Barboni pestati a sangue. Barboni accoltellati. Barboni bruciati. In tutta Europa. In tutta Italia. Come a Rimini, dove quattro ragazzi danno fuoco a un senzatetto, nel novembre 2008, perché «era una serata noiosa». O come a Nettuno, dove nel febbraio 2009 tre teppisti svuotano una tanica di benzina su Singh Navte, un indiano che dorme su una panca della stazione e ha due torti: ha la pelle scura ed è un clochard. «Cercavamo un barbone a cui fare uno scherzo, uno che dorme in strada, non per forza un rumeno, un ragazzo di colore, solo uno a cui dare una lezione», confesserà uno dei tre bulli. «Volevamo fare un gesto eclatante, provare una forte emozione per finire la serata.»

Eppure, quei «barboni» che oggi danno tanto fastidio a una società spesso indecente ma ringhiosa custode del feticcio della «decenza», sono una parte della nostra vita. Da sempre. Della vita religiosa, come ricorda la scena di san Francesco che dona il mantello a un povero nel ciclo di affreschi attribuiti a Giotto della basilica di Assisi, dove oggi deve intervenire il vescovo Domenico Sorrentino per ricordare al sindaco che senza adeguati servizi di accoglienza per i poveri allontanare con un'ordinanza i mendicanti dalla città di Francesco è «incomprensibile e inaccettabile». Della vita musicale, come ci rammentano il suonatore di organetto scalzo nella neve de *Il viaggio d'inverno* di Franz Schubert o la Frugola che ne *Il tabarro* di Giacomo Puccini, è «perennemente intenta a rovistare tra i rifiuti».

Fanno parte della nostra vita letteraria, dal barbone Micawber nel *David Copperfield* di Charles Dickens all'Andreas Kartack de *La leggenda del santo bevitore* di Joseph Roth fino a *Il segreto di Joe Gould*, il brillante intellettuale laureato ad Harvard che aveva deciso di vivere da clochard per scoprire l'essenza dell'uomo «tra gli eccentrici, gli spostati, i tubercolotici, i falliti, le promesse mancate, le eterne nullità» e insomma tutti quelli senza casa: «gli unici tra i quali mi sono sempre sentito a casa». Per non dire del cinema, dall'irresistibile *Charlot il vagabondo* al tenerissimo *Miracolo a Milano* di Vittorio De Sica, da *Archimède le clochard* con Jean Gabin al *Boudu salvato dalle acque* di Jean Renoir fino a *La ricerca della felicità*, di Gabriele Muccino, benedetto da trionfali successi al botteghino. Prova provata di come tanti riescano a fare la lacrimuccia sulle sventure di Copperfield o di Will Smith, costretto dalla sorte a vivere come un barbone. E usciti dal cinema scansino l'ubriacone a terra sul marciapiede: «Dio, quanto puzza!».

Per non dire della catena di violenze contro i disabili. A scuola. Allo stadio. Sulle spiagge. Per la strada. Nei filmati messi on line su YouTube. Storie impensabili, solo qualche anno fa. Come quella successa a Vittoria, in provincia di Ragusa. Dove una sera di maggio tre ragazzi annoiati hanno ammazzato a pugni e calci e randellate un omone di un quintale e mezzo con gravi ritardi mentali, Salvatore Sallemi, che proprio perché inoffensivo come un gattino era chiamato «'u Micialinu». Il più grande del branco, Enzo Guardabasso, poco più di vent'anni, ammise che erano tre anni che, certe sere in cui non sapevano cosa fare, andavano a pestare «'u Micialinu». E chiuse: «Vabbè, vi ho detto tutto. Ora posso andare a dormire? Domani devo lavorare».

Ferocia atona. Inconsapevole. Insulsa. Scrive Anna Arendt, l'autrice de *La banalità del male*, in una lettera allo studioso Gershom Scholem come a suo avviso «il male non possa mai essere radicale, ma solo estremo; e che non possegga né una profondità, né una dimensione demoniaca. Può ricoprire il mondo intero e devastarlo, precisamente perché si diffonde come un fungo sulla sua superficie. È una sfida al pensiero, come ho scritto, perché il pensiero vuole andare in fondo, tenta di andare alle radici delle cose, e nel momento che s'interessa al male viene frustrato, perché non c'è nulla. Questa è la banalità. Solo il Bene ha profondità, e può essere radicale». Il male no.

Un piccolo e spaventoso esempio di oggi? È su internet. E vede come vittima di una violenza verbale barbara, inaccettabile e infame Umberto Bossi, colpito qualche anno fa da un ictus e da allora affetto da pesanti difficoltà motorie. C'è da rabbrividire, a gironzolare di blog in blog. «Sinceramente, perché non lo ammazzano quell'handicappato di merda di Bossi?? Lo dico per il bene della Lega e del governazzo!! Ogni volta che apre bocca (oddio, "apre"... diciamo che la distorce in un rantolo bavoso), essendo un handicappato mentale grave, oltre che fisico, dice stronzate pazzesche! Gli elettori di centrodestra chiedono a gran voce: sopprimiamo quell'handicappato di merda di Bossi!!» Ancora: «Ma cosa lo tengono a fare, il Bossi nella Lega?? Come feticcio?? (...) A parte il fatto che è patetico che un handicappato di merda e col pannolone come lui, impotente dalla punta dei piedi alla punta dei capelli, vanti l'inesistente celodurismo lechista...». «Sembra una larva di uomo ormai. È andato... sì all'altro mondo ormai. E quell'handicappato sarebbe un leader che ce l'aveva dur? Hahahaahahah.» «Schifoso verme handicappato, senza l'immigrazione, invece delle infermiere che si sono sopportate il tuo culo incontinente da pulire dalla merda che non riesci più a trattenere e le sbrodolate di bava dalla bocca deforme, a quest'ora eri sotto due metri di terra!» «La tentazione è forte: imbracceremo i fucili per liberare l'Italia dalla feccia catto-negro-comunista. Ma tu, brutto paralitico di merda, cosa vuoi imbracciare che nun sei bono manco a reggete er cazzo pe' piscià? (...) Eutanasia! Eutanasia!!! Eutanasia per Bossi e per quelli come lui.»

C'è chi dirà: chi semina odio, odio raccoglie. Ma sono parole ignobili. E ributtanti almeno quanto quelle sulle deformità citate in certe ordinanze.

15

Oscar, Pier Paolo e gli altri: guai ai gay

L'omofobia da Jacopone a Fidel, da Togliatti ai naziskin

Bisogna essere strambi per legare con la catena al termosifone la tazza del tè prediletta. E Alan Turing lo era. Così strambo, ha scritto il matematico Piergiorgio Odifreddi in un breve saggio intitolato *Informatica, spionaggio e sesso*, che si faceva regalare già adulto orsacchiotti di pezza per Natale e «canticchiava per giorni l'incantesimo della strega malvagia di Biancaneve» e «seppellì lingotti d'argento durante la guerra in modo così sicuro da non riuscire a ritrovarli dopo la fine» e «andava in bicicletta con la maschera antigas durante il periodo dell'impollinazione, per evitare la febbre da fieno» e «portava la giacca del pigiama al posto della camicia» e «giocava a tennis nudo sotto un impermeabile». Era un genio, però. Uno che «faceva calcoli, anche durante le conferenze pubbliche, con numeri in base 32 scritti all'indietro (come si dovevano inserire nel computer)» e che sarebbe finito nei libri di storia come uno dei padri dell'informatica.

Riuscì a sconfiggere i nazisti, con quella sua intelligenza scintillante. Ma non le fobie dei compatrioti inglesi. E dopo aver decodificato il codice segreto di trasmissione tedesco (l'Enigma), fornendo un contributo decisivo alla guerra contro Hitler, fu processato come omosessuale per atti osceni e condannato a una cura ormonale che lo rese impotente e gli fece crescere il seno. Un'umiliazione infamante. Due anni dopo se ne andò a modo suo: mangiando una mela che aveva imbevuto di cianuro. Un suicidio ironico e teatrale, da incompresa Biancaneve.

Cinquantacinque anni ci ha messo, l'Inghilterra, a chiedere scusa alla memoria di quel suo genio eccentrico e fragile, con un intervento di Gordon Brown sul «Daily Telegraph» dell'11 settembre 2009: «A nome del governo britannico e di quanti vivono liberamente grazie al lavoro di Alan, sono fiero di dire: perdonaci». Un secolo esatto ci aveva messo a riabilitare, con una targa nell'Angolo dei poeti dentro l'abbazia di Westminster collocata nel 1995, il grande Oscar Wilde, condannato a due anni di carcere per atti osceni e sodomia. E niente più di questi incredibili ritardi dicono come l'infamia dell'omofobia, anche al di là dei quotidiani pestaggi, degli assalti a locali gay, delle spedizioni squadristiche, degli insulti che infestano internet da Roma a Los Angeles, da Mosca a Madrid, sia lontano dall'essere superato.

Perfino la memoria della decimazione degli omosessuali nei lager di Hitler viene ancora oggi contestata, negata, ridicolizzata. Nonostante il presidente francese Jacques Chirac abbia riconosciuto nel 2001, in ritardo, le deportazioni naziste di gay. Nonostante le testimonianze. Come quella, raggelante, di un alsaziano che nel 1994, ormai vecchio, padre e nonno, ha raccontato nel libro *Moi, Pierre Seel, déporté homosexuel*, la sua storia. Centrata sul giorno in cui, sotto i suoi occhi, fecero sbranare il suo amore dai cani.

«Due uomini delle SS portarono un giovane al centro del quadrato. Inorridito, riconobbi Jo, il ragazzo che amavo, appena diciottenne. Non l'avevo ancora incontrato al campo. Era arrivato prima o dopo di me? Non ci eravamo visti nei giorni che avevano preceduto la mia consegna alla Gestapo. Ero raggelato dal terrore. Avevo pregato perché non fosse nelle loro liste, sfuggito alle retate, risparmiato dalle loro umiliazioni. E invece era lì di fronte ai miei occhi impotenti, colmi di lacrime. (...) Gli altoparlanti trasmettevano musica classica a volume molto alto mentre le SS gli strappavano i vestiti di dosso lasciandolo nudo e gli ficcavano un secchio in testa. Poi gli aizzarono contro i loro feroci pastori tedeschi: i cani lo azzannarono all'inguine e tra le cosce, e lo sbranarono proprio lì di fronte a noi. Le sue grida di dolore erano distorte e amplificate dal secchio sulla testa. Sentii il mio corpo irrigidito vacillare, gli occhi sbarrati dall'orrore, le lacrime mi correvano giù irrefrenabili, ho pregato perché la sua potesse essere una morte rapida. Da allora è accaduto spesso che mi sia svegliato urlando nel cuore della notte. (...) Per cinquanta anni quella scena è passata e ripassata continuamente nella mia mente...»

Pierre Seel aveva diciassette anni quando i nazisti lo scaraventarono col triangolo rosa degli omosessuali sul petto, nel lager di Schirmeck-Vorbruck, a una trentina di chilometri da Strasburgo, nell'Alsazia in cui era nato e cresciuto. E prima di morire, alla fine del 2005, dopo essersi deciso a raccontare la sua storia, fece in tempo a essere pugnalato al cuore da libri, saggi, articoli negazionisti sventagliati sui siti web di mezzo mondo. Come quello di un certo Jack Wikoff pubblicato su «Remarks. Commentary on current events and history» nell'aprile 1997. Articolo il cui titolo diceva già tutto: *Il mito dello sterminio nazista degli omosessuali.*

«È dal 1973 che queste dicerie vengono riportate sui media», esordisce Wikoff. «Dicerie» amplificate nel 1979, a suo dire, dal debutto al New Apollo Theatre del dramma *Bent* in cui Richard Gere racconta la storia di un gay tedesco di nome Max finito a Dachau che per evitare il marchio d'infamia del triangolo rosa nega la sua omosessualità e piuttosto si spaccia per ebreo per poi innamorarsi di un altro detenuto e rivendicare la propria identità affettiva e infine uccidersi gettandosi contro la rete elettrificata della recinzione. Un «melodramma lacrimoso», secondo il negazionista, «in gran parte responsabile di aver popolarizzato la nozione che gli omosessuali vennero sterminati dal regime nazionalsocialista».

In realtà, scrive Wikoff, «i campi di concentramento erano ovviamente posti pericolosi per gli omosessuali. Ma non bisogna dire che queste persone vennero uccise. La grande maggioranza di queste morti fu dovuta probabilmente al tifo. Le sofferenze e le morti provocate da questa malattia sono ben documentate dalle fonti tedesche e degli Alleati. Il tifo viene trasmesso dai pidocchi e provocò milioni di morti nell'Europa del tempo di guerra. I tedeschi utilizzavano lo Zyklon B per disinfestare vestiti, letti ed edifici nel tentativo di limitare le epidemie».

L'accanita negazione delle testimonianze come quella di Seel o quelle raccolte nel film *Paragraph 175* di Rob Epstein e Jeffrey Friedman che prende il titolo dal famigerato articolo di legge rimasto in vigore in Germania (con sanzioni ora più dure, ora più morbide) dal 1871 al 1994, non è purtroppo un rottame del passato impigliato nella storia. È molto di più. È tutto dentro un rigurgito di secolari sentimenti di diffidenza, ostilità, odio nei confronti del «diverso» più invisibile. Quello che, se non si acconcia provocatoriamente in modo bizzarro, non puoi riconoscere all'istante per la pelle nera o gli occhi a mandorla. Il più imperscrutabile. Dunque il più infido.

Certo, nessuno è riuscito a stabilire quanti siano stati gli omosessuali assassinati nei lager nazisti. Almeno 15.000, pare assodato. Ma molte volte le «colpe» di essere «pederasti», ebrei o «asociali» si sovrapponevano. Come nel caso di Henny Schermann, una commessa di Francoforte arrestata nel 1940 e deportata nel lager femminile di Ravensbrück. Sul dorso della foto segnaletica, pubblicata dalla Fondazione Olokaustos di Venezia, il funzionario nazista annotò, aggiungendo il nome «Sara» che il Terzo Reich imponeva sui documenti a ogni donna di origine israelita: «Henny Sara Schermann, nata il 19 febbraio 1912 a Francoforte, non coniugata, commessa di negozio. Lesbica licenziosa frequentatrice di bar omosessuali non ha adottato il nome "Sara". Apolide ebrea». Due anni dopo, quando fu chiusa nelle camere a gas di Bernburg, fu assassinata come omosessuale, ebrea o ribelle?

Quel che è certo è che furono in tanti, a essere uccisi solo perché avevano, come si dice, un orientamento affettivo diverso. Così come in tanti, forse addirittura di più stando a un libro di Enrico Oliari (*Omosessuali? Compagni che sbagliano*) furono i gay scomparsi nei gulag dell'Urss o della Cina maoista. Certo, era diversa la prospettiva. Per i comunisti la sodomia era una deviazione borghese, pericolosa perché distraeva il proletario maschio e vigoroso dal percorso che portava al sol dell'avvenire. «Nei paesi fascisti l'omosessualità, rovina dei giovani, fiorisce impunemente», denunciava lo scrittore Maksim Gor'kij. «Nel paese dove il proletariato ha audacemente conquistato il potere, l'omosessualità è stata dichiarata crimine sociale e severamente punita. C'è già un detto in Germania: "Eliminate gli omosessuali e il fascismo scomparirà".»

Negri, froci, giudei & co.

Una tesi che sarà ribadita tra gli altri, dalle parti nostre, da Palmiro Togliatti quando, con lo pseudonimo di Rodrigo De Castiglia, scriverà nel 1950 una feroce recensione al libro *Il Dio che è fallito* firmato da Louis Fischer, Arthur Koestler, Ignazio Silone, Stephen Spender e Richard Wright e soprattutto André Gide contro lo stalinismo: «Al sentire Gide, di fronte al problema dei rapporti tra i partiti e le classi, dare tutto per risolto identificando l'assenza di partiti di opposizione, in una società senza classi, con la tirannide e relativo terrorismo, vien voglia di invitarlo a occuparsi di pederastia, dov'è specialista, ma lasciar queste cose, dove non ne capisce proprio niente...». Un giudizio volgare, fatto pesare a lungo dal Pci anche su compagni di strada come Pier Paolo Pasolini. Il quale nelle *Lettere Luterane* scrive: «Io sono come un negro in una società razzista che ha voluto gratificarsi di uno spirito tollerante. Sono, cioè, un "tollerato". La tolleranza è solo e sempre nominale. Non conosco un solo esempio o caso di tolleranza reale. Il fatto che si "tolleri" qualcuno è lo stesso che si "condanni". La tolleranza è anzi una forma di condanna più raffinata. Tutto ciò ha dato al mio discorso sull'aborto una certa "tinta": "tinta" che proviene da una mia esperienza particolare e diversa della vita, e della vita sessuale. Come cani rabbiosi, tutti si sono gettati su di me non a causa di quello che dicevo, ma a causa di quella "tinta". Cani rabbiosi, stupidi, ciechi. Tanto più rabbiosi stupidi, ciechi quanto più io chiedevo la loro solidarietà e la loro comprensione. Perché non parlo di fascisti. Parlo di "illuminati", di "progressisti". Parlo di persone "tolleranti". Le vite sessuali private (come la mia) hanno subito il trauma sia della falsa tolleranza che della degradazione corporea, e ciò che nelle fantasie sessuali era dolore e gioia, è divenuto suicida delusione, informe accidia».

Tornando in Urss, il giudizio del commissario del popolo per la Giustizia Nikolaj Krylenko era netto: «L'omosessualità è il prodotto della decadenza delle classi sfruttatrici che non hanno niente da fare» quindi «in una società democratica, fondata su sani principi, per tali persone non c'è posto». Lo stesso Krylenko, in un rapporto pubblicato sul bollettino numero 7 di

«Giustizia sovietica» nel 1936 insisteva: «In ogni caso concreto il medico deve stabilire se chi è sotto processo è malato o no; ma se davanti alla corte c'è una persona, che non abbiamo motivo di ritenere malata, e che tuttavia persevera in tali faccende, diciamo: "Nel nostro ambiente, caro signore, non c'è posto per te"».

Non c'era posto neanche fisicamente, spiega Oliari raccogliendo la testimonianza di Jean Pasqualini, un franco-cinese rinchiuso negli anni Settanta in un laogai, i lager di Mao, sull'esecuzione di un barbiere accusato d'aver avuto rapporti omosessuali lì al campo e avere quindi «infangato la reputazione della prigione e la grande politica della Correzione Attraverso il Lavoro»: «L'uomo con l'uniforme blu venne avanti e lesse un tetro documento, un riassunto dei reati che finiva con la decisione della Corte del Popolo: condanna a morte con esecuzione immediata della sentenza. Tutto accadde così velocemente che non ebbi neanche il tempo di provare shock o paura. Prima ancora che l'uomo con l'uniforme blu ebbe finito di pronunciare l'ultima parola, il barbiere era morto. La guardia che stava dietro di lui tirò fuori una grossa pistola e gli fece saltare la testa. Un fiotto di sangue e pezzi di cervello esplose addosso a quelli di noi che erano nelle prime file. Tolsi lo sguardo dall'orribile figura che si contraeva al suolo e vomitai. Yen venne avanti e parlò ancora. Che questo vi serva da avvertimento».

Per i nazisti, a leggere le parole del ministro degli Interni Wilhelm Frick, pare quasi (quasi) fosse una questione «demografica» più che morale, tanto che c'era una netta distinzione tra sessi: «Considerando gli omosessuali maschi a essere danneggiata è la fertilità poiché, usualmente, costoro non procreano. Ciò non è ugualmente vero per quanto riguarda le donne o almeno non con la medesima ampiezza. Il vizio è più pericoloso tra uomini piuttosto che tra donne».

Heinrich Himmler in un discorso a porte chiuse tenuto ai generali delle SS riuniti il 17-18 febbraio 1937 sul tema dei «pericoli razziali e biologici dell'omosessualità», lo spiegò così: «Nel 1933, quando abbiamo preso il potere, abbiamo scoperto l'esistenza delle associazioni omosessuali. Queste contavano due milioni di iscritti». Falso, dicono i documenti secondo i quali la Lega per i diritti umani (particolarmente attenta a quelli dei gay) soppressa dalle SS era arrivata ad avere al massimo 48.000 aderenti, ma che gli importava? «Se ammetto che ci sono da uno a due milioni di omosessuali vuol dire che il 7 oppure l'8 o addirittura il 10 per cento degli uomini sono omosessuali. E se la situazione non cambia, il nostro popolo sarà annientato da questa malattia contagiosa. (...) Dobbiamo capire che se questo vizio continua a diffondersi senza che noi possiamo combatterlo, per la Germania sarà la fine.» Quindi? L'ideale, rispondeva il braccio destro del Führer, sarebbe stato seguire l'esempio degli antenati: prendere tutti questi omosessuali e «scartarli, allo stesso modo in cui noi estirpiamo le ortiche e le ammucchiamo tutte insieme per bruciarle».

Che i nazisti avessero «scoperto l'esistenza delle associazioni omosessuali» solo nel 1933 non ha senso. Prima di essere spazzato via dalle squadracce in camicia bruna l'Institut für Sexualwissenschaft era stato il primo istituto di ricerca sessuologica a promuovere una campagna a favore dei diritti degli omosessuali e a offrire la possibilità di cambiare sesso. Berlino, a partire dal celeberrimo Eldorado, aveva decine di locali gay. Ed era notoriamente omosessuale Ernst Röhm, nazista della prima ora e così amico di Adolf Hitler che quando, dopo essere stato protetto per anni, venne scaricato e assassinato, girava tra gli antinazisti una battuta: «Il Führer si è detto scioccato quando ha saputo dell'omosessualità di Röhm. Chissà lo stupore quando lo avvertiranno che Göring è grasso e Goebbels zoppo...».

C'era tuttavia un filo rosso a collegare i lager del Terzo Reich a quelli comunisti. La convinzione che l'omosessualità fosse una specie di virus in grado di passare dall'uno all'altro infettando come la varicella («Non passò molto tempo che da tutti i blocchi cominciarono a giungere denunce di rapporti omosessuali, e le punizioni non servirono a nulla, perché il contagio si diffondeva dovunque», scrive Rudolf Höss nella sua autobiografia) e che questi infetti potessero essere «guariti» attraverso i più feroci e strampalati esperimenti «scientifici».

Il campione della scienza nazista, spiegano Paolo Pedote e Giuseppe Lo Presti nel libro Omofobia, è Carl Peter Vaernet, un endocrinologo danese che «per curare i gay li castra, impianta una ghiandola artificiale e inietta sotto l'inguine uno strano liquido, "l'ormone maschile cristallizzato" che dovrebbe far crescere un pene nuovo e sano». Impegnato a inventare terapie sui detenuti di Buchenwald, manda i suoi rapporti a Ernst-Robert Grawitz, comandante del servizio medico delle SS, e verso la fine di ottobre del 1944 scrive di essere piuttosto soddisfatto dei risultati ottenuti con il prigioniero numero 21.686, un teologo omosessuale di 55 anni, Bernhard Steinhoff: «La ferita causata dall'operazione è guarita e non c'è stata reazione alla ghiandola impiantata. La persona si sente bene e ha sogni riguardanti donne». Un miracolo...

«Il numero esatto degli omosessuali morti a causa degli interventi di Vaernet rimane sconosciuto», spiega il dossier di Olokaustos. In ogni caso, il criminale in camice bianco non solo riesce a cavarsela senza finire sotto processo ma, riparato come tanti altri capi nazisti nell'Argentina di Juan Domingo Perón, è così esente da ogni senso di colpa da ricominciare i suoi esperimenti lì e passare successivamente il testimone al figlio, Kjeld Vaernet, che si distinguerà «negli anni Sessanta per i suoi studi sulla lobotomizzazione degli omosessuali».

Ma questa fissazione di «invertire gli invertiti», come dicevamo non è solamente nazista o peronista. Anzi. Lo dimostra non solo la scritta che campeggiava all'ingresso del campo di prigionia cubano a Cayo Diego Perez («*El trabajo los hará hombres*», cioè il lavoro vi farà uomini), ma la storia di Kurt Freund, un sessuologo boemo ebreo che dopo aver cominciato i suoi esperimenti nella Cecoslovacchia comunista avrebbe proseguito i suoi esperimenti in Canada per essere infine chiamato a consulto da altri paesi legati a Mosca, come appunto Cuba.

Nel marzo del 1965 Giangiacomo Feltrinelli, sbarcato all'Avana col braccio destro Valerio Riva per strappare a Fidel Castro una lunghissima intervista, si prese il lusso di chiedere al Líder máximo, una sera a cena, perché perseguitasse i gay. Perché ce l'aveva tanto con gli omosessuali? Che senso aveva? Cosa c'entrava quel pogrom con la rivoluzione? «Sulla tavola calò un gelo improvviso», racconterà Riva a Massimo Consoli che ne scriverà su «Rome Gay News» del 1994. «I comandanti che sedevano con noi, le guardie del corpo che sorvegliavano gli ingressi, i camerieri con le portate in mano guardavano Feltrinelli come siderati... Fidel cominciò quasi silenziosamente a ridere, alzò il capo, si guardò intorno e disse qualcosa come "è un bello sfacciato questo Giangiacomo!", accese un sigaro e prese lentamente a dire che all'origine c'erano stati problemi in certe scuole, che dei genitori avevano protestato, che in fondo bisognava capirli, l'idea di mandare un figlio a scuola e vederselo tornare frocio non garberà a nessuno. Disse che lui non aveva proprio niente personalmente contro gli omosessuali, purché non pretendessero di far proseliti. Se gli tirava il culo, problemi loro... Lo stato, la Rivoluzione non poteva certo permettere la corruzione di minorenni...»

Prosegue Valerio Riva: «Ricordai a Fidel d'aver sentito raccontare che all'Università dell'Avana era stato fatto venire un professore cecoslovacco, tal Freund, il quale pretendeva di aver un infallibile metodo per la redenzione degli omosessuali: li riuniva in una stanza buia, gli collegava ai testicoli un elettrodo, poi proiettava su uno schermo scene di film pornografici: finché si vedevano accoppiamenti eterosessuali tutto passava liscio, quando si trattava invece di accoppiamenti omosessuali il professor Freund girava una chiavetta e "zac" una scarica nei coglioni ai suoi disgraziati pazienti. "Sì, sì, l'ho sentito dire" rispose Fidel, "ma pare ne abbia guariti pochi, il ceco"...».

L'accenno del leader cubano alla paura di «mandare un figlio a scuola e vederselo tornare frocio» è una fobia vecchia di secoli. Come spiega Giovanni Dall'Orto, sono decine le opere, i personaggi o le citazioni che ruotano nella commedia dell'arte intorno alla figura del Pedante, a partire soprattutto dai *Cantici di Fidenzio Glottocrisio ludimagistro* scritti nel 1562 dal vicentino Camillo Scroffa dove Pietro Fidenzio Giunteo, un maestro padovano che parla in modo affettato e gonfio di citazioni latine, declama la sua passione per Camillo, l'allievo prediletto.

La fobia rientrò nel dibattito pubblico italiano quando Gianfranco Fini disse: «Un maestro dichiaratamente omosessuale non può fare il maestro». Lo scontro con l'allora presidente dell'Arcigay Franco Grillini fu acceso: «Allora la sua condanna delle leggi razziali è solo di facciata». «No, un conto è rispettare le scelte personali, un altro ritenere moralmente opportuno consentire di fare l'insegnante a chi è omosessuale dichiarato o a un pedofilo, dato che c'è chi arriva a ritenere la pedofilia una forma d'amore. Se fosse possibile chiederlo alle famiglie italiane risponderebbero come me.» «Che fate, li schedate prima? Chiedete un certificato di sana e robusta costituzione eterosessuale? Ora è chiaro: non siete cambiati...»

Il fondatore di Alleanza nazionale, in realtà, avrebbe dimostrato con gli anni d'essere cambiato sul serio. Fino al punto di diventare il primo presidente della Camera della storia a ricevere le associazioni a tutela dei diritti degli omosessuali e ad assicurare il suo impegno contro l'omofobia. Quella che pare essere cambiata di meno è la «pancia» della società italiana. Soprattutto la «pancia» di destra.

«Sconsiglierei il termine gay. La destra dovrebbe chiamarli correttamente froci e checche. Andrebbero spediti in campo di concentramento», si legge sul «Corriere» in un'intervista del 1994 di Maria Latella al musicologo Piero Buscaroli. Peggio ancora, però, è la rettifica mandata il giorno dopo: «Queste giornaliste d'assalto tutto distorcono e cambiano, oppure tagliano in modo da costringere l'autore a rettifiche come questa. Sui cosiddetti "gay", per esempio, io avevo detto: "Non approvo la parola 'gay' per indicare coloro che dovremmo chiamare, come sempre, omosessuali, pederasti, oppure busoni, froci e checche. La parola 'gay', trasferibile nella nostra lingua, proietta su queste persone un'aura 'gaia', allegra, serena. Il che è falso, ecco: hanno vite infernali, da non raccomandare a nessuno, se dipendesse da me, li manderei in campo di concentramento"».

Certo, esistono sfumature diverse. Pietrangelo Buttafuoco raccontò per esempio sul «Foglio» di un volo Roma-New York durante il quale il parlamentare di An Nino Strano, al quale Franco Zeffirelli aveva dedicato *Storia di una capinera*, si era sentito chiedere da uno steward piacente come volesse essere svegliato. Al che lui aveva risposto sbattendo le ciglia: «Frusta o piumino?». Ma alla fine sempre lì, ai vecchi insulti camerateschi, si torna. Tanto che lo stesso Strano, che pure aveva appoggiato la Caritas catanese in un progetto per fare imparare il mestiere di badanti a un gruppo di anziane transessuali tristi del quartiere di San Berillo, per insultare in aula il collega senatore Nuccio Cusumano non trovò di meglio che strillare: «Sei una checca squallida!».

Nell'arena politica, da anni, piove di tutto. «Meglio fascisti che froci» urla Alessandra Mussolini a Vladimir Luxuria a *Porta a porta*. «Quella checca di Paissan mi ha graffiato con le sue unghie laccate di rosso, io non l'ho toccato: sfido chiunque a trovare le sue impronte sul mio culo», strilla dopo uno scontro in aula col collega Mauro Paissan il neofascista Francesco Storace, che tornerà sul tema spiegando a *Scherzi a parte*: «Mejo froci che laziali». «Finocchi? Sì, grazie: col pinzimonio», dice un cartello di Forza Nuova alla manifestazione contro il Gay Pride.

Indimenticabile un'intervista sul «Corriere» di Aldo Cazzullo al deputato siciliano di An Luigi Caruso: «Il mio avversario è arruso. Insomma: gay». «Dichiarato?» «Noooo. Però lo sanno tutti.» «E lei lo dice in pubblico?» «Noooo. Alludo.» Come? «Il mio avversario è ambiguo; politicamente ambiguo, e non solo politicamente. E il suo schieramento non è né carne né pesce, né uomo né donna.»

«Non credo che sia un segreto, non ho nulla contro le lesbiche, ma va chiarito che Rosy Bindi è lesbica» strepita il senatore aennino Maurizio Saia. «Servi del nazi-omosessualismo!», insulta gli avversari Salvatore Marino, rissoso fondatore del movimento Maschio al 100% e candidato a varie elezioni nazionali, regionali, provinciali ora con Destra nazionale (slogan: «Votatelo perché ha le palle!») e ora con la Lega Sud Ausonia.

E il sindaco di Chieti Nicola Cucullo chi se lo scorda? Invelenito con Francesco Rutelli, allora primo cittadino di Roma, colpevole di non essersi messo di traverso al Gay Pride capitolino, arrivò a lanciare un appello: «Maschioni di tutto il mondo, a noi!». E a diffidare il futuro leader della Margherita «amico dei froci» a farsi vedere dalle parti della villica Chieti sennò avrebbe incitato «i concittadini alla violenza e allo stupro di massa». Davanti alle proteste e alle censure dei giornali di mezzo mondo, rise: «Ma che stupro! Ma che violenza! Se c'è la vaselina!». E spiegò che lui non accettava lezioni sul linguaggio: «Qui alle cose diamo il nome in dialetto. Froci, 'ricchioni, pederasti: quello che vi pare. Gay no. Nella lettera a Rutelli li ho chiamati omosessuali. In italiano. Cos'è questo inglese? Io ho detto ciò che pensano tutti. Che non dovevano fare quella provocazione omosessualista lì a Roma perché hanno leso la sacralità della città. E messo in pericolo la salute morale della gioventù».

Sindaci di periferia, ministri della Repubblica. «Povera Europa, i culattoni sono in maggioranza», scrive l'allora responsabile per gli italiani all'estero Mirko Tremaglia sulla sua carta intestata il giorno in cui viene bocciata la candidatura a commissario Ue di Rocco Buttiglione. «La civiltà gay ha trasformato la Padania in un ricettacolo di culattoni...», si lagna pochi mesi prima di diventare ministro delle Riforme costituzionali il leghista Roberto Calderoli. Il quale, dopo aver invitato i centristi della Margherita a cambiare nome («per voi è meglio il finocchio») liquida il dibattito intorno al riconoscimento delle unioni civili dei gay come «assurde pretese di privilegi dei culattoni».

Troppo impegnati a vomitare insulti, Tremaglia e Calderoli non lo sanno. Ma usano parole antichissime. Sulle quali esercitò la sua satira addirittura Aristofane. Che ne *Le nuvole* mette a confronto il Discorso peggiore e il Discorso migliore. Il quale si darà per vinto.

Discorso peggiore: «Dunque, dimmi un po': gli avvocati, che gente sono?».

Discorso migliore: «Rottinculo».

Discorso peggiore: «Esatto. E i tragici?».

Discorso migliore: «Rottinculo».

Discorso peggiore: «Giusto. E i politici?».

Discorso migliore: «Rottinculo».

Discorso peggiore: «Ti rendi conto di aver torto marcio? Anche gli spettatori, guarda un po' chi sono, la maggioranza...».

Discorso migliore: «Sto guardando...».

Discorso peggiore: «E cosa vedi?».

Discorso migliore: «Per gli dei, la maggioranza assoluta so-

no rottinculo! Questo lo conosco, e anche quello, e anche il ca-
pellone qui davanti».

Discorso peggiore: «E cosa ne concludi?».

Discorso migliore: «Abbiamo perso. Razza di culaperti, te-
nete, eccovi il mio mantello: passo dalla vostra parte».

Che la corruzione dei giovani imputata a Socrate nel processo che porterà alla sua condanna a morte c'entri qualcosa
con la corruzione sessuale o peggio la pedofilia, come immagi-
na qualche sito web cattonazista dove il filosofo è sbrigativa-
mente messo nelle «liste dei culattoni», è una sciocchezza. Nel-
l'antica Atene le regole erano, grossomodo, quelle che detta
Plauto nel *Curculio* a cavallo tra il II e il III secolo a.C. per il
mondo romano: «Purché tu non tracci un sentiero su un territorio privato, purché tu non tocchi una donna sposata, una vedova, una vergine, un giovanotto o dei bambini di nascita libera, ama chi vuoi!».

C'era una legge, la Lex Scatinia (o Scantinia) che stabiliva i
casi in cui il rapporto omosessuale era un reato. Ma come spiega Catherine Salles nel suo studio *I bassifondi dell'antichità*, la
società romana era piuttosto libera. O se volete, agli occhi di
un cattolico, piuttosto amorale: «Augusto è costretto a vietare
ai senatori, con un decreto, di frequentare le case dei pantomimi, e ai cavalieri di far parte del corteo di quest'ultimi. Ma simili provvedimenti rimangono senza seguito: Seneca deplora
che i giovani della più alta aristocrazia si assoggettino volonta-
riamente ai capricci dei pantomimi di cui sono innamorati. E il
folle imperatore Eliogabalo si abbandona in pubblico a manifestazioni d'amore particolarmente oscene con l'auguria Ierocle».
Per non dire di Nerone che «"sposa" il suo liberto Pitagora,
con una cerimonia splendida. L'imperatore porta anche lui il
velo rosso arancio della sposa, il corteo agita le torce dell'ime-
neo e la consumazione del matrimonio avviene in pubblico. Del
resto Nerone, cui i matrimoni piacciono molto, sposa anche
uno dei suoi eunuchi, un fanciullo di nome Sporo. Questa volta è l'imperatore a far la parte del marito e Sporo, battezzato
Sabina per la circostanza, indossa la veste ricamata e il velo color fiamma».

La storia dell'omosessualità in Occidente, però, è fatta soprattutto di persecuzioni. Via via più dure con l'affermarsi d'una certa linea dentro la chiesa. San Bernardino, nel commento ai primi versi del libro dei Salmi, spiega che la «maledetta sodomia» è un «pessimo pestifero pecato» che fa puzzare il peccatore di zolfo, il fetore del Demonio. Pietro Abelardo, nei *Monita ad Astrolabium* dedicati al figlio avuto da Eloisa, dice che è «troppo vile la prostituta, ma ancor più vile il sodomita, peggiore della femmina il maschio che si prostituisce. Il coito femminile ha un suo frutto col parto, ma il sodomita nel coito spreca solo il suo seme». Jacopone da Todi cava dalla pancia strofe tremende: «O amore carnale, sentina putulente, / ensolfato foco ardente, rason d'omo embrutata, / che non n'ài altro Deo, se non d'emplir lo ventre / lussuria fetente, malsana, reprobata; / o somersa contrata, Sogdoma e Gomorra, / en tua schera se'n curra, chi prende tua amistate!». E anche se la *Taxa camarae* dei tempi di Leone X, ferme restando le riserve sull'autenticità di cui dicevamo, non è poi così inflessibile («Se l'ecclesiastico oltre al peccato di fornicazione chiedesse d'essere assolto dal peccato contro natura o di bestialità dovrà pagare 219 libbre, 15 soldi. Ma se avesse commesso peccato contro natura con bambini o bestie e non con una donna, pagherà solamente 131 libbre, 15 soldi») si trattava di giudizi morali che, per secoli, furono accompagnati da atti spietatamente concreti.

Il libro *Omofobia* di Pedote e Lo Presti, dove si spiega che in Inghilterra nei primi editti del XIII secolo «si specificava che i sodomiti dovevano essere seppelliti vivi» e che la condanna a morte per pederastia fu abolita solo nel 1861 (in Scozia nel 1889), offre un quadro da raccapriccio. «Tutti coloro che sono usi condannare il proprio corpo virile, trasformato in fimmineo, a subire pratiche sessuali riservate all'altro sesso, e che non hanno nulla di diverso dalle donne, espieranno un crimine di tal fatta fra le fiamme vendicatrici, dinanzi al popolo», stabilisce il Codice Teodosiano emanato a Costantinopoli da Teodosio II nel 438 d.C. «I sodomiti siano passati per il fuoco cosicché muoiano all'istante, prima che la famiglia si sia allontanata dal luogo del supplizio», dicono gli Statuti di Cremona del

1387. «Se qualcuno avrà avuto rapporti contro natura con donna o uomo, sia bruciato, punito per decisione della curia, castigato o anche assolto considerate la qualità e l'età della persona stessa» concordano gli Statuti di Feltre all'inizio del Quattrocento. «Coloro che intrattengono rapporti carnali in maniera avversa alle leggi di natura, sia coprendo da maschio che facendosi coprire a guisa di femmina, dopo essere stati appesi alla forca, vengono pure dissolti in virtù del fuoco che vendica e purifica e restino dispersi, sia di corpo che di nome, dalla terra dei viventi», ribadiscono gli Statuti criminali della Repubblica di Genova del 1556.

Quanto al resto del mondo le cose sono sotto gli occhi di tutti. Le pene previste per il reato di sodomia sono: fino a sette anni in Botswana, fino a cinque di lavori forzati nelle isole Mauritius, fino a 10 di lavori forzati in Giamaica, fino a 14 in Nigeria, Kenya, Zambia e Tanzania, fino a vent'anni in Malesia, fino all'ergastolo in Uganda e nel Bangladesh. Poi ci sono gli stati canaglia: pena di morte in Arabia Saudita, negli Emirati Arabi Uniti, in Iran... Come ha spiegato Muzammil Siddiqi della Islamic Society of North America, per l'islam «l'omosessualità è un disordine morale. È una malattia morale e una corruzione. (...) È pericolosa per la salute degli individui e per la società. Essa è causa inoltre di una delle peggiori e fatali malattie. È degradante per gli uomini e per le donne». Non è solo un giudizio morale come quelli che in Italia emette Paola Binetti: spesso è una condanna al patibolo.

Uno dei tanti assassinati nel paese di Mahmoud Ahmadinejad si chiamava Makwan Muludzadeh, aveva vent'anni e fu impiccato nel dicembre del 2007, nonostante un ricorso pendente, nonostante la mobilitazione internazionale, nonostante le denunce fossero state ritirate, nel cortile vuoto del carcere di Kermanshah. Non avevano radunato la folla in uno stadio, quel giorno, per assistere all'esecuzione. Era una faccenda troppo sporca anche per gli ayatollah più fanatici. Makwan, che al processo aveva raccontato che la confessione gli era stata estorta, era accusato di avere avuto rapporti omosessuali quando aveva 13 anni: tredici. E il giorno dell'arresto nella cittadina di Paveh, stando al resoconto del giornale iraniano «Ettemad Melli» ripreso sulla «Repubblica» da Fabio Scuto «era stato umiliato e pubblicamente deriso, la polizia dopo averlo ammanettato l'aveva messo a cavalcioni di un asino e l'aveva fatto sfilare per le stradine del centro».

Ecco il punto: con questi precedenti alle spalle e questa realtà quotidiana nel mondo è davvero legittimo usare con stolta leggerezza certe parole? Prendiamo Treviso. Negli statuti medievali c'era scritto cosa toccava agli omosessuali: «Il maschio privo di ogni vestito, in piazza, impalato e con il membro infilzato, rimanga lì tutto il giorno e tutta la notte. Venga arso vivo il giorno seguente fuori dalle mura. La femmina invece, priva di vestiti, venga legata nella piazza a un palo e lì rimanga per tutto il giorno e la notte e poi arsa viva il giorno seguente fuori dalla città».

Hanno o no diritto i gay, soprattutto in luoghi simbolici come questo, a pretendere rispetto? Eppure se ne frega, il sindaco (di fatto) Giancarlo Gentilini. Che gli importa che le parole siano pietre? E un bel giorno tuona davanti alle telecamere: «Darò subito disposizioni alla mia comandante dei vigili urbani affinché faccia pulizia etnica dei culattoni. I culattoni devono andare in altri capoluoghi di regione che sono disposti ad accoglierli. Qui non c'è nessuna possibilità per culattoni o simili».

C'è poi da stupirsi se qualcuno prende sul serio, anche a dispetto dei Gentilini di turno, le sparate più aggressive? Il rapporto dell'Arcigay, consegnato anche a Gianfranco Fini, nel 2008 ha contato 45 aggressioni e 9 omicidi. Quello del 2009, nei soli primi tre trimestri, 52 aggressioni e 8 omicidi. Frutto di un clima sempre più deteriorato. «C'è un crescendo che solo qualche anno fa era impensabile», spiega Andrea Pini, autore nel 2002 del libro *Omocidi* in cui aveva monitorato le violenze degli anni Novanta. «È come se ci fosse stato un abbassamento dell'autocontrollo, della sopportazione, della tolleranza...»

Un rapporto dell'Agenzia dell'Unione europea per i diritti fondamentali della primavera 2009 dice che l'omofobia è un fenomeno sempre più diffuso e che il paese più omofobo di tutti è la Lituania, dove il parlamento si è spinto a votare una legge «per la protezione dei minori contro gli effetti nocivi dell'informazione pubblica» che vieta giornali, libri, programmi televisivi, pubblicità, film e qualunque altra cosa che «possa dare una rappresentazione di tipo positivo dell'omosessualità e della bisessualità». Ma subito dopo c'è l'Italia. Dove l'introduzione del reato di omofobia è stata contrastata in tutti i modi.

Omofobia? Ma quando mai? È un coro, a destra, contro l'idea che il nostro sia un paese omofobo. «Ma no, in Italia i gay non sono discriminati», giura la ministra berlusconiana alle Pari opportunità Mara Carfagna.

L'omofobia «ha un suono simile a una malattia (claustrofobia, aracnofobia...), ma è una malattia inesistente, inventata dall'ideologia gay per i suoi scopi. (...) Serve solo a zittire coloro che contestano l'ideologia gay» visto che «si dà dell'omofobo un po' come un tempo si dava del fascista», scrive Giovanni Lazzaretti in una lettera che «L'Avvenire» pubblica con evidenza e viene poi ripresa da vari siti cattolici.

«L'omofobia è un argomento di malafede e un prodotto dell'ansietà della psicologia omosessuale» per «colpevolizzare gli eterosessuali». Esordisce così il *Lexicon*, il dizionario dei «termini ambigui e discussi su famiglia, vita e questioni etiche» del Vaticano, alla voce «Omofobia». Una stroncatura totale. Accolta con dolore da chi, come i gay cattolici riuniti intorno alla rivista on line «Gionata», ricordano «che il catechismo della chiesa cattolica dice che gli omosessuali "devono essere accolti con rispetto, compassione e delicatezza"». E scritta col pennino intinto nell'arsenico da Tony Anatrella, un gesuita francese: «Ogni critica, ogni riflessione che indica che l'omosessualità rappresenta un serio handicap psichico nell'elaborazione sessuale, ogni discorso umoristico che assumesse atteggiamenti derisori nei confronti dell'omosessualità (...) è giudicata come se fosse razzismo o, secondo lo slogan ormai di moda, come fosse omofobia. (...) Così lo slogan dell'omofobia viene ripreso in maniera incantatoria, emozionale...».

È così? Esiste tra i gay un tentativo di rovesciare a proprio vantaggio, contando sul senso di colpa altrui, ogni refolo di antichi stereotipi? Non è una domanda banale. E non sono pochi i gay che se la pongono. Ma c'è un «prima» e un «dopo». E forse, «prima», vengono le aggressioni quotidiane. Quelle fisiche e quelle morali. Dalle canzoni di Eminem («vi rompo il culo, froci di merda») a quelle dei seguaci del «Raggamuffin» come Beenie Man: «Sogno una nuova Giamaica, dove tutti i gay vengano ammazzati». Dalle apocalittiche omelie di certi predicatori televisivi americani come Bob Enyart seguito in America da sette milioni di famiglie («Io sono "nato omofobo" e ne sono orgoglioso. (...) Gli omo non si meritano uguali diritti. L'unico diritto che gli omo dovrebbero avere è un onesto e veloce processo») alle invettive su internet di siti di delirio ipercristiano come «www.godhatesfags.com» (letteralmente: Dio odia i froci) o «www.godhatesamerica.com» (Dio odia l'America) dove si possono leggere cose così: «Nessun americano leale, informato e sincero esporrà la sua bandiera se non a mezz'asta. La bandiera che indicava rettitudine, giustizia, eroismo e verità, adesso rappresenta una nazione di imbroglioni e pervertiti. È un grembiule da macellaio, sporcato con il sangue di milioni di bambini trucidati e il sangue rettale dei froci che sparge seme e malattia dalla Casa Bianca al governo alla corte tutt'intorno a questa maledetta terra. Amen!».

Omofobia? Ma va là, risponde Umberto Bossi. Il segretario di quella Lega che nel febbraio 2005, per protesta contro una manifestazione gay, organizzò nel centro di Verona una messa riparatrice con la croce di Vandea e magliette con scritto «Noi Romeo e Giulietta / Voi Sodoma e Gomorra», ha le idee chiare. Chiarissime. Lo spiegò anni fa in un comizio a Sant'Angelo Lodigiano: «Ma quali diritti possono vantare i gay: il diritto di scambiarsi le mutande?».

16

Musi gialli e musi neri, che razza di Asia

Azeri e uiguri, rohingya e ainu: il destino dei popoli «inferiori»

Ai cinesi gli abitanti dell'Africa piacciono proprio tanto. Ippo-potami, rinoceronti, zebre, elefanti, giraffe, leoni, struzzi... Tut-ti. Piacciono meno, invece, i negri. Al punto che nell'autunno 2006, per festeggiare il mega vertice di amicizia e cooperazione con tutti o quasi gli stati dell'Unione africana, le autorità tap-pezzarono i muri di Pechino con immensi cartelloni pubblicita-ri dove campeggiavano, fecero notare vari giornali internazio-nali, solo animali esotici. Senza un solo uomo, una donna, un bambino di colore.

La Cina, come hanno denunciato anche i vescovi nel sino-do continentale dell'ottobre 2009, ha addentato l'Africa e se la sta sbranando. In Sudan, scrive Alberto Sciortino nel libro *Né etnie né religioni. Le guerre africane e l'economia globale*, non si fa scrupoli di appoggiare il regime canaglia filo-Al-Qaeda al punto che qualcuno ha «ipotizzato che la guerra in Darfur sia stata fomentata dal governo di Khartoum su mandato della Ci-na, cui lo stesso governo è legato da numerosi accordi econo-mici e militari: la Cina non vedrebbe infatti di buon occhio (...) la fine di un conflitto che le ha permesso di sostituirsi alla pre-senza occidentale nell'affare del petrolio sudanese».

In Angola, accusa in *Africa gialla* Angelo Ferrari, la Cina si sta impossessando di tutto: «L'Angola è il primo produttore di petrolio in Africa, il quarto produttore mondiale di diamanti. (...) Il bisogno di energia e materie prima della Cina si coniuga benissimo con la ricchezza del paese. E i governanti fanno affa-ri. Senza regole o paletti. Il successo della Cina dipende pro-prio dal fatto che non si preoccupa degli affari interni dei paesi con i quali fa affari. Non le interessa se sono violati i diritti umani, se non c'è democrazia, se c'è una dittatura feroce. Ciò alla Cina non interessa. A molti paesi africani non sembra vero poter fare affari senza che qualcuno gli dica come deve risolvere i problemi interni».

Un esempio? Le miniere del Katanga, dove scavano a mani nude, sette giorni su sette, bambini di dodici o tredici anni per tre dollari al giorno: «Secondo quanto rivela il governatore del Katanga, Moïse Katumbi, dal 2005 i cinesi sono diventati i principali proprietari delle fornaci della regione, che sono alimentate principalmente dai minerali estratti a mano. Più di 60 dei 75 impianti di lavorazione mineraria sono, infatti, di proprietà di compagnie cinesi e il 90 per cento dei minerali della regione vanno a finire in Cina».

Animali africani, petrolio africano, diamanti africani: solo i negri non piacciono, ai cinesi. Nel settembre 2009 una bella ragazza di Shanghai, Lou Jing, madre cinese e padre nero, ha osato presentarsi a uno show per aspiranti cantanti, veline e showgirl. Un errore. Il mondo ha consacrato la bellezza afro-cinese di Naomi Campbell? La Cina no. E la bella Lou, nonostante il presentatore di «Go! Oriental Angel» l'avesse salutata come la «Halle Berry cinese» si è ritrovata nel tritacarne di migliaia di blogger razzisti e xenofobi che ce l'avevano con lei e più ancora con la madre, colpevole per essersi concessa a un negro di aver disonorato il popolo dell'Impero di Mezzo. E non si trattava affatto di pochi cibernauti isolati. Pochi giorni e c'erano già oltre centomila visitatori sul popolarissimo sito «Tianya Club» e altri 65.000 sul sito «Kds». Finché non è sceso in campo anche il «China Daily», con una pagina intera dedicata alla difesa della ragazza, alla censura del razzismo e all'auspicio che Lou Jing potesse «strappare un esercito di bigotti a una mentalità medievale». Mentalità alla quale non sfugge del tutto la stessa Lou, se è vero che sui blog si è difesa scrivendo: «Mio padre veniva dall'America, non dall'Africa».

Nessuno stupore. Già nel 1989 il «Time» raccontava di manifestazioni di studenti in piazza a Nanchino contro gli studenti africani, accusati di godere di troppi privilegi governativi. Quella contro i negri, riconosce il sito web «thechinaexpat.com», «è

forse la forma di razzismo più pesante che esista oggi in Cina».
E lo stesso «Shanghai Star», qualche anno fa, ha dato spazio sotto il titolo *Razzismo in Cina* allo sfogo di un insegnante canadese, David Szykulski, mulatto: «Durante il mio soggiorno non ho fatto che sentire insulti razziali, una palese discriminazione e odio generale. Gli han, il gruppo etnico maggioritario cinese, sono il popolo più razzista che io abbia mai incontrato».

Anche se i cinesi rifiutano l'accusa di essere xenofobi, l'etnografo russo Mikhail Kryukov sostiene che esiste un «senso congenito della superiorità coltivato in Cina dal confucianesimo», che il pregiudizio sulla «innata viziosità dei barbari» è in realtà antichissimo ed è sfociato anche in sanguinosi massacri per esempio nel IV secolo d.C. Come quello scatenato da un avventuriere, Zhan Min, il quale «sollevò nell'anno 350 una rivolta che sfociò in uno sterminio totale di tutti coloro che per i lineamenti del viso differivano dai cinesi. L'esplosione dell'odio razziale colpì per le sue conseguenze perfino i cronisti cinesi che registrarono nelle loro cronache storiche che "in quell'eccidio sono morti tantissimi cinesi con i nasi sollevati"».

Il punto è che oltre alle varie forme del razzismo occidentale, esistono molti altri razzismi sparsi per il mondo. Lo spiegò bene anni fa Alberto Cavallari: «Nulla è eurocentrico, nemmeno il male». La mala pianta dell'odio per l'«altro» ha radici un po' dappertutto. Non solo in Cina, dove sfocia, per esempio, in periodici scontri nello Xinjiang contro la minoranza islamica degli uiguri, ma un po' in tutta l'Asia.

In Iran, i persiani che rappresentano un po' più della metà della popolazione e si considerano i più puri degli ariani non mascherano il loro senso di superiorità, se non di disprezzo, nei confronti delle minoranze azare, arabe, baluci o peggio ancora per le piccole comunità di neri (eredi di schiavi portati secoli fa dall'Africa) sopravvissuti intorno a Bandar Abbas, e gli immigrati afghani venuti in Persia a fare i lavori più degradanti e sottopagati che gli iraniani rifiutano.

In Afghanistan, a dimostrazione che c'è sempre chi si sente superiore a qualcun altro, il celeberrimo romanzo *Il cacciatore di aquiloni* racconta il rapporto tra Amir (il figlio del pashtun

Baba alto due metri e detto «Toophan agha», signor Uragano, per la forza mostruosa che lo farebbe «capace di sradicare un salice») e Hassan, il figlio del servo hazara. Un rapporto di amicizia tra bambini, ma viziato: Amir è sopra, Hassan è sotto. Come da sempre stanno, da quelle parti, i pashtun «ariani» appoggiati a suo tempo dai nazisti contro gli inglesi e gli hazara, che discendono dalle antiche orde mongoliche e sono considerati una razza inferiore. Al punto che il celebre giornalista americano Robert Kaplan ha scritto su «Foreign Policy» che «i talebani sono semplicemente l'incarnazione più recente del nazionalismo pashtun» e nel libro *The Afghanistan Wars* lo storico William Maley, profondo conoscitore del paese, è arrivato a documentare una vera e propria pulizia etnica contro gli hazara: «Quando l'8 agosto 1998 i talebani occuparono Mazar-e Sharif, nel nord, si gettarono nel massacro per tre giorni. Le stime più caute parlano di duemila morti. In un ospedale, trenta pazienti furono uccisi nei loro letti. Nelle strade piene di cadaveri i superstiti erano avvisati dagli altoparlanti: lasciate i corpi dove si trovano, non seppelliteli». L'ostilità e la diffidenza sono tali che quando è uscito il film tratto dal romanzo di Khaled Hosseini, con quella scena in cui il piccolo Amir non muove un dito per aiutare l'amico Hassan violentato da due pashtun, le autorità afghane hanno proibito la sua proiezione nel paese: «Istiga all'odio razziale».

In Myanmar i generali tengono sotto il tallone di una dittatura durissima tutta la popolazione, ma su una cosa sembrano godere dell'appoggio della maggioranza: la repressione dei rohingya, i musulmani di origine mista ma per lo più bengalese che vivono nella regione di Arakan da centinaia di anni. Secondo l'Alto Commissariato per i rifugiati, i rohingya non hanno carta d'identità, non possono essere assunti nella pubblica amministrazione, guidare gli autobus, frequentare buona parte delle facoltà universitarie e sono schiacciati da tasse sulle licenze commerciali così pesanti che di fatto impediscono loro di aprire qualunque attività.

Quel docente mulatto che sullo «Shanghai Star» accusava i cinesi di essere «il popolo più razzista del pianeta», tuttavia, non conosce i giapponesi. Così imbevuti di stereotipi xenofobi che il primo ministro Yasuhiro Nakasone, anni fa, sfiorò un incidente diplomatico con gli Stati Uniti dicendo, in una conferenza, di essere fiero del suo paese perché è «una società altamente educata, notevolmente intelligente: molto più di quella statunitense». Dopo di che aveva precisato che questa inferiorità americana era dovuta «ai gruppi etnici quali i negri, i portoricani e i messicani».

Vittorio Volpi, a lungo docente di Finanza internazionale e Sistemi finanziari all'università di Tokyo, spiegò sul «Corriere» che la frase non era una voce dal sen sfuggita: «In parecchi discorsi pubblici o nei suoi scritti Nakasone si riferisce spesso alla necessità per il Giappone di ricercare identità ed energie nella sua unica, monolitica società caratterizzata da un'unica razza». Spiegò il presidente della McDonald's di Tokyo, Den Fujita: «Noi giapponesi non amiamo gli stranieri, qualsiasi straniero».

«Nel 2005, dopo aver girato l'arcipelago incontrando i rappresentanti delle varie minoranze ed esponenti istituzionali, lo Special rapporteur delle Nazioni Unite per il razzismo e la discriminazione etnica, Doudou Diène, stilò un rapporto in cui definiva il Giappone "profondamente razzista e xenofobo", accusando il governo di Tokyo di negligenza rispetto a una realtà grave e preoccupante», ha scritto sul «Manifesto» la giornalista italo-giapponese Junko Terao. Come mai? Perché alla base dell'idea di unità nazionale c'è «il concetto di *kazoku kokka*, stato-famiglia, con al centro la figura paterna e semidivina dell'imperatore» impastato col supporto scientifico del «darwinismo sociale di importazione occidentale». Risultato: «A colpi di propaganda condotta attraverso ogni mezzo a disposizione e a tutti i livelli, l'idea dell'esistenza di un'etnia unica, con uguali antenati, storia e tradizione, è entrata a far parte del senso comune sia in Giappone che fuori dai confini nazionali, tanto che oggi, anche in Occidente, si guarda a quello giapponese come a un popolo omogeneo e armonioso».

Una razza compatta. Nella quale non c'è posto per gli ainu, gli «uomini pelosi» che abitano l'isola di Hokkaidō, la più a nord dell'arcipelago e che, come ha scritto l'orientalista Renata

Pisu sulla «Repubblica» il giorno del riconoscimento del loro status di minoranza etnica (giunto solo nel giugno 2008), sono somaticamente diversi dai giapponesi, alti e massicci e probabilmente «arrivarono nell'arcipelago dalla Siberia o forse, come sostengono alcuni antropologi, dall'America, e questo spiegherebbe alcune loro rassomiglianze con le tribù autoctone del Canada: sarebbero quindi dei lontani cugini degli indiani d'America, come fanno pensare alcuni loro costumi e certe divinità totemiche della religione di tipo animista che praticano, dove domina la figura del Grande Orso Sacro».

Non c'è posto per gli ainu e non c'è per gli okinawani, cioè gli abitanti delle isole Okinawa. O più ancora per i burakumin. Ai quali Flaminia Brigante Colonna ha dedicato uno studio (*I burakumin. I ghetti in Giappone*) dove spiega che si tratta del «più numeroso gruppo di minoranza della società nipponica i cui membri, pur avendo le stesse origini razziali, culturali e linguistiche del resto della popolazione, continuano ancora oggi, seppure in misura sempre più attenuata, a essere oggetto di discriminazione in quanto discendenti di famiglie che tradizionalmente esercitavano mestieri un tempo considerati "contaminanti"» cioè con attinenza «diretta o indiretta con il sangue (considerato tabù dallo shintoismo primitivo, la religione indigena dei giapponesi), come l'uccisione di animali, la concia e la lavorazione delle pelli, la cura dei falconi da caccia, ecc.».

La discriminazione sistematica, secondo la Brigante Colonna, «sarebbe iniziata con l'instaurazione del potere dei Tokugawa nella prima metà del secolo XVII, potere che fu instaurato da e a beneficio dei guerrieri (Bushi). Fu allora che la società venne cristallizzata secondo la tradizionale stratificazione confuciana, in quattro ordini o stati: al vertice erano appunto i Bushi (che corrispondevano alla burocrazia mandarina della Cina); poi venivano i contadini, rispettati in quanto produttori per eccellenza ma duramente sfruttati; quindi gli artigiani e infine i disprezzati mercanti. Fuori di questi ordini legali, esistevano "fuori casta" la cui esistenza – in un certo senso – contribuiva a rendere più sopportabile ai contadini, agli artigiani e ai mercanti il tallone dei samurai».

È dal 1871, sulla carta, che le discriminazioni sono fuorilegge. Sulla carta, però. Perché l'editto «in un certo senso peggiorò di fatto le condizioni economiche dei burakumin. Il sistema della schedatura di tutti i membri della famiglia, infatti, fece sì che i burakumin fossero ufficialmente conosciuti come "shin heimin" (nuovi cittadini) e quindi facilmente identificabili, questa qualificazione non lasciando alcun dubbio sulla loro origine sociale». Risultato? Risponde, in un'intervista al «Diario» del 2007, Kyoji Ota, attivista della lega per la protezione dei «fuori casta»: «Appena qualche mese fa, abbiamo scoperto che un'agenzia investigativa era in possesso di una lista di persone e di zone burakumin. Trenta anni fa era normale per imprese come la Toyota, la Nissan, la Mitsubishi Bank, la Tokyo Bank possedere liste del genere». Sei burakumin? Niente assunzione.

Costretti a malincuore a reprimere via via il razzismo domestico, i figli del Sol Levante si mostrano ancora più riottosi a cedere un millimetro sul fronte dei popoli che storicamente più disprezzano, i coreani e i cinesi. Che ricambiano questo disprezzo con un rancore mai placato. «Su una parete del nuovo, sontuoso Museo patriottico di Shenyang, costruito nel luogo dal quale le truppe giapponesi partirono per invadere la Manciuria nel 1931, è dipinta una lacrima rosso sangue», ha scritto sul «New York Review of Books» l'anglo-olandese Ian Buruma, uno dei massimi esperti mondiali di Estremo Oriente. «Sotto la lacrima c'è una scritta in inglese, cinese e giapponese: ricorda "l'odio che brucia nel cuore di tutti i cinesi" per i "criminali militaristi giapponesi" che "invasero crudelmente la grande Cina con i suoi cinquemila anni di civiltà". Perché questo non succeda mai più, conclude la scritta, tutti i cinesi devono unirsi sotto la guida del Partito comunista.»

Che il Partito comunista, non potendo più spacciare gli antichi ideali maoisti, abbia scelto a volte di aggrapparsi al nazionalismo esattamente come tanti altri nella storia fino ai casi di Milošević e dei militari birmani, è cosa nota. «Il governo comunista cinese riesce facilmente ad aprire e chiudere il rubinetto del risentimento popolare», scrive Buruma. Che abbia qualche buona ragione per non mettere una pietra definitiva sopra al passato è purtroppo fuori discussione. Non sono bastati infatti tutti i decenni trascorsi dalla fine della guerra perché l'imperatore o un primo ministro nipponico chiedessero ufficialmente scusa (scuse vere, non solo formali e bilanciate da visite annuali al mausoleo di Yasukuni che ospita anche le salme di criminali di guerra come il «duce» del Giappone fascista Hideki Tojo e degli ufficiali della Kempeitai, la polizia militare equivalente alle SS) per le mostruosità commesse dalle truppe del Sol Levante nell'aggressione e poi nell'occupazione dei territori cinesi.

Valga per tutte la strage di Nanchino del 1937. «I giapponesi continuano a stuprare donne di tutte le età, a uccidere chiunque cerchi di opporsi o di fuggire o anche semplicemente si trovi nel posto sbagliato al momento sbagliato. Ho visto bambine sotto i sette anni e donne sopra gli ottant'anni venire violentate e poi percosse nel modo più brutale. Abbiamo rinvenuto cadaveri di donne torturate con cocci di boccale di birra, altre impalate su bastoni di bambù», scrive in una lettera ad Adolf Hitler il «nazista buono» John Rabe, poi ribattezzato lo «Schindler di Nanchino», il dirigente della Siemens che riuscì a salvare migliaia di vite. «Ho visto le vittime con i miei occhi, ho addirittura parlato con alcune di loro prima che morissero. Ho fatto trasportare i loro corpi all'obitorio dell'ospedale Kulo, in modo da essere io stesso convinto al di là di ogni ragionevole dubbio che tutte le storie che avevo udito corrispondevano alla realtà.»

Ha negato per decenni, Tokyo. Per decenni. Nonostante i giornali nipponici, in quei mesi di ferocia, avessero pubblicato articoli come quello uscito la mattina del 7 dicembre 1937 sul «Japan Advertiser» col titolo: *Corsa serrata tra i sottotenenti in lizza per l'abbattimento di cento cinesi*. Il pezzo, ripreso nel 1997 nel suo libro *Lo stupro di Nanchino* dalla cino-americana Iris Chang, che poi si sarebbe uccisa schiacciata dalla depressione, gela il sangue: «Il sottotenente Mukai Toshiaki e il sottotenente Noda Takashi, entrambi in forza all'unità Katagiri di Kuyung, che si stanno affrontando in una gara amichevole su chi riuscirà ad abbattere con la spada cento nemici cinesi prima che le forze giapponesi occupino Nanchino, si trovano ormai alle fasi conclusive dell'incontro. Fino a domenica scorsa, secondo lo Ashai (Shimbun) il punteggio era: sottotenente Mukai, 89, sottotenente Noda, 78».

La settimana dopo, continua la Chang, «il "Japan Advertiser" riportava che nessuno dei due uomini era stato in grado di dire chi per primo avesse superato quota cento decapitazioni. Per cui, in nome della correttezza sportiva, il limite venne aumentato a centocinquanta. "Durante la gara, la lama di Mukai è rimasta leggermente danneggiata", riportava il giornale. "Questo dopo aver tagliato un cinese in due, elmetto e tutto. Ma la competizione, ha dichiarato il sottotenente Mukai, è un vero spasso"».

Per dare un'idea del massacro, spiega ancora l'autrice cino-americana, «uno storico ha valutato che se i morti di Nanchino potessero tenersi per mano, formerebbero una catena umana estesa da Nanchino fino alla città di Hangchow, coprendo una distanza di oltre trecentosessanta chilometri. Il peso del loro sangue equivarrebbe a milleduecento tonnellate, e i loro cadaveri riempirebbero duemilacinquecento carri ferroviari. Se collocati uno sopra l'altro, i loro corpi raggiungerebbero il tetto di un grattacielo di settantaquattro piani».

Certo, qualche giapponese ha ammesso con dolore le proprie responsabilità. Come Tominaga Shozo, allora giovane sottotenente, in un'intervista rilasciata per il libro *Japan at War. An Oral History* ad Haruko Taya e Theodore F. Cook: «A casa, eravamo bravi figli, bravi padri, bravi fratelli maggiori. Al fronte, eravamo assassini. Esseri umani tramutati in demoni del massacro. Nel giro di tre mesi, tutti quanti eravamo diventati demoni».

Il medico Nagatomi Hakudo, nella sala d'aspetto del suo studio, arrivò ad erigere «un altare al proprio rimorso» confessando tutto ai pazienti: «Oggi sono rimasti in pochi a sapere che cosa fecero i nostri soldati a Nanchino. Infilzarono bambini sulle baionette e li gettarono ancora vivi dentro calderoni di acqua bollente. Stuprarono in gruppo donne dai dodici agli ottant'anni. E quando queste non furono più in grado di soddisfare le loro brame sessuali, le uccisero. Io stesso ho decapitato esseri umani. Ne ho fatti morire di fame altri. Ho dato loro fuoco e li ho seppelliti vivi. In tutto più di duecento esseri umani. È terribile. Ero diventato una bestia, meno che una bestia».

Eppure, di tutto ciò, nei libri di testo scolastici c'è poco o niente. Come poco o niente si trova dei soprusi e dei crimini storici commessi contro i coreani. Al punto che mentre già organizzavano parallelamente i Mondiali di calcio del 2002, il governo sudcoreano richiamò in patria il proprio ambasciatore a Tokyo per protestare contro l'approvazione da parte del ministero dell'Educazione giapponese dell'ennesimo libro di storia, contestato violentemente anche dai cinesi (ovvio: diceva che Nanchino non aveva «niente a che vedere con un olocausto»), che sminuiva le atrocità nipponiche durante il periodo coloniale chiuso solo con la sconfitta nella Seconda guerra mondiale.

Cosa fu quella occupazione lo spiega nel libro *I medici del Sol Levante* Daniel Barenblatt: «La lingua coreana fu bandita e ai bambini fu imposto il giapponese come prima lingua. La più grande città coreana, Seoul, fu ribattezzata con il nome giapponese di Keijo. (...) Ai coreani non fu mai concessa una rappresentanza nel parlamento giapponese» e «nonostante fossero obbligati a prestare servizio militare a partire dagli anni Trenta» non potevano «neppure raggiungere un grado che fosse comparabile con quello di un soldato semplice giapponese».

Ciò che più ancora i coreani vivono come una ferita mai rimarginata è la tragedia delle «halmuni». «Dal 1931 al 1945 l'esercito imperiale giapponese decise che per limitare gli stupri, proteggere i soldati dalle malattie veneree, e mantenere alto il morale delle truppe era necessario creare una rete capillare di bordelli-prigione, che si estendesse dalle isole della Micronesia alla Birmania, in cui far servire donne che non fossero prostitute di professione, per evitare malattie. In mancanza di volontarie, le donne furono portate con le minacce nelle baracche presso le trincee chiamate "stazioni di conforto"», ha scritto sulla rivista «Diario» l'orientalista Ilaria Maria Sala descrivendo l'incontro con alcune sopravvissute che a un paio di ore da Seoul avevano messo su il «Museo storico della schiavitù sessuale militare giapponese».

«Quelle che non si suicidarono o non vennero uccise in

tentativi di fuga passarono anni costrette a servire fino a cinquanta soldati al giorno. Le vittime di questa violenza furono poi ignorate da tutti: dagli Alleati, che ne rimpatriarono migliaia senza porsi troppe domande; dal processo di Tokyo contro i crimini di guerra; (...) dai loro governi, desiderosi di riallacciare buone relazioni col Giappone (...) e il dramma di così tante donne fu spazzato sotto il tappeto, mentre in molti mormoravano che, tutto sommato, si trattava di "puttane".»

Povere creature invecchiate con dignità. Come Soon-Aee, la cui infanzia «finì nel 1940 all'età di 13 anni, quando tre poliziotti giapponesi si presentarono nella sua casa di Masan, Corea del Sud. Venne caricata su un camion. (...) Finì a Palau, al largo della costa orientale delle Filippine. In un'area dietro l'ospedale militare, a ognuna delle ragazze venne assegnata una stanza. Erano circa 30 camere. Soon-Aee, appena adolescente, non capiva ancora cosa le stesse succedendo. "Pensavo che dovessimo fare le infermiere oppure il bucato per i soldati. (...) All'inizio ricevevo cinque-dieci soldati al giorno. Le ragazze che erano là da più tempo mi avevano detto di non oppormi, altrimenti mi avrebbero uccisa. Poi ci portarono in nave su alcune isole, in cui non c'erano donne per i soldati. Eravamo noi a recarci dove serviva. Quando scoppiò la guerra a Palau, dovevo ricevere 20-30 soldati al giorno. Formavano una lunga coda all'esterno della comfort station. Dopo i primi venti perdevo conoscenza, mi sembrava di morire. Piangevo perché volevo tornare a casa e mi picchiavano. Piangevo e mi picchiavano così tanto che, alla fine della guerra, non avevo più nessun dente..."».

A molte di loro, che finirono nelle fauci dell'Unità 731 diretta dal microbiologo Shiro Ishii, «il dottor Mengele giapponese», che nel dopoguerra sarebbe stato «riciclato» dagli americani in funzione anticinese, andò ancora peggio. Cos'era l'Unità 731? Una struttura «scientifica», risponde Daniel Barenblatt nel suo libro, che nell'arco di quattordici anni «proliferò come un tumore fino a dare vita a un'organizzazione patrocinata dallo stato e volta al terrorismo biologico e all'omicidio di massa, con laboratori e campi di sterminio disseminati nell'enorme impero che il Giappone aveva conquistato in Asia orientale. Alcuni dei più importanti scienziati nipponici – fra cui professori universitari e medici – causarono, a scopi strategici, vere e proprie epidemie. I microbi furono utilizzati come armi invisibili, irriconoscibili e silenziose contro popolazioni ignare».

«Persino quando ormai il conflitto volgeva al termine e si profilava chiara l'imminente caduta del Giappone», ha scritto lo storico californiano Sheldon H. Harris nel suo libro *Factories of death* (Fabbriche di morte), «nella zona di Harbin furono liberati animali appestati e infettati con virus e batteri letali, mutati in laboratorio in modo tale da renderli trasmissibili all'uomo. Nelle epidemie che seguirono in Cina, dal 1946 al 1948, morirono almeno 30.000 persone.»

Scrupoli? Zero, risponde Barenblatt: «Ishii e altri nell'Armata del Kwantung consideravano cinesi, coreani e altri popoli asiatici alla stessa stregua in cui i britannici e gli americani del Settecento e dell'Ottocento vedevano gli indiani: esseri subumani, barbari, "esecrabili" che meritavano solo d'esser soggiogati o sterminati». «È la scienza!», ripetevano a se stessi esattamente come Mengele: «È la scienza!». I veterani nipponici che lavorarono a Pingfan, si legge ne *I medici del Sol Levante*, «dicono di aver visto sale con grandi vetrine piene di contenitori di vetro in cui erano conservati stranissimi campioni: un neonato morto di vaiolo, 21 cadaveri di bambini, teste che fluttuavano, organi, braccia, gambe. Il corpo di un uomo russo, in sospensione in un contenitore di vetro alto circa un metro e ottanta e riempito di formalina, era aperto per tutta la lunghezza, dalla testa ai piedi».

«Ricordo ancora chiaramente la prima vivisezione alla quale partecipai. Conoscevo il prigioniero cinese che stavamo sezionando», ha scritto mezzo secolo dopo, nel 1997, l'ex tecnico Yoshio Shinozuka. «Durante la vivisezione non riuscii a guardarlo negli occhi, tanto era l'odio che c'era nel suo sguardo. Quell'uomo dall'aria intelligente era stato infettato con i batteri della peste. Quando la malattia aveva cominciato ad avanzare, viso e corpo gli erano diventati completamente neri. Era ancora in vita quando le guardie speciali lo portarono nel laboratorio di patologia su una barella. Dopo averlo trasferito sul tavolo operatorio, il patologo ci ordinò di lavarlo. Usai un tubo di gomma e una spazzola. Era la mia prima vivisezione, e forse non lo lavai come avrei dovuto. Ricordo che fui un po' esitante a lavargli la faccia con la spazzola. Il patologo, che aveva già in mano il bisturi, mi guardò e mi fece segno di sbrigarmi. Chiusi gli occhi e dovetti fare uno sforzo per passargli la spazzola sulla faccia. Il patologo auscultò il cuore del paziente con lo stetoscopio, e poi iniziò. Gli organi del prigioniero furono metodicamente escissi uno dopo l'altro...»

Quanti furono i «volonterosi carnefici di Hirohito» a indossare ancora il camice bianco di «scienziati» anche a guerra finita? Quasi tutti, a leggere Barenblatt: «L'ex patologo di Pingfan, il dottor Tachiomaru Ishikawa, che dopo la guerra aveva condiviso con i ricercatori di Camp Detrick migliaia di immagini e di campioni, negli anni Settanta divenne preside del prestigioso Istituto di medicina dell'università Kanazawa. Il dottor Toru Ogawa, che aveva lavorato all'Unità 1644 di Nanchino alla selezione di ceppi di batteri del tifo e del paratifo per uso bellico, ottenne il posto di ricercatore alla facoltà di Medicina dell'università della prefettura di Nagoya. Il dottor Kazu Tabei, che aveva esposto un prigioniero di Pingfan all'esplosione di una bomba all'antrace e aveva fatto bere ad altri latte infettato con il tifo, fu invitato a lavorare nell'esclusiva università di Kyoto...».

Molti, dopo avere partecipato a «esperimenti che coinvolgevano neonati e donne incinte nei laboratori della prigione, e che riducevano madri e figli a oggetti subumani manipolati biologicamente», hanno collaborato alla politica eugenetica che, anche nei decenni trascorsi sotto la «tutela» degli americani, è proseguita con criteri non troppo diversi da quelli nazisti. Basti leggere il primo articolo della Legge di Protezione Eugenetica (Epl) varata nel 1948 per ritoccare quella precedente troppo hitlerianamente marcata. «I fini di questa legge sono prevenire la nascita di discendenti inferiori dal punto di vista eugenetico, e al contempo proteggere la vita e la salute della madre.»

Permetteva l'aborto, come ha scritto sul «Foglio» Assuntina Morresi, in cinque casi: «Qualora la donna in stato di gravidanza o il coniuge soffrisse di malattia ereditaria o mentale;

qualora un consanguineo fino al quarto grado di parentela soffrisse delle stesse malattie; qualora uno dei due coniugi avesse contratto la lebbra; qualora la salute della madre potesse essere seriamente intaccata dal punto di vista fisico o economico; in caso di crimine sessuale era necessario il consenso di entrambe i coniugi; se la donna fosse mentalmente malata o ritardata, il consenso doveva essere dato dal tutore. La Epl non prevedeva limiti di tempo per le procedure abortive, per cui l'aborto era pressoché a richiesta, e utilizzato in pratica come un mezzo di controllo delle nascite. Il numero di aborti crebbe vertiginosamente, fino al picco del 1955, in cui si contarono 1.170.000 aborti contro le 1.731.000 nascite registrate».

Quanti giapponesi «inferiori» sono stati eliminati prima che inquinassero la razza? Milioni. E migliaia (16.520 senza il consenso dell'interessato, stando alla dettagliata contabilità nipponica) furono le sterilizzazioni, previste anche per chi avesse un consanguineo «fino al quarto grado di parentela» affetto da «malattie mentali ereditarie, astenia ereditaria, psicopatia ereditaria, malattia fisica ereditaria, o deformità ereditaria». Ma la cosa più incredibile è che questa legge per selezionare la razza, a dispetto dello sconcerto internazionale, degli appelli delle organizzazioni di disabili nate alla fine degli anni Sessanta («è inammissibile che gente egoista non disabile uccida feti disabili perché sono "discendenti difettosi"», si legge in un documento del Blue Grass Group del 1972) è stata abolita solo nel 1996. Peggio: il governo di Tokyo, a chi pretendeva che chiedesse scusa ai disabili, ha risposto: no.

E se non viene avvertito il bisogno di invocare il perdono dei concittadini «inferiori», come appunto i portatori di handicap o gli hibakusha, le vittime del bombardamento atomico di Hiroshima e Nagasaki commiserate sì ma comunque «impure», si può immaginare un rimorso collettivo verso gli stranieri? Difficile. Anzi, accusa Ian Buruma, «molte persone sono stanche di sentire i sermoni sulle colpe del Giappone durante la guerra, soprattutto da parte dei cinesi e dei coreani, il cui recente successo economico sta già mettendo in crisi la supremazia giapponese nella regione».

La prova di quale sia, sotto sotto, il sentimento collettivo è data da molti elementi. Uno per tutti, il clamoroso successo editoriale di alcuni fumetti. I manga, spiega Buruma nell'analisi già citata sul «New York Review of Books», «sono sempre stati un buon metro per misurare il sentimento popolare in Giappone. Un volume che recentemente ha fatto sensazione nel mondo dei manga, intitolato *Introduzione alla Cina*, non solo nega le atrocità commesse dai giapponesi durante la guerra in Cina, ma mostra amichevoli soldati giapponesi attaccati con il cianuro da malvagi guerriglieri cinesi. Mentre i cinesi di oggi vengono dipinti come una banda di gangster e di prostitute infette dall'Aids che minacciano il Giappone. Il fumetto ha già venduto circa 180.000 a copie. Un altro, intitolato *L'invasione coreana*, ne ha vendute addirittura 400.000. Il titolo si riferisce all'attuale moda dei film, delle canzoni e delle soap televisive coreane. (...) I coreani sono descritti come imbroglioni incivili e piagnucolosi che dovrebbero essere grati al Giappone per tutto quello che ha fatto durante il dominio coloniale della Corea dal 1910 al 1945. I manga di Kobayashi, che portano titoli come *A proposito della guerra*, *A proposito di Taiwan*, *Manifesto del nuovo orgoglio*, propugnano l'idea che il pacifismo postbellico ha privato i giapponesi del loro carattere e della loro secolare fierezza. La guerra, secondo Kobayashi, è stata una giusta lotta dei giapponesi contro il razzismo imperialista». Razzismo di chi? Ovvio: dei bianchi. Ed ecco che il cerchio si chiude.

17

Lo stupidario dei fanatici

Galeotta fu l'ideologia: gli spropositi delirio per delirio

«Che cosa vi può essere di più stupido di un imbecille buono?» «Un imbecille cattivo, *ma bonne amie*. Un imbecille cattivo è ancora più stupido.» Il botta e risposta che chiude il dialogo tra Varvara Petrovna e Stepan Trofimovič ne *I demoni* di Fëdor Dostoevskij potrebbe sintetizzare il senso di molte tesi avanzate nei secoli sui temi della superiorità o dell'inferiorità di una razza, sulla caratterizzazione di un'etnia, sui difetti di un nemico, sulla insopportabilità dell'«altro»...

Alcune sono state espresse in buonafede e magari dettate addirittura da obiettivi filantropici se non addirittura socialisti, altre in assoluta malafede. Alcune vanno inquadrate in un contesto storico che le rende a volte meno strampalate o meno infami. Altre sono stravolte a tal punto dall'odio o dal fanatismo di certe ideologie scellerate da brillare, come dire, di una stupidità assoluta, cristallina, eterna.

È il destino del razzismo: sempre in bilico tra il ridicolo e il mostruoso.

***

Crucchi puzzoni: razza animalesca!

Ai tedeschi «viene (...) servita una buona zuppa, un pasto abbondante che divorano con un'ingordigia teutonica che fa pensare che questa razza sia ancora affamata quando ha la pancia piena. (...) Il nostro odorato francese è molto influenzato dall'odore particolare delle stanze d'ospedale occupate dai crucchi: un odore acre e tenace di cavolo e di sudore acido, caratteristico e diverso da quello dei francesi». (...) Il tedesco, che non ha sviluppato il controllo dei propri impulsi istintivi, non padroneggia nemmeno le proprie reazioni vasomotriche. Così si avvicina alle specie animali in cui la paura o la collera hanno l'effetto di provocare l'attività esagerata delle ghiandole a secrezione olfattiva.

(Edgar Bérillon, *La bromidrose fétide de la race allemande*, 1915.) Spiega lo storico Alessandro Gusman, autore di *Antropologia dell'olfatto*, che secondo Bérillon questa voracità bulimica e una eccezionale produzione di escrementi dimostravano «che la razza tedesca tra tutte era la più vicina allo stato di animalità, poiché le bestie in situazione di pericolo o di collera aumentano la produzione dalle ghiandole a secrezione maleodorante. Sulla base di questi studi, e delle testimonianze dei piloti degli aerei di guerra che sostenevano di essere disturbati da odori nauseabondi mentre sorvolavano le città germaniche, la Société de Médecine di Parigi attribuì in quell'anno ai tedeschi la palma della fetidità. Un primato che venne riconosciuto nonostante l'"odore acido" degli inglesi, quello "rancido" dei neri e quello "di malattia" degli asiatici».

***

Manuale elettrico per invertire gli invertiti

Terapia dell'Avversione è il nome affibbiato a non meno di sei diversi sistemi per tentare di rendere un maschio «avverso» ai partner maschi. La maggior parte di tali tecniche comporta l'esibizione di una foto di un maschio nudo a un uomo nel momento in cui gli viene somministrata una scossa elettrica, o un attimo prima che gli siano provocati convulsioni o vomito indotti da medicinali. Sebbene la maggior parte di tali procedimenti sia stata eseguita in istituti dal nome rispettabile sia in Gran Bretagna che negli Stati Uniti, essi sono oggetto di imbarazzo professionale e derisione. Di solito essi comportano per il paziente un certo numero di scosse (almeno una al giorno) finché egli non dice di essere «guarito», spesso a un medico il quale in quel momento è pronto a prescrivere un'altra puntura o un'altra scossa nel caso il paziente dicesse di non essere guarito. Una variante di questa tecnica consiste nel

mettere il paziente in una stanza buia, con le istruzioni di mastur-
barsi fino a raggiungere l'orgasmo e in quel momento gridare
«Pronto», al che il dottore gira un interruttore che fa illuminare
una foto di una «stupenda ragazza». In un esempio particolarmen-
te divertente, riferito da una clinica italiana, il paziente viene sot-
toposto a diverse settimane di duro trattamento, dopo di che viene
portato a sedersi a una scrivania al di là della quale un vecchio
dottore con una lunga barba passa a mostrargli delle foto nude di
«bellissimi maschi». A metà dell'esibizione il dottore allunga la
mano sotto la scrivania e tasta il pene del paziente per controllare
se si sta irrigidendo. Evidentemente ciò non è accaduto: il medico
riferisce di aver ottenuto il cento per cento delle guarigioni.

(C.A. Tripp, psicologo e ricercatore a New York che fu anche
collaboratore di Alfred Kinsey, in Paolo Pedote e Giuseppe Lo
Presti, *Omofobia*, 2003.)

***

Parassiti generati da mulatti incestuosi

L'ebreo nacque nell'Asia anteriore. Nei secoli passati l'Asia ante-
riore era la Borsa del mondo. Lì si incontravano i tre continenti:
Africa, Asia ed Europa. Era la via più breve dove il negro portava
il suo avorio, l'europeo la sua ambra, gli asiatici le loro spezie. Lì
scambiavano i loro prodotti e si mescolavano fra di loro. Nacquero
i mulatti da neri e bianchi, poi arrivarono i popoli delle montagne
del Caucaso e cacciarono questa palude di razze nel deserto arabi-
co. In questo deserto erano ermeticamente isolati da tutti. Erano
come in un grande ghetto. In questo ghetto questi mulatti non po-
tevano che praticare rapporti incestuosi. Così questi meticci, di
razze e di specie diverse, praticarono l'incesto dal quale nacque il
parassita. Un parassita è un meticcio più sviluppato, un meticcio
di razze e specie diverse fra di loro, prodotto dall'incesto. Così l'e-
breo non è né una razza a parte, né un meticcio, l'ebreo è un pa-
rassita. (...) Sono gli ebrei completamente parassitari, (...) devono
bere direttamente il sangue dal quale sono venuti. L'omicidio ri-
tuale non è una fiaba; con quanto detto si è data la dimostrazione
scientifica dell'omicidio rituale.

(Robert Ley, capo del Fronte del lavoro nazista, impiccatosi in cella prima dell'inizio del processo di Norimberga del 1945, in Enzo Collotti, *Nazismo e società tedesca*, 1982.)

***

Ma che bell'ornitorinco, quel negro!

Il cranio dell'Europeo si distingue per una stupenda armonia delle forme: esso non è troppo lungo, né troppo rotondo, né troppo appuntito o piramidale. Nella sua fronte, piana, vasta, eretta su 'l viso, si legge a chiare note la forza e il predominio del pensiero: gli zigomi, o pomelli del viso non sono troppo distanti, e la mascella non isporge molto all'infuori: onde è ch'esso s'intitola ortognato. Invece il cranio del Mongolo è rotondo, o pure piramidale, coi pomelli del viso molto distanti tra di loro, onde è detto eurignato; a questi caratteri s'associano la scarsezza della barba e dei capelli, l'obliquità degli occhi e la pelle più o men gialla, od olivigna. (...) Ma l'Ottentotto forma una varietà ancor più singolare della razza umana. L'Ottentotto è, si può dire, l'ornitorinco dell'umanità, perché riunisce insieme le forme più disparate delle razze negre e gialle ad alcune tutte sue proprie, le quali egli ha comuni con pochi animali, che brulicano vicino a lui. Al muso sporgente del Negro mescola il muso allargato del Cinese. I suoi denti incisivi sono foggiati a modo di incudine. L'ulna, che è un osso dell'antibraccio, conserva, come in alcuni animali, quel foro, detto foro olecranico, che presenta il nostro feto. Le ossa delle dita del piede sono disposte a gradi, come le cannucce di una zampogna. Le apofisi spinose delle vertebre cervicali mancano della solita biforcazione. I capelli sono inseriti tutt'intorno alla testa, ed escono a fascetti, a gruppi, fuori dei tegumenti come i pennelli di una scopetta da panni, cosicché un barbiere che radesse per bene un Boschimano, si troverebbe dinanzi una testa marezzata qua e là come una tavola di mogano, sparsa di grani di pepe.

(Cesare Lombroso, *L'uomo bianco e l'uomo di colore. Letture su l'origine e la varietà delle razze umane*, I e II, 1871.)

***

Che strani i giudei: hanno sei dita!

Ero in quinta ginnasiale. Avevo come compagna di banco una brava figliola. Questa ragazza un giorno ha detto qualcosa che mi sembrava... Allora le ho detto: «Ma guarda che anch'io sono ebrea». E lei mi dice: «Non è vero». «Se te lo dico io!» «Non è vero, perché gli ebrei hanno sei dita.» Adesso fa ridere, ma è così. La mia amica Carla mi ha detto che una donna che conosceva, a Torino, era terrorizzata durante la gravidanza perché temeva che il bambino nascesse con sei dita.

(Anna Colombo, *Gli ebrei hanno sei dita*, 2005.)

***

Cerchi Little Italy? Segui la puzza d'aglio

Little Italy: ci siete mai stati? Se no, vale veramente la pena andarci, perché (...) non c'è luogo più pittoresco in città. Può essere individuato immediatamente sulla cartina per il suo debole odore di aglio che pervade ogni cantuccio e ogni fessura, (...) parte essenziale della colonia. Perfino la fresca brezza del mare non può soffiarlo via, perché nelle migliaia di cucine italiane altrettante pentole piene del famoso pomodoro (...) spandono colonne di fumo odorante aglio e le cipolle sono come mele per le centinaia di piccoli Baccigalupi e Garibaldi che giocano.

(«San Francisco Chronicle», 6 luglio 1902.)

***

Gli omosessuali? Da vomitare...

Un libro intitolato Sessuopatologia femminile, *che da qualche tempo circola negli ambienti della medicina sovietica, sembra averne tutte le caratteristiche. In realtà le intenzioni dell'autore A.M. Svjadosc, direttore del laboratorio di sessuopatologia di Le-*

ningrado erano più limitate: dare un quadro documentato, con testimonianze dirette, dei casi più frequenti di devianza sessuale e delle terapie più usate. Come funziona questa terapia: si prende una soluzione, preparata al momento, di idroclorito di apomorfina all'un per cento. Cinque minuti dopo l'iniezione l'apomorfina provoca una sensazione di nausea, accompagnata da battiti cardiaci e da una leggera mancanza di respiro e da vomito. Il malato non viene informato sugli effetti dell'apomorfina: crede che gli venga somministrata una medicina contro le tendenze omosessuali. Tutte le idee e le immagini riferite all'oggetto del legame omosessuale e gli atti omosessuali diventeranno perciò ributtanti e sgradevoli. A tre o quattro minuti dall'iniezione si inculca nel malato l'indifferenza per il partner e per gli atti omosessuali. Poi gli si propone di guardare la fotografia del proprio partner oppure di immaginarsi i rapporti omosessuali avuti con lui. La sensazione di nausea e vomito, causata dall'apomorfina, viene così collegata con il rapporto omosessuale acquistando un significato negativo. Se la dose iniziale di apomorfina non ha causato nausea e vomito, la dose va aumentata. È stato usato con successo questo metodo per eliminare l'omosessualità in soggetti maschi attivi.

(Paolo Pedote e Giuseppe Lo Presti, *Omofobia*, 2003.)

***

La mamma dei negri resta incinta per anni

Di particolare importanza sono poi gli esempi dell'influenza dello stato d'animo o di una data immagine della madre sul figlio che essa darà alla luce e che ne recherà le tracce. Il caso-limite, in proposito, è costituito dalla cosiddetta telegenesi. Una donna, i cui rapporti sessuali con un uomo di colore sono cessati da anni, può dare alla luce un figlio di colore nella sua unione con un uomo, come lei, di razza bianca: qui una idea confittasi in condizioni speciali nella subcoscienza della madre in forma di un «complesso», anche dopo anni ha agito formativamente sulla nascita. Se tutto ciò ha una possibilità reale, può benissimo pensarsi ad un ripetersi di un processo simile in sede collettiva.

(Julius Evola, *Sintesi di dottrina della razza*, 1941.) Lo stesso concetto con parole pressoché identiche era stato già espresso in un articolo titolato *La razza dell'uomo di Mussolini*, pubblicato sul quotidiano di Cremona diretto da Roberto Farinacci «Il regime fascista» il 18 gennaio 1940. Definito da Giorgio Almirante «il nostro Marcuse», Evola è ancora oggi indicato come uno tra i più significativi riferimenti teorici e culturali della destra.

***

Gli israeliti? Sono tutti stonati...

L'ebreo non canta. Non per pudore, ma perché non crede al suo stesso canto.
(Otto Weininger, «L'ebraicità», in *Sesso e carattere*, 1903.)

È naturale che la congenita aridità dell'indole ebraica che ci è tanto antipatica trovi la sua massima espressione nel canto, che è la più vivace, la più autentica manifestazione del sentimento individuale. All'ebreo si potrebbe riconoscere attitudine artistica per qualsiasi altra arte piuttosto che per quella del canto, che sembra essergli negata dalla natura stessa.
(Richard Wagner, *L'ebraismo nella musica*, 1850.) Tra i cantanti ebrei vanno segnalati almeno Bob Dylan (Robert Zimmerman), Barbra Streisand, Art Garfunkel, Noa, Michael Bolton, Leonard Cohen, le sorelle Alexandrina, Judith e Katharina Leschan famosissime in Italia come il Trio Lescano, Lou Reed, Woody Guthrie, Carole King, Neil Diamond...

***

Tutti i colori del negro marabou

L'autore presuppone che un bianco e un negro siano composti rispettivamente da 128 parti di sangue interamente bianco o interamente nero, mentre un mulatto si avvicinerà maggiormente all'uno o all'altro a seconda delle parti di sangue bianco o nero che compongono il suo patrimonio genetico a giustificazione di una netta divisione razziale che separa per sempre ogni discendente dell'uomo africano dall'uomo bianco, privandolo di qualunque diritto civile, politico, sociale. Centodieci combinazioni genetiche tra il negro e il bianco, a seconda del padre e della madre, danno origine a nove razze intermedie di uomini; ciascuna di queste razze viene nettamente divisa dalla successiva, in una gerarchia umana che vede i mulatti più chiari, quelli con maggior sangue bianco nelle vene occupare una posizione privilegiata, che decresce fino a perdere di importanza a mano a mano che ci si avvicina al colore più scuro della pelle, al quale corrisponde una percentuale maggiore di sangue africano. Dal negro puro si passa al sacatrà e dal sacatrà, a seconda della quantità di sangue bianco e nero, al griffe, dal griffe al marabou, al quarteron, al meticcio, fino al sang melé, composto da 126 parti di sangue bianco e 2 sole parti di sangue nero, l'ultima razza in questo campionario umano, nel quale il bianco puro è il prodotto esclusivo dell'unione di due bianchi puri: «Cioè che i Bianchi uniti tra loro non possono che fare dei Bianchi e che i negri non possono che provenire da negri dei due sessi». Così Saint-Méry, che ignora ogni differenza tra nobili e plebei, tra Petits Blancs e Grands Blancs, classifica 12 diversi tipi di «mulàtresv», 20 tipi di «quarterons», 6 tipi di meticci, 5 tipi di «mamelucs», 4 tipi di «quarteronnés», 4 tipi di «sang melés», 3 tipi di «sacatras», 5 tipi di «griffes», 5 tipi di «marabous» in una catalogazione ossessiva che lo impegna in calcoli complicatissimi e di difficile comprensione, attraverso i quali ogni incrocio tra mulatti dà luogo a una tipologia differente di uomini che solo schematicamente l'autore riconduce a 64 diversi tipi di uomini di colore. Secondo questa classificazione delle diverse razze umane presenti nell'isola, Saint-Méry ritiene di essere in grado di trovare anche il massimo e il minimo di gradazione di una mescolanza successiva. Così, per esempio, se un bianco si è unito a una donna mulatta, che ha 70 parti bianche, il quarteron che ne nascerà avrà 99 parti bianche; mentre il medesimo bianco unito a una mulatta con 56 parti bianche, il minimo della sua specie, farà nascere un quarteron con 92 parti bianche. È così possibile che un indivi-

duo di una gradazione considerata superiore abbia meno parti bianche di un individuo appartenente a una inferiore.

(Massimiliano Santoro, *Il tempo dei padroni. Gerarchia, schiavitù, potere nell'antropologia di Antico Regime (Haiti 1685-1805)*, 1998.) Sul cervellotico dizionario razziale del 1797 sulla colonia di Santo Domingo di Médéric Louis Élie Moreau de Saint-Méry, un avvocato della Martinica, presidente degli elettori di Parigi durante la Rivoluzione francese e poi amministratore generale del ducato di Parma sotto Napoleone. La citazione testuale dal dizionario non è qui riproducibile perché la sola descrizione delle varianti porta via diciassette pagine.

***

Occhio ai pederasti: sono spie comuniste!

La principale ragione per cui (...) l'eliminazione degli omosessuali da tutte le agenzie del governo, e specialmente dallo State Department, assume un'urgenza vitale, è che proprio per la natura del loro vizio costoro appartengono a una sinistra, misteriosa ed efficiente Internazionale. (...) Questa cospirazione si è diffusa per tutta la terra; ha penetrato tutte le classi; agisce negli eserciti e nelle prigioni; ha infiltrati nella stampa, nel cinema e nei governi e, soprattutto, domina il mondo delle arti, della letteratura, della musica e della Tv. E questo è il motivo per cui funzionari omosessuali sono un pericolo per noi, nell'attuale lotta tra Est e Ovest: i membri di una cospirazione sono pronti a raggiungere un'altra cospirazione. Questa è una delle ragioni per le quali così tanti omosessuali cominciano con l'essere nemici della società in generale, e finiscono per essere nemici del capitalismo in particolare. Senza essere necessariamente marxisti, servono ai fini dell'Internazionale comunista in nome della loro ribellione contro i pregiudizi, gli standard, gli ideali del mondo «borghese». Un'altra ragione a sostegno dell'alleanza comunista omosessuale è l'instabilità e la passione per l'intrigo giusto per il piacere dell' (...) intrigo, che è innato nella personalità omosessuale. Una terza ragione è la promi-

scuità sociale all'interno della minoranza omosessuale e la fusione che produce tra la classe elevata e la corruzione proletaria.

(Rosie G. Waldeck Goldschmidt, *L'internazionale omosessuale*, in «Human Events», 29 settembre 1960, plaudendo la decisione presa il 25 marzo 1952 nel pieno del Maccartismo dal sottosegretario di stato delegato Carlisle H. Humelsine che alla Commissione per gli Stanziamenti della Camera aveva dichiarato che il Dipartimento di stato nel corso dell'anno precedente aveva cacciato 119 omosessuali. Ripreso da «www.cultura-gay.it/cg/viewDoc.php?id=7».)

***

Gli attori ebrei? Privi di ogni espressione umana

Ci è impossibile immaginare che un personaggio dell'antichità o dei tempi moderni, eroe o amoroso, sia rappresentato da un ebreo senza sentirci involontariamente colpiti da quanto vi è di sconveniente, anzi, di ridicolo in una rappresentazione del genere. (...) Ma la cosa che più ci ripugna è il particolare accento che caratterizza il parlare degli ebrei. (...) Le nostre orecchie sono particolarmente urtate dai suoni acuti, sibilanti, stridenti di questo idioma. Gli ebrei usano le parole e la costruzione della frase in modo contrario allo spirito della nostra lingua nazionale. (...) Ascoltandoli, noi, senza volerlo, prestiamo più attenzione al loro modo di parlare che a quello che dicono. Questo punto è della maggior importanza per spiegare l'impressione prodotta soprattutto dalle opere musicali degli ebrei. Ascoltando l'ebreo che parla, noi siamo nostro malgrado urtati dal fatto di trovare il suo discorso privo di ogni espressione veramente umana.

(Richard Wagner, *L'ebraismo nella musica*, 1850.) Tra gli attori ebrei vanno ricordati almeno Sarah Bernhardt (Rosine Bernardt), Lauren Bacall (Joan Weinstein Perske), Charles Bronson (Charles Bučinsky), Joan Crawford (Lucille Fay LeSueur), Dustin Hoffman, Kirk Douglas (Issur Danielovitch Demsky), Elliott Gould (Elliott Goldstein), Zsa Zsa Gabor (Sári Gábor), Paul Newman, Cary Grant (Archibald Alexander Leach), Jerry Lewis (Joseph

Jerome Levitch), Shelley Winters (Shirley Schrift), Harrison
Ford, Gwyneth Paltrow, Steven Seagal, Natalie Portman (Natalie Hershlag), Scarlett Johansson... Tra i registi almeno Fritz
Lang, George Cukor, Sergei Eisenstein, Miloš Forman, Claude
Lelouch, Otto Preminger, Billy Wilder, Steven Spielberg...

***

Maledetti tedeschi: fanno la pipì coi piedi!

*I trattati specifici sulla questione indicano che la proporzione di
azoto non ureico è del 20% in Germania e solo del 15% in Francia. (...) Il coefficiente urotossico dei tedeschi è di almeno un
quarto più elevato rispetto ai francesi. (...) La principale particolarità organica del tedesco di oggi è che, incapace di eliminare con
la sola funzione renale gli elementi urici, vi sopperisce con la sudorazione plantare. Questa concezione si può esprimere dicendo
che il tedesco urina con i piedi. Ciò spiega perché le popolazioni
dell'Alsazia Lorena si siano dimostrate tanto refrattarie all'assimilazione germanica. Una questione di odore divide profondamente la razza indigena dalla razza degli invasori.*

(Edgar Bérillon, *La bromidrose fétide de la race allemande*,
1915.) Secondo lo «scienziato» francese il problema della razza
teutonica era quello di avere dei metri di intestino in meno.

***

Povere bestie: potrà l'America darvi l'intelligenza?

*Oh, miei piccoli amici, voi, i figli dell'infortunio, povero bestiame muto e manipolato, sfruttati fino al limite della resistenza
umana e a volte oltre, spinti dalla dura necessità al crimine e al
furto, che vivete quasi nella miseria, che lavorate con la testa stoicamente china sotto il sole del quale non potete nemmeno godere
i frutti; voi, gli operai senza qualifica dell'industria, voi, i bambini privi di educazione, in cui le emozioni e le passioni sono più
forti del cervello e della volontà, come ve la caverete in America,*

terra di pionieri vivi, svegli, audaci e bravi a trarsi d'impaccio?
Potrà l'America darvi l'intelligenza?

(Elizabeth Frazer, *Le nostre città straniere*, «The Saturday Evening Post», 16 giugno 1923.)

***

Ariano o no? Lo dice l'orecchio sinistro

Come ogni ragazzina di sedici anni, ero anch'io vanitosa. Quando il fotografo mi fece cenno di aggiustarmi i capelli dietro l'orecchio sinistro, mi sentii completamente turbata sull'orlo delle lacrime. L'avvertenza del fotografo era di carattere tecnico, non esprimeva scherno, era un cenno professionale, nulla più. E tuttavia io la sentii come un'umiliazione, quasi fosse un colpo di frusta, ma io avevo anche imparato a essere disciplinata. (...) Dalla forma dell'orecchio sinistro sarebbe stata individuata l'appartenenza razziale. Era questa una scoperta degli scienziati della razza nazionalsocialisti. L'orecchio sinistro di un ebreo tradiva secondo loro l'origine semitica. Per questa ragione le fotografie dei passaporti degli ebrei dovevano essere prese in modo da rendere chiaramente visibile la forma dell'orecchio sinistro. (...) Queste carte d'identità erano riconoscibili, inoltre, perché recavano una grande J sul frontespizio esterno e una J gialla su quello interno, sicché non era possibile alcun dubbio sull'origine razziale del titolare. In quei giorni cercai spesso a Berlino di constatare che cosa distinguesse l'orecchio sinistro dei miei concittadini dal mio, quando passavo loro vicino nell'autobus o nella sotterranea. Ma non riuscii a scoprire nulla. Il mio orecchio, sottoposto centinaia di volte a esame allo specchio, era proprio uguale a quello degli ariani di Berlino.

(Testimonianza di Inge Deutschkron, settembre 1938, in Enzo Collotti, *Nazismo e società tedesca*, 1982.)

***

Il «sodomitto» odora di zolfo

Tutto il corpo del sodomitto non è altro che puza. Quando tu ti ritruovi dove so' tali genti, o tu che se' netto, tu puoi dire: oh ci pute! Se t'è detto: «O di che?», di': «Di zolfo»; però che altro che infamia non te può seguire, se tu usi dove usano i soddomiti. O donne, fate che voi non mandiate più attorno i vostri figliuoli: mandate le vostre figliuole, ché non v'è pericolo niuno, se voi le mandate fra tali genti. Elle non vi saranno contaminate di nulla; e se pure elle fussero prese e disonestate, almeno non v'è elli tanto pericolo e tanto peccato, quanto è quello.

(San Bernardino, «Commento ai primi versi del libro dei Salmi 13(14) della Bibbia», in Paolo Pedote e Giuseppe Lo Presti, *Omofobia*, 2003.)

***

Poveri ebrei, gli manca il *sense of humour*

L'ebreo manca di umorismo, ed è anzi egli stesso, dopo la sessualità, l'oggetto preferito delle barzellette.

(Otto Weininger, «L'ebraicità», in *Sesso e carattere*, 1903.) Tra gli attori comici ebrei vanno ricordati almeno Woody Allen (Allan Stewart Königsberg), Mel Brooks (Melvin Kaminsky), Tony Curtis (Bernard Schwartz), George Burns (Nathan Birnbaum), Charlie Chaplin, Marcel Marceau (Marcel Mangel), Chico, Groucho, Harpo, Gummo e Zeppo Marx, Walter Matthau (Walter John Matthow), Gene Wilder (Jerome Silberman)...

***

Italiani in agguato dietro i comignoli

La città di New York offre meravigliose opportunità al brigantaggio di natura italiana. Una banda di briganti troverebbe le catapecchie di Mulberry Street molto più comode dei boschi calabresi e molto più sicure. I briganti, inseguiti dalla polizia, possono fuggire di tetto in tetto, stare in agguato dietro i comignoli, con degli strani cappelli, e infine riuscire a svignarsela con maggiore facilità di quella che avrebbe una banda circondata da un reggimento di truppe in un bosco italiano.

(«New York Times», 1° gennaio 1884.)

***

La donna bianca? Si accoppiò con le bestie

L'uomo pallido ebbe origine dalle montagne del Caucaso, dove la vegetazione era scarsa e il sale poco. Tali condizioni lo costrinsero a violare la castità della femmina nubiana per mantenere il proprio germe vivo: questo è detto integrazione. La donna caucasica che rimase sulle montagne, alla fine si accoppiò con le bestie: come lo sciacallo, un antenato del cane di oggi. Il detto «il cane è il migliore amico dell'uomo» deriva da questa situazione. Il cane leccava le piaghe suppuranti del lebbroso e le puliva per lui. Il suo germe fu mantenuto in vita perché la donna caucasica e lo sciacallo si accoppiarono. A ciò si deve che alcune persone hanno una natura animale. (...) I caucasoidi hanno una pelle più sottile della tua, capelli più sottili, occhi più chiari, sono senza anima. I caucasoidi cercano di convincere che l'unica differenza tra un uomo bianco e un uomo nero è il colore della pelle, invece l'analisi del Dna che sta sotto la pelle bianca o nera rivela che sotto la pelle l'intera struttura delle due razze è del tutto diversa. Il caucasoide respira diversamente dal negroide. Noi negroidi inspiriamo col naso, mentre i caucasoidi inspirano principalmente attraverso la bocca. (...) I loro capelli crescono opachi e non vitali verso terra, mentre i nostri capelli crescono verso l'alto e sono pieni di energia verso il sole.

(Dwight York, conosciuto anche come Malachi Z. York e Issa al-Haadi al-Mahdi, musicista, predicatore, fondatore della setta Nuwaubianism, autore del saggio *The Beginning* e teorico della supremazia razziale dei neri.)

***

Che brutta scimmia, la Venere ottentotta!

I suoi movimenti avevano qualcosa di brusco e capriccioso che ricordava quelli delle scimmie. Soprattutto aveva un modo di sporgere le labbra che assomigliava in tutto e per tutto a quello che abbiamo avuto modo di osservare nell'orangotango. (...) Il tratto più sgradevole della nostra Boscimana era la sua fisionomia: il suo viso richiamava in parte quello del negro, per via della mascella sporgente, dell'obliquità degli incisivi, delle labbra grosse, del mento corto e sfuggente; in parte quello del Mongolo, a causa degli zigomi enormi, dell'appiattimento della base del naso e nelle zone attigue della fronte e delle arcate sopraccigliari, del taglio sottile degli occhi. (...) Il suo orecchio richiamava quello di molte scimmie per via delle sue piccole dimensioni, della delicatezza del tratto e per il fatto che la parte posteriore del bordo esterno era quasi inesistente. (Le sue natiche) esse assomigliano in modo sorprendente alle escrescenze che spuntano sulle femmine dei mandrilli, dei papiou (scimmia non identificata: il nome è decaduto), ecc., e che in certe fasi della loro vita si sviluppano in modo mostruoso. (...) Tutti questi caratteri, sebbene in maniera quasi impercettibile, accomunano le negre e le Boscimane alle femmine delle scimmie (...) si tratta in tutti questi casi di caratteri animaleschi.

(Georges Cuvier, «Extrait d'observations faites sur le cadavre d'une femme connue à Paris et à Londres sous le nome de Vénus Hottentotte», in Cuvier et al., *Discours sur les révolutions du globe*, 1864.) Lo studio fu scritto dopo l'esame del corpo di Saartjie Baartman, una giovane schiava di etnia khoi, conosciuta come «la Venere ottentotta», portata a Londra nel 1810, fatta girare come un animale da circo e costretta a entrare e uscire da una gabbia dimenando nuda davanti al pubblico il sedere particolarmente sporgente. Recuperato da Cuvier, il cadavere della poveretta, morta probabilmente di sifilide e di polmonite dopo essere stata spinta a prostituirsi una volta abbandonata a Parigi, fu vivisezionato. Il cervello e la vagina che presentava una specie di «velo del pudore», vennero esposti fino al 1974, per circa un secolo e mezzo al Musée de l'Homme di Parigi. La definizione di «boscimano» viene dall'inglese «bush man»: uomo delle selve. Oggi i resti di Saartjie, di cui si ignora il nome originario, riposano in Sudafrica dove, per iniziativa di Nelson Mandela, sono stati sepolti l'8 marzo, giorno della festa della donna.

Ringraziamenti

Grazie a Danilo Fullin e agli amici del Centro di Documentazione del «Corriere della Sera», da Cesare a Cristina, da Daniela a Giancarlo, da Paola a Silvia e a tutti gli altri che mi hanno aiutato nelle ricerche.

Grazie agli amici delle case editrici Baldini Castoldi Dalai, Bollati Boringhieri, Bombiani, Carrocci, Chiarelettere, Datanews, Donzelli, Einaudi, Feltrinelli, Franco Angeli, Giunti, Hoepli, Kaos, Laterza, Marsilio, Mondadori, Mulino, Neri Pozza, Newton Compton, Ponte alle Grazie, Rubbettino, Saggiatore, Stampa Alternativa, Vallecchi per la cortesia e la generosità con la quale mi hanno aiutato a recuperare libri e testi spesso difficili da trovare, soprattutto in fretta.

Grazie a Marco Aime, Gabriella Airaldi, Matteo Alviti, padre Enzo Bianchi, Guido Barbujani, Salvatore Bono, Raimondo Bultrini, Giuseppe Caliceti, Luciano Canfora, Dario Canzian, Vincenzo Caporaletti, Franco Cardini, Piero Cheli, Angelo Del Boca, Alessandro Dell'Aira, Giovanni De Mauro, Ilvo Diamanti, Nicola Di Cosmo, Alberto Elli, Angelo Ferrari, Roberto Finzi, Adriana Goldstaub, Stefano Gatti e gli altri amici dell'Osservatorio del pregiudizio antiebraico, Franco Gonzato, Paolo Grillo, Elio Guerriero, Pavel Kozlov, Piero Ignazi, Claudio Lazzaro, Giuseppe Lo Presti, Gadi Luzzatto, Federica Mereu, Luigi Offeddu, Enrico Oliari, Moni Ovadia, Nando Pagnoncelli, Pino Petruzzelli, Leonardo Piasere, Luca Leonello Rimbotti, Paolo Rumiz, Massimiliano Santoro, Giancarlo Schizzerotto, Alberto Sciortino, don Antonio Sciortino, Santino Spinelli, Alessandro Stella, Ruggero Taradel, Tommaso Vitale e a tutti gli altri che mi hanno aiutato e dei quali forse, e me ne scuso, mi sto dimenticando.

Ma soprattutto grazie a Serena Barozzi, Gianluca Bavagnoli, Carlotta Petacco, Michela Cosili, Giulio Diana e Sara Grazioli che mi hanno seguito passo passo con intelligenza, affetto, pazienza.

Indice dei nomi

Francisco da Conceição, frate 161
Frank, Anna 57, 195, 196
Frank, Jacob 215
Frank, Margot 195
Frascati, Clelia 193
Fraschini, Matteo 68
Frattini, Franco 36, 73
Frazer, Elizabeth 310
Freda, Franco 202, 206
Freda, Gianluca 202
Fredrickson, George M. 29, 30, 33, 89, 153, 163-165, 184, 212
Freeman, Cathy 20
Freud, Sigmund 93
Freund, Kurt 273, 274
Frey, Gerhard 51
Frick, Wilhelm 271
Friedman, Jeffrey 268
Fu-yu, abate 91
Fubini, Federico 28
Fujita, Den 288
Futre, Paulo 172

Gabin, Jean 264
Gabor, Zsa Zsa (Sári Gábor) 308
Gaetano, Rino 193
Gagarin, Jurij 140
Galeazzi, Dante 67
Galeno di Pergamo 87
Galilei, Galileo
Galli della Loggia, Ernesto 221
Gantin, cardinale Bernardin 152
Garaudy, Roger 50, 198
Garfunkel, Art 305
Garibaldi, Giuseppe 257
Garn, S.M. 28
Gasparri, cardinale Pietro 158
Gasparri, Maurizio 73
Gatari, Bartolomeo 111
Gatari, Galeazzo 111
Gattegna, Renzo 229
Gedda, Luigi 167

Geddes, Annabel 56
Gemelli, padre Agostino 159, 218
Gengis Khan 91-93
Gentile, Emilio 79
Gentilini, Giancarlo 61, 115, 180, 223, 230, 281
Gere, Richard 268
Germinario, Francesco 48
Gerolamo, san 96, 119, 153
Gerstein, Kurt 196
Gessi, Romolo 148
Ghedini, Niccolò 61
Giacomo da Vitry 252
Giancarli, Gigio 244
Gide, André 270
Giménez Malla, Ceferino, beato 230
Ginzburg, Natalia 221
Giorgio I, elettore di Sassonia 234
Giorgis, Giovanni 158
Giotto di Bondone 263
Giovanni Paolo II (Karol Wojtyła) 152, 159, 207, 208, 215, 219
Giovanni XXIII (Angelo Giuseppe Roncalli) 153, 207
Giscard d'Estaing, Valéry 178
Giusti, Giuseppe 123
Glemp, Józef 210
Gobineau, Arthur de 32
Goebbels, Joseph 272
Goethe, Johann Wolfgang von 259
Goldberg, Ryfka 209
Goldhagen, Daniel 197, 220
Gor'kij, Maksim 269
Gordimer, Nadine 14
Göring, Hermann 272
Gorrini, Giacomo 22
Gottardi, Alessandro 214
Gould, Elliott (Elliott Goldstein) 308

Indice dei nomi

Israel, Giorgio 220
Ivo di Narbona, chierico 90

Jacini, Stefano 114, 115
Jackson, Michael 168, 172
Jacopone da Todi 279
Jäger, Gustav 120
Jahic, Ajka 136
Jahn, Friedrich Ludwig 128
Jamukha, condottiero mongolo 92
Jing, Lou 285
Johansson, Scarlett 309
Johnson, Boris 77
Johnson, Paul 178
Jordanes 95

Kaczorowska, Emilia 215
Kaczyński, Jarosław 53, 125
Kaczyński, Lech 53, 215
Kahane, Meir 24
Kalbani, Cheikh Adil 151
Kalinowski, Eugieniusz 209
Kandera, Adèle 176
Kant, Immanuel 117, 237
Kaplan, Robert 287
Karadžić, Radovan 135-137
Karatzaferis, Georgios 45
Karolak, Marian 209
Karzai, Hamid 144
Katumbi, Moïse 285
Kennedy, John Fitzgerald 205
Kenrick, Donald 23
Keplero, Giovanni 204
Khouma, Pap 117
King, Carole 305
Kinsey, Alfred 301
Kiš, Danilo 139
Kiwanuka, Joseph, vescovo 153, 154, 156
Kjærsgaard, Pia 49, 82
Klimuk, Sergej 36
Kline, Kevin 117
Kluger, Jerzy 207

Kluivert, Patrick 172
Kobayashi, Yoshinori 298
Kobrzeniecki, Józef 209
Koestler, Arthur 270
Kogon, Eugen 238
Kornak, Marcin 52
Korolyov, Nikolaj 36
Kossinna, Gustav 76
Kostantinović, Radomir 133
Kostyrev, Oleg 36
Kourouma, Ahmadou 175
Kraljević, Marko 103, 104
Kramer, Heinrich 253
Kramer, Stanley 238
Kraus, David 122
Krawiecki, Eliasz 209
Krleža, Miroslav 134
Krylenko, Nikolaj 270
Kryukov, Mikhail 11, 85, 88, 98, 99, 286
Kubrzanska, Chaja 210
Kühnen, Michael 47
Kulchitsky, Stanislav 19
Kuwa, Yusuf 150
Kwáśniewski, Aleksander 210

La Peyrère, Isaac 164
Labanca, Nicola 77
Labat, Jean-Baptiste 187
Lancaster, Burt 238
Landi, Giulio 171
Landucci, Luca 251
Lang, Fritz 309
Lanza, Gerolamo 155
Lanzmann, Claude 238
Lao Tzu 91
Latella, Maria 275
Latifovic, Jussuf 132
Lavater, Johann Kaspar 259
Lazar, principe di Serbia 103, 133
Lazzaretti, Giovanni 282
Lazzaro, Claudio 74
Le Breton, David 117

329

Finito di stampare
nel mese di novembre 2009 presso
Nuovo Istituto Italiano d'Arti Grafiche - Bergamo

Printed in Italy